U0678231

华南师范大学哲学社会科学优秀学术著作出版基金资助出版

Made of
Corporeal
Self

凡身之造

中国女性健身叙事

The Narrative Studies on Women's Fitness Exercises in China

熊欢 等 —— 著

社会科学文献出版社

SSAP

SOCIAL SCIENCES ACADEMIC PRESS (CHINA)

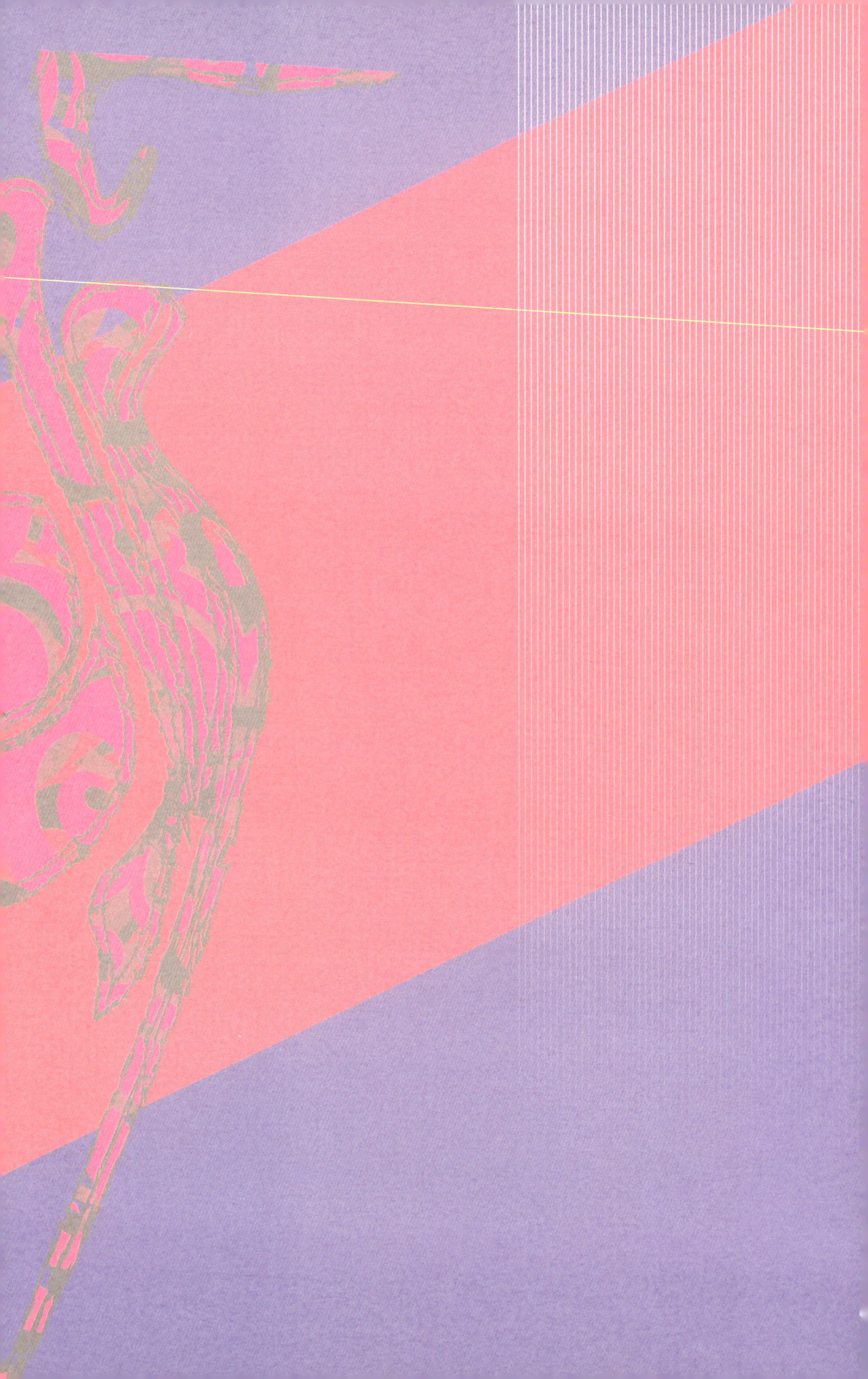

前　言

随着全民健身事业的发展，越来越多的女性开始进入健身领域。她们希望通过健身活动在保持身体健康的同时维护身体形象。在全球身体文化蓬勃发展的助力下，中国女性掀起了"健身热"。虽然健身运动对女性个体生活和自我成长的影响没有教育、就业、婚姻、家庭、生育这些重大事件那么直接、显著，但是围绕女性健身的话题却涉及女性生活的方方面面。健身的过程就像一面棱镜，折射出了女性生命与生活中不同的色光。

我在前期关于女性健身、休闲运动的课题以及研究著作中，大多是把女性健身运动作为一个整体的社会现象去进行调查研究的，主要关注的是女性体育运动参与的现状（如《城市化进程中女性休闲体育的兴起》《中国城市女性体育参与分层现象的质性研究》）、制约因素（如《论休闲体育对城市女性社会空间的建构与影响因素》）、潜在功能（如《"自由"的选择与身体的"赋权"——论体育对女性休闲困境的消解》《女性主义视角下的运动身体理论》）、促进策略（如《我国女性大众体育发展目标选择的思考》《新时期我国女性大众体育发展路径探析》）等。这样的研究虽然在宏观层面上能够勾勒出我国女性体育运动参与的社会学图景，但是在材料的整理、筛选、归纳、提炼、综合分析的过程中，那些一手的、丰富多彩的、生动鲜活的个体健身运动故事却被掩藏在了研究者"科学""综合"的话语体系生成之中。因此，在这本书中，我想还原健身运动参与者身体叙事的主体性，连贯地呈现独立个体的健身历程及其相关的生命故事和生活经历，用"放大镜"去寻找个体身体经验、自我认同及其与生活世界关联的线索，从而为女性健身运动研究填补真实、鲜活的内容，使我国女性健身运动的"社会图景"更为清晰，也为从不同层面具体探讨"中国式"的身体问题提供素材和理论视角。

本书呈现了 12 位女性的健身口述故事。故事主人公有经历了"暴食—催吐"的肥胖者、离异的中年职业女性、退休的老年干部、留学海外的大学生、进城的"打工妹"、农村妇女、亚文化空间下的双性恋者、备孕二孩的高龄女性等。这些故事被规划到了"自我、身体与运动""生活、身体与运动""孕育、身体与运动"三大主题之下，突出了女性健身的不同关注点。每一个故事形成了独立的一章，每章包括两个部分：第一部分是"口述故事"，第二部分是"分析与讨论"。"口述故事"以第一人称的方式进行叙事，力争保留口述者"原汁原味"的主体性表达以推动故事的发展。在这里，研究者（作者）并没有介入评析，以避免打断叙事的连续性。"分析与讨论"是作者站在局外人/研究者的立场，对口述健身经验/体验进行的主题式分析，从不同理论视角去分析健身者的身体、生活、生育、健康、社交、教育、形象、自我认同、身体管理等当下女性健身现象的热议话题。在主题分析中，我们不仅仅限于对"个体经历"的诠释，更希望超越个案，或者说将个体健身经历嵌入社会、政治、历史、经济、文化中描绘出当前我国女性的"群像"，对女性的权利、地位、身份、角色、文化价值观等进行反思。

　　本书的特点如下。首先，在体育学中少有以口述为主的研究著作，即便有，也多为知名教练或者运动员的回忆录，鲜有对普通人体育故事的"深描"研究。而本书的主人公都是普通的健身爱好者，这就在一定程度上呈现了我国大众健身的群像。体育理论的相关著作多为纯理论的论述，材料多来源于文献，而本书是实践经验和理论研究的结合，材料是通过调查获得的一手资料，这是本书在体育学领域中比较突出的特点。其次，在社会学与人类学领域，较为具体的身体研究大多数指向患病的身体、失调的身体、消极的身体，或者欲望的身体，更多涉及的是医学与社会、文化之关系，也有个别的研究从性的身体叙事来反映身体体验。本书将体育事件/经验置于复杂的日常生活中，折射出来的更多的是"能动"的身体、"受控制"的身体、"情境下"的身体和"积极再造"的身体，更多涉及了健康与社会、文化之关系，也为具身研究提供了新的素材和观察视角，这是本书在社会学领域的特色。再次，在方法论层面，本书强调了多重身体与具身体验在社会科学中的"在场"，对主流社会科学中"身体缺席"的问题进行了补充，也弥补了传统社会科学研究调查中"主体性"缺失的问题。最后，在实践层面，本书中的口述者不是什么"大人物"也不是"特殊群体"，她们的故事更生活化，更贴近我们的社会现实，也更能引起读者的"共情"。当前，老百姓越来越关注自我健康和健身运动，也有很多人深度地参与其中，但在健身时会产生一定的困惑。本书中的故事分享和理论探索也能为广大女性群体的健身规划和身体策略提供一些启示。

　　本书从规划、故事采集、整理分析、写作呈现到校改调整历经了近两年的时间。在这两年中，我带领着研究团队进行了数十次研讨，实地收集资料，其间完成了多篇学术论文，同时也完成了国家社会科学基金一般项目"我国育龄妇女健康的体育干预研究"（17BTY048），这些工作为本书的写作奠定了良好的基础。熊欢（绪论、余论、第四章）、邓君瑜（第十一章）、林金玉（第五章）、李佳豫（第九章）、陈海飞（第二章）、唐芝（第七章）、王阿影（第三章）、王单（第六章）、张馨月（第一章）、郭昕怡（第八章）、晏波（第十章）参与了本书具体资料的收集和撰写工作；熊欢负责本书的规划、结构的制定以及全书的修改和调整工作；赵笑云先生作为第一位读者反馈了宝贵的意见，在此一并表示感谢！最需要衷心感谢的是愿意接受访问、分享她们健身故事的书中的主角们，是她们的故事激励了我们去探寻女性生命的多彩光束！

本书获得了"华南师范大学哲学社会科学学术著作出版基金"的资助，在此对华南师范大学体育科学学院领导、华南师范大学社科处老师以及评审专家的认可和帮助表示衷心的感谢。还要感谢社会科学文献出版社的编辑老师们为本书提供的专业意见和服务，从确定书名、审稿编校、内容调整、封面设计到最终出版，每一步工作都离不开他们辛勤的付出。

写作的过程是一个学习、探索、自我反思和不断修正的学术实践过程。我们深知书中还有很多不足之处，这也为我们继续探索和讲述女性健身故事留下了改进的空间，恳请广大读者包涵指正！

熊欢

2020 年 10 月于广州

目　录

绪 论

一 写作背景——对女性健身热的思考

随着全民健身事业的发展，越来越多的女性开始进入健身领域，她们希望通过健身活动来保持身体健康和维护身体形象。女性健身热在全世界范围内的兴起不仅仅是一种经济、政治、文化、社会现象，更与女性解放运动的深化以及女性自我发展的个体需求有着密切的关系。然而，目前关于健身的著作基本上与生理学、心理学、解剖学、训练学、营养学等科学话语捆绑在一起，健身行为的社会性和人文性在科学的话语体系下被严重忽略。

健身运动不仅是个体寻求健康的身体活动，也是各类社会力量、人类精神、意识形态共同塑造的文化产品。自20世纪女性主义思潮出现以来，妇女健身运动就成为女性主义争取权利的"战场"。女性主义者强调女性平等参与健身运动，强调在运动管理、体育决策与发言权上女性与男性享有同等的权利。他们认为，健身运动能从身体上使女性变得强大，从而改变女性在社会中的弱势地位，是女性解放的重要策略，是一种改变性别权力关系的有效"政治"工具。进入21世纪，健身产业蓬勃发展，健

1

身运动的经济价值得到了空前凸显。健身的商业化过程吸引了更多科学力量和文化传媒的加入，在全球身体文化蓬勃发展的助力下，中国女性掀起了"健身热"，好身材已成为女性的"基本需求"和"价值标准"。

虽然我国女性参加健身运动的历史并不短，但相关研究起步较晚，女性运动健身的社会、文化研究尤为缺乏。2000年以来，关于女性健身运动（大众休闲体育活动）的研究快速展开。从我们目前检索到的文献看，关于女性健身运动参与现状的社会调查、宏观描述、顶层设计的研究居多；以城市女性，特别是城市职业女性为对象的研究居多；社会性别、社会分层和功能主义理论视角的研究居多；使用问卷调查、数量统计方法进行的研究居多。从认识事物的一般规律来看，只有先认识事物大概的轮廓（宏观），然后再进行细节（微观）的勾勒，最后才能了解事物的全貌。前20年的研究通过一系列宏观的社会统计调查勾勒了我国女性大众健身的基本情况（主要动机、参与形式、制约因素、解决方案等），然而"冷冰冰"的数字、一般化的观点、普适的原则常常会掩盖不同社会情景下不同人群个性化的、特殊的经历与经验。这样会造成：（1）无法深入地掌握女性健身的多样性和差异性；（2）无法进一步挖掘影响女性健身的多重而复杂的社会力量；（3）无法从女性个体的立场了解健身所蕴含的深层次的意义和价值体系；（4）无法提出全面、具体、有效的真正符合女性利益的策略来提升女性的体育参与、健康与发展。

健身运动到底赋予了女性个体什么样的生理、心理和社会经验？这些经验到底有多少是积极的，多少是消极的？这些经验是如何建构起来，并反映当前社会性别身体文化和生活价值观的？

这些身体经验又是如何影响着女性个体成长的？本书试图通过女性个体健身经历口述故事的采集，从女性立场、微观的社会互动、个体的生活经历和主观感受出发，反映当今我国女性身体与生活的价值观以及与之相关的社会生成，挖掘健身文化对女性个体生活规划、自我认同、身体审美的影响，探讨性别、身体与社会间的互动关系，从而为女性健身运动填充真实、鲜活的内容，使我国女性健身运动的"社会图景"更为清晰，也为从不同层面具体探讨"中国式"的身体问题[1]提供素材和理论视角。

二 理论线索——女性运动身体的社会建构、训诫与解放

对于女性来说，身体是一个非常重要的"课题"。自女性主义兴起，"身体"就成为女性力图冲击男性主导的社会思潮的"突破口"。传统的西方哲学把男性与自由、理性、智慧联系在一起，把女性跟"身体与非理性"联系在一起[2]。女性被认为比男性"更具生物性，更具肉体性，更具自然性"，因此也更适于私人世界而非公共生活。身体成为女性歧视的一种手段。由此，女性主义者倡导要重新探索和考察有关女性身体特性的观念，从性、伦理和认识论等方面来重新探讨身体[3]。而体育运动为重新理解女性身体的本质、意义、约束与能力提供了新的实践空间。

围绕运动的身体，有两种截然不同的观点。一种观点否认男

---

① 黄盈盈：《性/别、身体与故事社会学》，社会科学文献出版社，2018。

② Elizabeth Grosz, *Volatile Bodies* (London: Routledge, 1994), p. 4.

③ D. Haraway, "A manifesto for Cyborgs: Science, Technology and Socialist Feminism in the 1980s", in S. Seidman ed., *The Postmodern Turn* (Cambridge: Cambridge University Press, 1994).

女之间的身体差异，认为正是人们所谓的男、女身体的差别使社会存在的性别不平等现象合理化了。因此，人们认为男女差异（不平等）是想当然的，是普遍的，也是无法避免的。另一种观点承认男、女在身体上的差异，并且积极地接受这种差异，认为只有认识了男、女在身体上的差异才能真正地找到解放女性身体的办法，使女性身体更加强大并得以释放①。

其实这两种观点反映了本质主义和建构主义的区别。他们讨论的焦点在于女人生来就是女人，还是后天被培养为女人；更进一步说，女性身体是真实的还是被演绎的。在第二次女性主义浪潮以后，大多数女性主义者都支持并不断论证了性别是一种社会建构而不是自然的产物。从福柯提出的身体与权力的关系角度来看，女性身体就是通过各种话语权，包括医学、科学、技术、宗教和体育等的话语权建构起来的。所谓话语权，就是认识文化是如何被塑造的一系列的结构性方法②。从这种意义上讲，女性身体就是男性为了维持其父权制度而通过话语所建构起来的一种文化的意识形态。比如，对于女性体型的话语通过规定女性身体的大小、体型、姿态等来限制其身体的自由。中国女性的缠足就是典型的以男性审美为核心的限制女性身体自由的案例。在当代，女性对时尚、苗条、漂亮的追求也被女性主义者认为是男权社会的话语权力所制造的，这些话语和权力以符号的形式在女性身体

---

① 熊欢、张爱红：《身体、社会与体育——西方学者视野下的体育》，《体育科学》2011 年第 6 期，第 81 ~ 86 页。

② J. Ransom, "Feminism, Difference and Discourse: the Limits of Discursive Analysis of Feminism", in C. Ramazanoglu ed., *Up Against Foucault* (London: Routledge, 1993), p. 123.

实践中展现出来，并成为维持性别不平等和权力等级制度的文化机制。

但是，正如我们在上文中提到的，并不是所有的女性主义者都认为男、女在物理身体上的区别是消极的。一些女性主义者认为回避男、女在生理上的区别并不能真正了解女性的特殊性，也不能真正地认识女性身体的实践和经历。因此他们要求通过积极地具身实践（embodiment）使女性身体摆脱生物原因所带来的被压制的经历，使女性身体形象、自我意识真正强大起来。体育运动被认为是最好的具身实践方式之一，但在现实的体育运动中，我们也看到，不是所有的身体体验对于女性来说都是积极的、正面的。女性运动身体同样也承载着各种社会权力关系，是一个特殊的社会定位场所。

在女性主义的思维下，女性运动的身体并不是自然的产物，而是社会的建构。既然是一种社会建构，就会随着社会文化的变迁而发生变化。女性身体如何能在体育运动制度和文化中摆脱被动的地位，成为体育女性主义者们孜孜追求的目标。

首先，女性主义者认为，父权制话语和观念把女性身体描绘为"非正常的身体""弱势的身体""无能的身体"，并且试图通过他们（男性）控制的科学、医学、保健机构使之得到不断验证与强化。女性生理上的弱势被广泛地用来规范女性的体育活动。很多人甚至认为，体育活动使女性变得男子气，同时会使女同性恋者的数量增加。

其次，女性主义者认为，对女性运动身体的社会建构是通过对性别气质刻板印象的规定所发生的。17世纪以来，男性气质与女性气质成为个人身份认同的最重要的标准，换句话说，男性气质和女性气质成为一个人自我认定时需要考虑的首要问题。根据福柯的理论，性别气质的建构是通过话语产生的。比如，对女性身体美的话语（discourse of feminine body beauty）规定了女性身体特定的高矮胖瘦，同时也规定了女性身体姿态及其行为。女性气质要求女性温柔、优雅、内敛，因此女性进行以表现形体美为主的体育活动是被鼓励的，而进行竞争性强、攻击性强的体育活动则被认为是有违女性本质的，女性过于强壮的身体形象并不为大家所接受。相反，对男性身体的力量要求成为男性气质重要的一部分，体育运动强化了以暴力、竞争、力量、技术、理性为核心的男性气质，因此男性强壮的运动身体是被社会接受并大肆鼓励的。

再次，女性主义者认为，性别气质的刻板印象同时也是性别角色和不平等的两性关系的真实反映。从女性的社会角色和身体运动之间的关系出发，他们进一步讨论了女性运动身体形象的社会建构。他们认为，女性的固定角色就是生育的工具，结婚就是丈夫从妻子的父亲那里得到使用其女儿身体来满足性需求以及生育子女的一种许可。从某种意义上说，女性的角色就是女儿、妻子和母亲；更深一层来看，她们是象征其父亲和丈夫物质水平与地位的文化符号。因此，一些女性主义者认为，西方19世纪出现的一些白人中产阶层妇女的休闲、体育运动其实不是为了自我的满足，而是其父亲或丈夫的社会身份的象征[1]。在这种情况下，

---

[1] J. A. Hargreaves, "Victorian Familism and the Formative Years of Female Sport", in J. A. Mangan and R. J. Park eds., *From "Fair Sex" to Feminism: Sport and Socialization of Women in the Industrial and Post-Industrial Eras* (London: Frank Cass and Company Limited, 1987), p. 132.

女性身体不是运动的主体，而总是处于一个被支配的、作为配角的地位。

虽然女性主义者肯定女性运动的身体是一种社会的建构，但其并不是一成不变的，而是一种多样的、变化的建构。他们相信自我导向社会变迁的可能性，并试图寻求一种理论框架打破女性身体的社会建构，从而提升女性的身体形象和自我观念。梅洛－庞蒂的身体理论就提供了这种可能性。在梅洛－庞蒂的理论框架中，身体是结合了物理层面以及意识层面的综合体。与福柯不同，梅洛－庞蒂指出身体不是完全被动的、被压抑的、被建构的客体，而是意识的具身体现（embodiment of consciousness），因此身体也是主体。梅洛－庞蒂认为，人类存在的一大特征是人类的身体是具有可移动性（mobility）的，这是身体的一种最关键的经验，也是生命发展的方式。如果人要进入一个空间，他必须把自己的身体放入那个空间。移动需要使身体向目标靠近，同时与目标互动，在这个过程中，就会产生一种新的具身现实（embodied reality），也是在这个过程中，身体会建立起自己的身份认同。

对于女性来说，身体的"动态"（movement）包括了身体内部空间的经验，比如月经、怀孕、生育、哺乳。但是这些"内部"身体"动态"的经验阻碍和限制了女性身体在包括体育、工作、政治等身体的外部空间"动态"的经验，因为女性身体从传统的观念来看仍然被限制在"生育"领域。女性主义者强调女性身体外部空间的动态经验同样很重要。他们引用梅洛－庞蒂的观点，认为移动（或运动、活动）是身体参与外界的一个最好的方式，身体运动应该成为女性解放的一项战略。女性主义者认为，要创造一种解放的女性身体形象，最重要的是要赋权（empower）

女性身体形象和自我概念，这是引领女性地位在经济、政治和社会领域变迁的最重要的一步。

体育健身运动作为一项有计划地改造女性身体的社会实践，不仅在生理层面能使女性拥有强大的身体；在心理层面能使女性通过身体的存在感受到自我存在，找到自我身份认同（self-identity）；在文化上也可以改变女性身体柔弱的形象，并且打破男、女身体形象的界限；最终，使女性得到和男性平等的社会地位①。因此，他们强烈地倡导女性参加更广泛、积极的体育活动，使她们在体育运动中获取不同的身体经验，打破身体在私域和公域间的界限，创造新的生活空间。

但是，学者们也注意到，在体育实践中，女性一方面得到了一种身体的解放，但同时也在服从和强化固有的女性身体形象。比如，Markula 认为女性们钟爱健身操运动，一方面是为了保持良好的身材来满足和服从社会对女性身体形象的要求；另一方面，女性确实在参与过程中获得了一种满足感②。又如 Ann Hall 考察了健美运动，认为一方面女性通过健美运动改变了原来女性柔弱的形象，肌肉所表现出来的是女性身体的强大；但这个过程同时带给女性一种对自我身体的控制和训诫③。

如何在体育实践中真正实现身体的解放、自我的表达、个体

---

① D. V. Harris, *Involvement in Sport*: *A Somatopsychic Rationale for Physical Activity* (Philadephia: Lea and Febiger, 1973).

② P. Markula, "Looking Good, Feeling Good: Strengthening Mind and Body in Aerobics", in L. Laine ed., *On the Fringe of Sport* (St Augustin, Germany: Academia, 1993), pp. 93 – 99.

③ M. A. Hall, *Feminism and Sporting Bodies*: *Essays on Theory and Practice* (Illinois: Human Kinetics, 1996).

的发展以解构当前社会性别文化制度对人类的束缚与压迫，是女性主义者们不断讨论和探究的课题。本书希望能从女性个体健身经历（微观社会过程）、主观经验、具身体验方面回应以上的理论问题。

三 研究方法——健身的叙事研究

每个人都有自己的故事，我们把对生活的记忆串成了我们的人生故事。这些"从内到外"的生活故事组成了我们的成长轨迹并反射出我们在社会生活中所处的情境和位置。叙事研究就是研究人类经历的"故事研究"，是一种研究个体体验世界的方式①。健身不仅仅是一种社会现象，更是个体体验世界、认知世界的方式。本书采取叙事研究的初衷就是了解女性健身者（口述者）的真实故事（经历、经验、体验），挖掘女性健身叙事材料并对其进行分析与诠释；同时希望将个体微观、细致的故事（口述经历）嵌入宏大的社会议题（如妇女解放、性别平等、消灭歧视、健康发展等）中，并对这些社会议题进行反思和回应，以促进更为积极的女性身体的形成和健康社会的建设。叙事研究方法能够帮助我们从丰富、鲜活的个体健身史（健身经历、过程及其围绕健身的个人成长）出发，拼接出我国女性的健身图景以及与之相关的社会生成与文化意义。

关于口述故事的收集，我们主要依据健身经验（历）典型性、完整性的采集原则，力争全面反映不同情境下的女性健身故

---

① 艾米娅·利布里奇、里弗卡·图沃-玛沙奇、塔玛·奇尔波：《叙事研究：阅读、分析和诠释》，王红艳主译，重庆大学出版社，2008。

事。因此，在选取案例时，我们从生命周期、生活地域、婚姻/生活状态、从事的健身项目等方面考虑和采集故事，尽量避免故事的雷同或重复。口述故事的收集是通过非结构访谈的方式开展的，主题线索是个体健身经历和感受的分享。我们采用的是"自己人－局外人"的研究立场，一方面访谈员与被访者有一定的关联和信任度，被访者能够对访谈员"敞开心扉"，说出自己的真实故事和想法；另一方面，访谈员要尽量保持局外人的立场，避免将自己的一些看法、感受，甚至价值观强加给被访者，避免引导、主导她们的讲述。访谈之前，我们征求了被访者是否同意公开发表她们健身故事的意见。同时，我们也采用了化名的方式对被访者进行保护。口述中有一些涉及地名或者单位名的地方，我们根据被访者的要求也做了相应处理。访谈结束后，我们把对话式录音转为自述文本，对语序进行了调整，对重复的语言、题外话进行了相应的删除。口述文本完成后会请被访者进行检查，以保证完整、准确、真实地呈现被访者自己的故事。

　　一个健身故事引出一个叙事分析。每章的第一部分是"口述故事"，为了保持口述者"原汁原味"的自述，在故事的呈现中，我们尽量保留口述者自己的语言和表达，研究者的思考（评述）并不会介入。故事以第一人称的方式呈现，用自述的方式来还原健身者的主体叙事和情感表达。根据口述者的表述方式和交谈内容，叙事的过程有些是以时间历程推进的，有些则是围绕不同的核心主题展开的。第二部分是"分析与讨论"，这部分内容是作者站在局外者/研究者的立场，对口述者的个人健身经验/体验进行的主题式分析，试图从不同理论视角去分析健身者的身体、生活、生育、健康、社交、教育、形象、自我认同、身体管理等当下女性健身现象的热议话题。同时，我们也希望能从一个案例透视出其所代表的群体在大众健身中的诉求、制约、疑惑、冲突，以及自我突破、超越、实现与向往。因此在主题分析中，我们不仅仅限于对"个体经历"的诠释，更希望超越个案，将口述者的个体健身经历嵌入社会、政治、历史、经济、文化的大背景中，从而描绘出当前我国女性的"群像"，对女性的权利、地位、身份、角色、文化价值观等进行反思。通过个体故事，探索体育健身运动作为一种生活方式，如何能为女性带来能动力（empowerment），使她们突破结构性束缚，促进其自我成长。

四　内容框架

本书呈现了 12 位女性健身爱好者的故事。这些故事被规划到了三个主题之下，突出了不同女性健身的关注点。

第一个主题是"自我、身体与运动"。这里的"自我"主要是指个人依据其经历所形成的、作为反思性理解的自我，也就是自我认同（self-identity）。吉登斯认为自我是感受对身体的轮廓和特性的觉知，是对世界的创造性探索的真正的起源，因为自我是自我价值的承担者①。身体不仅是一种"实体"，而且是一种行动系统。在日常生活中，身体的嵌入，是维持连贯的自我认同感的基本途径。运动影响着身体行动，也影响着自我的形成。在这个主题下的三个故事主要体现了在健身中"发现自我"的社会过程。

---

① 安东尼·吉登斯：《现代性与自我认同》，赵旭东、方文译，生活·读书·新知三联书店，1998。

第一章是一篇减肥自传。在现代社会中，外形越来越成为个人身份的象征，似乎身材以及外貌已经成为衡量一个人道德和品格的硬性指标。"肥胖"被视为懒惰、缺乏纪律、不愿服从、缺少自我管理的表现，作者认为这是对"肥胖者"的身体"暴政"。作为肥胖者的一员，作者剖析并反思了自己的减肥历程：噩梦的开始—饮鸩止渴—科学健身—误入歧途—找回自我，她将减肥过程中身心遭受的痛苦毫无保留地呈现出来，也是在这个自我批判、自我纠正、自我反思的过程中，她意识到女性要脱离体重的束缚，活出真正的自我。

第二章的主人公是一位年轻的留学生，她为我们讲述了自己的跨文化健身体验。中西方对线条、肌肉、fitness、胖瘦的不同审美一度让她对健身运动以及自我身体产生了质疑。但是随着对健身的深度参与，她对"中国—西方"健身运动和身体文化的冲突与融合有了具象化认识，并借助这种具身经验进行自我反思，形成了新的身体观念和自我认同。她所经历的这场"中西方身体文化想象之旅"的背后是女性身体审美的全球化"陷阱"。

第三章中有两个健身故事，都与拳击健身运动有关。作为一项彰显"男性气质"和"身体暴力"之美的拳击运动逐渐走进了女性健身群体之中。拳击馆内充斥着女性成长历程中的身体经验与拳击运动中身体经验的冲突、传统女性审美观念与健康强壮之美的冲突、女性本身的性别认同与拳击场中性别观念的冲突。她们是如何接受这类健身运动，在参与这类运动中有着怎样的体验，又会做出哪些应对呢？本章的两位主人公展现了女性在跨性别运动项目中截然不同的身体体验，这些身体体验进一步引发了她们对自身身体"主体性"的反思、对自我成长的衡量，并指导着她们的锻炼行为和最终健身路径的选择。

第二个主题"生活、身体与运动",将观察健身的视野拉回到女性生活领域。健身运动如何嵌入女性群体的生活之中,如何使她们养成了健身习惯并享受其中,如何丰富了她们的生活内容和社会空间,如何帮助她们找到生活乐趣、精神依托和情感出口,这些内容在本主题的各章故事中都会有所体现。

如果可以给被访者贴上标签的话,第四章主人公的标签可能是最不被社会认可的"离异的中年妇女"。当下的社会文化似乎对"中年妇女"很不友好,不断地制造出"怨妇""泼妇"的中年形象来强化人们对中年妇女的恐惧和排斥,甚至使女性自己也害怕进入"中年妇女"的魔咒中。然而,本章的主人公却把"单亲妈妈"的"中年妇女"生活过得有滋有味。她在"初尝"健身后,不仅收获了健康,还成为生活中的"大力士",在健身过程中她享受着酸痛带来的成就感,也解构着年龄对女性的"定义"和"规范"。她用积极的身体状态和生活状态改写着社会对中年女性的"刻板印象",把自己活成了"太阳",在自我赋能的同时也照亮了他人。从"使用身体"到"掌控生活",这个故事为我们揭示了运动身体与社会生活是如何交互影响的。

第五章讲述的是一位老年退休女性的日常健身生活。如今,老年人已经成为健身大潮中的绝对主力,而广场舞是女性老年群体健身的主要方式。本章的主人公回顾了她的"舞蹈人生"。从她的故事中,我们发现"大妈们"对广场健身舞的"迷恋"是与她们学习、成长、工作的那个年代息息相关的。跳健身舞不仅仅是积极地实践"健康老龄化",也不仅仅是为了充实老年生活、扩大社会交往,更是抒发她们那一代人的怀旧情怀的舞台,使她们在晚年生活中成为具有主体性生命价值的存在。如何看待和评价女性老年群体的健身活动，这一章进行了集中的讨论。

第六章聚焦一位农村妇女的健身生活。农村妇女是当今社会中最弱势的群体也是常常被忽视的群体，她们的生活经历、生活方式与生活态度，以及对健康、美、幸福生活的个体追求也常常隐藏在农村扶贫等国家宏大叙事中，抑或被大众娱乐媒体过度包装甚至丑化。只有走进她们的生活场景，才能真实地体会到她们对生活、自我、梦想的追求。本章主人公从小生活艰辛、早婚早育，穿梭于家、田地、工地之间，跳广场舞成为她艰苦生活中的一抹亮色。在个体需求和结构性制约中，在传统观念和现代文化的影响下，农村妇女是如何找到自己生活的平衡点，健身舞蹈又是如何赋能于她们，使她们去积极地去创造生活、发展自我，这个故事会给我们一定的启发。

与第六章的主人公一样，第七章的主人公也来自农村，不同的是她通过"进城打工"，开启了"健身之路"，也融入了"城市生活"。运动健身不仅让她对这个陌生的城市有了亲近感，也让她体验了市民文化，增加了生活的色彩，塑造了苗条的身材，战胜了负面的情绪，建构了社会空间，建立了健康观念。运动健身成为她城市社会融入的身体策略，也成为她获得城市身份认同最直接的生活实践。在体育运动参与中，她自觉抵抗并改写着主流社会所塑造的弱势、边缘、贫苦的"打工妹"的刻板印象。不管她最终能否真正扎根城市，她在体育运动参与过程中所呈现的积极、独立的个体行为与自主意识，都是这一群体最直接、最本真、最精彩的自我书写。

第八章关注的是一个"特殊"群体成员的"彩虹人生"。本章的主人公的自我身份认同是"双性恋者"——一个至今还未被主流社会接受的社会类别。她特殊的运动（舞蹈）身体经验验证着后现代主义的观点：身体是流动的，从来不是固定的；身体是局部的和碎片的，从来都不完整；身体也是情境化的、关联性的，不是一种独立的存在。在舞蹈的情境下，她的形象、气质、性身份更为多元，可以随时在"男性刚硬"与"女性柔美"之间自由转换。本章探讨了她在接受同性情感的空间中所收获的运动身体经验是如何帮助她短暂地摆脱异性恋规范的束缚，她又是如何保持着性少数群体的骄傲，发挥"酷儿"的潜力。运动身体带给她的或许不仅仅是身份、自我的认同，更是性少数群体对多样态生活方式的追求。

第三个主题围绕"孕育、身体与运动"展开。孕育新的生命被认为是女性的"天职"，也被认为是女性身体的一个重要"使命"。在众多健身爱好者中，有不少女性的健身运动是与"孕育"息息相关的。本书最后三章的健身故事正突出了女性"孕育身体"与"运动身体"的交互影响。

第九章的故事讲述了一位高龄女性备孕二孩过程中的健身经历及其身体和心理的"历练"。对于很多城市女性来说，是否生养二孩是一项艰难的决定，在"高龄""肥胖""亚健康"等问题的包围下，她们不仅需要充分考虑自身的年龄及身体状况，判断是否能够顺利怀孕、分娩二孩，还需要考虑采取哪些措施才能降低生育对于身体的负面影响和分娩风险。健身运动似乎成了一种备孕身体的"救命稻草"，本章的主人公也践行着这种"身体规划"，并在实践中不断地妥协和反思，最终找到了一种"佛系"的身体管理策略。她的故事从侧面反映出当前我国部分城市女性在各种压力下，在自我调节和对生活的妥协中，所生成的"无欲无求、不悲不喜、云淡风轻，追求内心平和"的人生态度和价值观。

第十章的故事讲述了一位女性在孕产期的日常健身活动经历。与第九章的主人公利用运动来"滋养"孕育的身体不同，这位女性在怀孕前就一直热爱运动，但科学话语和社会习俗对孕期妇女身体的禁忌与控制中断了她运动身体的连续性。为了维护"孕育的身体"，她不得不放弃"运动的身体"，这给她带来了内心的冲突和不安，她只能"小心翼翼地"运动以达到社会要求与自我需求的共融。这个故事也以个体经验回应了"孕期"对女性日常生活以及健身活动"规训"的假设。

第十一章讲述的是一位母亲产后恢复的健身经历。与孕期健身存在诸多争议不同，运动健身是当前社会、科学、文化领域都认可的产后恢复的重要手段，是符合社会文化期待的衍生品。本章主人公急切地想从"孕育的身体"回归到"正常的身体"，希望通过身体的重塑尽快找回自己原来的位置，重拾自我身份认同；但同时，她也意识到"无法回到从前"，因为需要履行"母职"。这些内心的冲突和矛盾反映出当前社会对女性的多重期待，而运动健身成为她们主动满足这些社会期待的身体策略。

在本书的最后，作者指出了女性运动健身的社会学启示，认为女性在运动过程中的身体经验不是单一的、固定的、二元对立的、被抽象的、被想象的，甚至是被操控的，而是多样态的、流动的、具身的、情感的和自主的。运动身体的自我叙事是嵌入特定的社会生活、社会结构以及个人经历中的，而在不同背景下、不同经历中，运动身体所生成的意义是不同的。健身运动对于女性来说就是一个持续再造的生活情境（situations），而这种生活情境从内部激活并促发了女性身体的积极体验和能动性。从方法论的角度看，只有在（社会）科学话语体系中还原身体的多重性、过程性、实践性、自主性与具身性（身体的在场），才能展现出人类生活世界的不同样态。

主题一
自我、身体与运动

　　身体不仅是一种"实体"，还是一种行动系统。在日常生活中，身体的嵌入，是维持连贯的自我认同感的基本途径。运动影响着身体行动，也影响着自我的形成。主题一的三个故事主要体现了在健身中"发现自我"的社会过程。

第一章 生活"暴政"下的自我救赎

——一位"肥胖"患者健身减肥历程的自我反思

化名: "我"

年龄: 24 岁

学历: 硕士研究生

职业: 学生

婚育状况: 未婚未育

健身背景: 儿童时期生病,在一段时间内注射了激素类药品导致食欲大增,我的体重逐渐增加,到 13 岁左右体重达到 220 斤。在肥胖期间试图通过多种方式达到减肥的目的,一度瘦到了 160 斤(身高 1.8 米),后来接触到健身,开始尝试一种健康的减重方式,直至今日也一直在坚持健身。

当今社会,减肥风潮盛行,各种各样的减肥方法层出不穷。许多"受困于"体重的女性开始疯狂地尝试各种各样的减肥方法,试图让自己拥有大众认为的苗条身材。不可否认,在现代社会中,身体的尺寸和外形越来越成为个人身份的象征,似乎身材以及外貌已经成为衡量一个人道德和品格的硬性指标。"肥胖"

被视为懒惰、缺乏纪律、不愿服从、缺少自我管理的表现。对于女性尤其如此，如果一个女性的身材肥胖，她往往会被认为是对自己的身体缺乏控制力，也就是说她意志力薄弱，这也是许多人蔑视肥胖女性的原因。正是社会中这些"批判的声音"使得女性在追求苗条身材的路上选择了许多错误的方式，并且饱受其折磨。本章通过笔者对自己减肥经历的阐述，试图让更多人能够了解肥胖女性减肥过程中身体和心理所承受的痛苦，也希望能使更多肥胖女性脱离体重的束缚，活出真正的自我。

第一部分　口述故事

误诊——我肥胖噩梦的开始

我的肥胖并不是那种遗传因素导致的肥胖。在 7 岁以前我还是一个相对苗条的女生，那时候我还坚持每天去学习舞蹈，饮食也和普通的小孩一样健康。但意外往往始料不及，在某一天晚上我的噩梦开始了。那天我突然在夜里发了高烧，父母急着带我求医便去了一个不正规的小诊所，在检查时被诊所里的医生误诊为心肌炎，注射了将近一周的激素类药品。从此，我变得越来越能吃（尤其是垃圾食品），体型也一发不可收拾。那会儿我多数时间由爷爷奶奶照顾，由于对我的溺爱，他们并没有意识到我这样能吃是有害的事情，便也没有阻止我每天吃那些不健康的食物。有一次，我在参加一个"潜能训练营"的活动时被惩罚在大庭广众之下做俯卧撑，周围人的嘲笑使我产生了心理阴影，因此从小时候起我就一直比较排斥体育运动和群体性活动。小时候除了舞蹈，我几乎没有接触过什么体育活动，自从食欲增加，我便停止了一直坚持的舞蹈。

身体与心理的双重压力——黑暗的青春期

就这样，由于吃得过多并且缺乏运动，长期只吸取能量而不消耗，在初三的时候我达到了我的体重巅峰——240斤。那时候，我深刻地感觉到了肥胖带给我身体和心理的双重压力。身体上，在日常走路的时候，我都会感觉呼吸困难，稍微有些身体活动就会感觉体力跟不上，心跳急剧加快。到了夏天会特别怕热，容易出汗，出汗多了的话身上还会有难闻的味道。而且，我还不属于那种"结实"的胖子，那时候我的身体十分虚弱，出现了许多疾病，出现了身体机能下降的情况（高血压、呼吸系统的疾病、消化系统异常等）。

至于心理上，我感受到了来自周围人以及陌生人的嘲笑与冷漠。令我记忆犹新的是，刚上初一，一次课间休息时，我由于吃多了胃里不舒服就吐了出来。看着地上的一摊呕吐物以及难受得不能动弹的我，没有人愿意来帮助无助的我，他们有的表现出很嫌弃的样子，有的佯装没有看见，最后还是我自己强忍着痛苦去收拾干净。在这期间，没有人来关心我，甚至连一句安慰的话都没有。我深深地体会到了来自班级同学的冷漠和歧视。不仅同伴，就连陌生人在看到我以后，也会用我能够听见的声音和同伴说"你看那个女生怎么像只猪一样又高又胖的"，并发出一阵阵笑声。当我走在路上，即使在熟悉的校园里，也没有人主动靠近我，我能看到他们在偷偷议论我，至于议论的内容也可想而知了。不仅是陌生人，就连班级里的有些男生也对我进行恶意的嘲笑，这些都使我变得异常敏感。我还记得有一次我在班里看一本时尚杂志，有一群男生走过来嘲笑我说："你打算干吗？幻想变得苗条一点儿？好穿上漂亮衣服吗？呵呵，死胖子。"我没有勇气去反驳他们，只能默默地忍受下来。后来只要是男生多的地方我便绕道走开，如果他们哄堂大笑起来，我便觉得他们是在讨论我的身材。

其实现在回想起来也不能怪他们，社会上的思想就是如此。这个社会对于肥胖者的歧视太多、太深了！我们经常看到在电视节目的相声小品中也会戏谑肥胖的人。不仅是外人，家里人也会对我的肥胖指指点点，比如亲戚会当着我的面对自己的孩子说："不要吃太多了像那个姐姐一样胖，你看多丑啊！"肥胖已经成了丑陋的代名词。人们在最初都只是用自己的感官去感知这个人的外在，因为一开始人们接受的教育就是瘦才是美的，而胖就是丑的，这样的意识使人们在看待自己或者其他人的身体时总会带着一种批判性的眼光。这个社会似乎已经对肥胖者形成了一种固定的歧视，而我就是这种苦难的承受者。我似乎是个怪物，被排斥在了这个社会之外。在肥胖的这段时间里，我习惯了不与他人交流，习惯了不主动与陌生人交往，习惯了没有朋友。这种持续的心理阴影以及父母离异，让我常常觉得自己不能和同龄的小孩子一样幸福。那时候我总是在幻想，如果我真的到了唐朝，所有人都以胖为美，那样我或许会比在现代社会过得更开心。

节食加减肥药——饮鸩止渴的减肥方式

我无法摆脱这个社会对我的影响，只能随波逐流成为其中的一员，我想要去摆脱人们对我的这种负面评价，融入这个社会之中，因此我决定改变自己。上高一的那年，我渐渐意识到自己不能再这样下去，我看着班级里苗条的女生享受着众星捧月的待遇，而我却仿佛是一颗角落里的石头不受人重视。我不想再因为自己的体型而被排斥，我也想拥有更多的朋友，更想受到周围人的重视，不再承受别人异样的眼光。我也想有人喜欢，更想让自己喜欢的男生注意到自己，而我认为减肥就是唯一的办法。

一开始，我向父母讲述了我内心的苦恼以及我想要减肥的决心。值得高兴的是，我的父母鼓励并支持我减肥的想法。但是他们两个对于我减肥的方式产生了分歧。我的父亲是一名排球运动员，他深知体育运动的好处，因此想让我通过运动的方式减肥。但是由于之前排斥运动的心理阴影加上胖了以后沉重的身体根本不允许我去做任何耗费体力的运动，即使我的大脑在一遍遍地呼喊着"去运动吧"，但是我的身体总是在跟我作对，它拖拽着我，沉重得无法动弹。因此我决定采取我母亲建议的减肥方式——节食减肥——每天只吃苹果加酸奶，其他的什么都不吃。但是这种单一的饮食只能让我的身体因缺乏其他营养元素变得越来越虚弱。更糟糕的是，这使我对食物的欲望越来越强，它常常考验着我的"耐性"，这种欲望随着节食时间的增加变得越来越强大，直到某一天我突然就控制不住自己的身体开始暴饮暴食。母亲发现了这种减肥方式并不可行，便让我尝试了另一种减肥方式——吃减肥药加上适量的饮食控制。这种快速有效的方式确实让我在一个暑假，很快地瘦了将近 60 斤，体型上有了很大的变化，我开始有了点儿自信，但也慢慢依赖上了这种减肥方式，继续通过这种方式瘦到了 160 斤。

那时我和家里人并不知道减肥药会给我的身体带来伤害，对减肥药的错误认知导致了我在那段时间开始长痘、恶心、头晕，甚至还频频晕倒。但是外表上的变化让我忽略了身体上的一些不良反应，譬如慢慢松弛的皮肤等变化。学校的同学对我的变化都感到异常的惊讶。我第一次感受到了来自别人的"正面关注"。大家都饶有兴致地问我是怎么瘦下来的，当时我只是"虚伪"地说我是依靠运动瘦下来的，因为似乎这样才能完美地彰显我减肥成果的来之不易。我感到开心，也慢慢地收获了自信。就这样，高中毕业时我瘦到了140斤，开始了崭新的大学生活。

作为大一新生，我初到一个陌生的城市便停止了服用减肥药，同时我没能抵挡住学校里那些诱人的食物，短短几个月的时间，我的体重又反弹到150斤。我深深地体会到了停用减肥药后体重快速反弹的恶果。起初，我对增加的这10斤并没有在意，但那时我在学校里遇到了我喜欢的男生，我开始在意他以及他周围朋友对我的看法。有一次，他朋友直接对他说："你看那个女生的腿怎么那么粗！"我喜欢的男生随口附和道："是啊，真粗，哈哈。"这句话可能对他们来说只是无意间的一句玩笑话，但对我来说却仿佛一根刺扎进了我的心里，那时候我又开始关注起了自己的体重，并且我的思想还停留在"只要体重轻了，人就一定瘦了"这种错误的观念上。于是，我给自己定了许多硬性目标，比如一个月一定要瘦10斤，等等。我尝试过无数错误的减肥方法（基本上都是靠节食）——哥本哈根减肥法、21天断食等。由于缺乏有效的监督，我一直都无法坚持下去。我开始在学校里的美容院寻找新的减肥方法——中草药包减肥，并且在饮食上也不食用肉类。这种减肥方法还是有效的，我通过一年左右的时间瘦到了130斤。当时我得意扬扬地觉得自己好励志好有成就感，但问题也很快出现了，我身上的肉愈发松弛，就仿佛六七十岁的老奶奶一样，一捏就可以捏起一层皮。我的身体也越来越差，我开始掉头发，不来月经。有几次因为血糖太低，去卫生间时我直接晕倒了，脑袋磕到了马桶上。那是我第一次体验昏迷的感觉，醒来的时候我感觉到了恐慌，害怕自己会出现生命危险，便赶快停止了这种减肥方式。随后，我通过努力控制饮食使自己的体重维持在 130 斤左右。就这样，到了大三，我的体型在其他人看来已经属于匀称的类型了，但我自己并不满足，我知道匀称并不是我最终的目标。

科学健身——重塑我的身体

我决定开始制定新的目标。瘦下来以后，我感觉自己的身体已经有了能够去运动的精力，再加上我的室友一直在向我宣传一种非常有效的减肥操，这促使我开始接触运动减肥。我上网搜寻了许多运动的方式，并开始跳网上很火的郑多燕减肥操。那段时间，我每天都会坚持跳一个小时的健身操，起初跳减肥操的时候，我会感觉体力跟不上，流了很多汗，渐渐地经过一个寒假的锻炼，我逐步习惯了这种运动强度。但令人沮丧的是，我的体重还是没有丝毫变化。我一度怀疑运动减肥是否适合我，我还是要从饮食上控制自己。就这样，我每天都在反反复复地与身上的肉做斗争，持续地关注自己的体重，每天早晨都会去量自己是轻了还是重了，甚至情绪也会随体重的变化而变化。

我想那时候我这个年纪的女生大多数都会为自己的身材而困扰吧。在那时，受到日韩流行时尚的影响，我们会羡慕明星纤细苗条的身材，都以为那样才是绝对的美，天生纤瘦的女孩自然就备受钦羡。只是我很清楚，自己哪怕天天不吃饭，也无法拥有电视上明星那样纤细的身材，我的内心一直都没有得到真正的自信。尽管一些老一辈的人认为我属于很瘦的类型，但是我仍然对自己的身体感到不满意，仿佛对身体的自我批评已经形成了一种习惯性的思维。直到一次偶然的机会，我在网上看到了"维多利亚的秘密"大秀，才知道还存在这样一种"strong and sexy"的美。随着 INS 一类的社交媒体的流行，我的审美观被那些欧美姑娘彻底改变了，欧美女孩的身体散发着健康与自信的感觉，我的审美观好像被灌了一剂提神醒脑药，我不禁感慨：这才是上帝赋予女性的美好曲线，这才是我要追求的完美身材！

就是这个时候，我萌生了练出马甲线的念头，再加上当时男朋友有健身的习惯，他经常向我传授健身的经验，与我分享健身的视频，并给予了我支持以及鼓励。起初，我只是跟着网上的健身视频在家里做一些腹部锻炼，在"腹肌撕裂"的路上慢慢前行。刚开始是痛到不行，腹部的酸痛感好几天都难以消除。那段时间，来自周围人的质疑与嘲笑的声音接踵而来。有的人说"你肚子上肉那么多、那么松弛，想要练出来根本不可能"，有的人干脆让我放弃。但就是那些质疑与"不相信"的声音促使我坚持了下来，我想要证明给那些人看，别人可以做到的事情我也可以做到！当我熬过了那段时期，慢慢地，疼痛感不那么明显了，动作也可以坚持做下来了。有一次，我和几位朋友一起吃饭，席间聊到了健身的话题。其中一位女生的男友得知我能坚持做完"腹肌撕裂"运动的时候有些惊讶，声称他都无法完成。那一刻，我的内心充满了自豪感。可是开心归开心，马甲线却迟迟不肯出现。直到看了一些健身博主的博文才知道，光做卷腹还不够，还需要减脂，否则肌肉被厚厚的脂肪盖住，"撕裂"多少次都没用。于是我决定踏入健身房，将卷腹与有氧运动相结合，也渐渐形成了体脂肪率比体重更重要的观念。其实，很多看上去很瘦的人，体脂肪率却很高，这些脂肪隐藏在内脏器官中，并不代表健康。于是，曾经被体重数值困扰的我不再称重，而是开始关注身体上的实质性变化。

　　起初，我对健身房的了解并不是太多，而且对它有一种恐惧的感觉，因为我觉得那么多人挤在一个空间里，无论你做什么都会被别人看见，更加会被品头论足。每当我看到不同类型的、陌生的器械用具，还有满身汗水的"大神"们在努力锻炼，都会有一种诚惶诚恐的感觉。因此，我决定怂恿我的朋友们和我一起去健身房进行锻炼，人多的话最起码自己不会太尴尬。但是我们三个都是"小白"，初入健身房，我们只是在跑步机上跑步，看着健身房里的器械，仍然感觉它们一个个陌生又奇怪。幸运的是，健身房总会有那些私教业务，在踏入健身房的那一刻就会有人帮你引荐一个健身教练，评估你的身体状况并为你打造属于你的健身计划。于是，在强烈的减肥决心下，我们决定选择一个所谓的私人教练。我们的第一个私人教练为我们分析体质测试报告并询问我们的目标，报告上有身体成分分析和体重、体脂率、骨骼肌含量，这三个指标是衡量身材的三大核心指标。从决定踏上减肥之路那一刻起，我就与这三项数据紧密地联系在了一起，将热量收支的公式严格地贯彻在自己的日常生活中，在健身的过程中，我最关注的也是这三大核心指标。起初选择的这个教练其实只是带我们做一些我们自己也可以做的高强度有氧运动，并要求我们严格控制饮食。我的体重确实下降得很快，一度瘦到了 120 斤，马甲线也初见雏形。但是我发现，我皮肤松弛的状况并没有得到很好的改善，于是在我询问了健身房其他看起来有训练痕迹的"大神"之后，我意识到了整体性增肌的重要性。

在我想要进行无氧训练并且宣扬增肌重要性的时候，我的两个朋友因为体重下降而感到开心，并且不想再继续流汗受苦而停止了在健身房的锻炼。于是我独自做了换教练的决定。在选择了另一个体型看起来有训练痕迹的私人教练的体验课以后，我觉得他的专业知识和体型都是我想要追求的，于是我跟随他开始了漫长的增肌之路。这个教练让我"举铁"，有氧无氧运动相结合，并且传授给我许多理论性的知识。这使我感觉自己的身体机能慢慢好转，皮肤也越来越紧致。基于对健身的兴趣，我也开始研究各种健身餐的做法。就这样，坚持"三分吃、七分练"一段时间以后，周围人都说我看起来变瘦了，而且气色很好。其实在这期间，我的体重并没有减少反而增加了，但做体质测试的时候就可以看出我增加的是肌肉而脂肪却减少了。

说实话，有时候我去运动还会有抵触，尤其天气越来越冷，或者真的很忙很累的时候，就想在家躺着，放松休息。但是说服自己，走出家门，去到健身房，当你真的开始动起来，到你动完，出过汗，就会觉得很爽，有种战胜自己的感觉。每一次运动，我都是在这样的挣扎中进行的。

在那之后，很多人来向我"取经"。我告诉他们，不要再将"减肥"挂在嘴边，因为一般人常说的"减肥"仅仅是针对体重而言的。其实在我健身的过程中，人们更多的不是在意我的健身方法，而是羡慕我能够持之以恒的精神。"管住嘴，迈开腿"的道理人人都懂，只不过并不是每个人都能有强大的意志力去支撑自己努力坚持下来，毕竟对有些人来说健身是消耗时间和精力的。我认为在健身过程中对饮食也要有较严格的控制，应该少油少盐少糖。然而食物本身就对人的身体有着很强的诱惑力，多数人难以控制自己对食物的欲望。

其实减肥的精髓不过就是要杜绝垃圾食品，适度运动，充足饮水，保证睡眠。这些看似很简单的道理却并不能满足那些想要快速减肥的人们的心理，许多人总是想寻求捷径，所以一切快捷、不费力气的方法总是深得人心。事实上，许多事情并无捷径可言，成功的诀窍无非就是坚持而已。健身尤为如此，你付出多少，就会在身材上体现多少。可惜的是，大部分人不能领会此精髓。所以，每当有人在我面前兜售不用锻炼的速效减肥秘诀——节食或是服用减肥药等方法时，我都只是礼貌地笑笑。我身边一个典型的例子就是，那个一开始和我一起去健身房运动的朋友，为了能在男朋友眼里更完美又开始了疯狂的减肥，但是她没有选择遵循我的健身经验，而是每天什么都不吃，就喝市面上的一种代餐粉以及大量的水。其实我们都知道这种减肥方式是不健康的，可是为了快速减肥并且不耽误太多的时间，她选择了这种减肥方式，到最后她的确是依靠这种方式减肥成功了，也赢得了班上同学羡慕的目光。可是当我问她是否开心的时候，她却说不开心，因为她在减肥的这段时间里感觉到了痛苦，身体上的虚弱感让她做什么都无精打采，并且这种单一的饮食方式使她的身体缺乏很多营养元素，这让她也感觉到了身体上的不适。其实当她问我的时候，我都是实话告之自己的经验，但是我已经学会了不去将自己的观念强加给别人，毕竟选择哪种方式是个人的事情。虽然健身的时候会感觉很辛苦，但是健身之后身体得到的放松感以及体型上带来的"正面"反馈会让你觉得这一切的付出都是值得的。

长期以来，超标的体重一直被认为反映了道德和人格的缺陷，或者缺乏意志力，因为健身是辛苦的，有意愿健身的人不一定有毅力持之以恒。根据《健与美》总编辑刘舜的估计，中国健身房目前的续卡率不到30%，很多人都在这条路上半途而废。拥有完美身材不仅意味着变美了，它还附加着很多其他价值：他人赞许的目光，以及自我对身体的控制感和对人生的主导权。正因如此，我坚持健身，就是为了赢得他人赞许的目光以及对自己人生的主导权。

那时的我对健身有着强烈的追求，并且因为它，我有了许多积极向上的想法。我的饮食也开始因为健身变得有规律和健康，我的身体开始带给我正能量，我慢慢感觉我能控制自己的身体，自己的人生也在向着好的方向发展。暑假的时候，是我健身的一个爆发期，家附近的健身房没有空调，可我就喜欢每天顶着接近40摄氏度的高温去健身房，越练越热，越练越开心。我每天都要在健身房待至少两个小时，疯狂地"举铁"，疯狂地"有氧"，我的手臂轮廓逐渐紧致，肌肉含量也慢慢地增加。我深刻地体会到了健身带给我的身体的积极效果，我似乎已经可以开始控制我的身体，让它向着我希望的方向发展，同时我的生活也开始因为健身变得丰富多彩起来。我在健身房结交了许多志趣相投的朋友，无论是否有性别或者年龄的差异，我甚至在健身房里看到满头白发的老爷爷也来坚持锻炼，这使我深深地体会到了健身的魅力，体会到了体育运动的魅力。我也会在朋友圈晒健身达人的图片以此鼓励自己，但会遭到讽刺，一些网友评论道："这样的人一拳能打死我。""你真的要练成这样吗？这个样子多丑啊！""唯有瘦才能穿衣好看，你一个女生练得这么壮，小心以后没有男朋友。"这也是我在本科毕业后下决心考与体育相关专业的原因，就是为了能让自己更多地了解体育，或者说希望以后能在体育的相关领域里贡献自己的一分力量。

步入"歧途"——"暴食—催吐"的恶性循环

当我以为自己开始逐渐步入正轨的时候，没有想到我的噩梦又开始了。在健身成为我生活中的一部分并带给我积极意义，我本以为自己的身体可以通过健身这个有益的途径慢慢恢复的时候，我发现我对体型管理的"执念"让我走向了另一个极端。人们通常认为，沉浸在运动中是快乐的，它使人短暂地从社会中抽离，摆脱雇佣劳动的强制与规训，甚至达到忘我的境界。然而以减肥为目的的健身却恰恰相反，它在各方面都体现了"唯效能、科学、标准化是瞻"的功利与理性。这也使我常常处于一种不好的状态：我一直想追求健身的直接效果，而不能完全体会健身过程的快乐。在健身的过程中，虽然我的体型在慢慢地变好，但是还是有许多令我头疼的地方，比如下肢力量仍然太弱，臀围一直没有增加等。在脱离私教后，我在健身房也总会受到一些人的批评，问我练了这么久，为什么一点儿训练痕迹都没有。由于我的身高本身就会吸引其他人的关注，因此我更加希望我的身材是完美的，这样我也会得到健身房其他人更多的赞赏，同时也希望能比得上健身房中其他身材完美的女生，总希望大家看到我都是夸奖的话语。我之前也提到过健身自然而然地要控制饮食，但是我想生而为人，大家都无法抑制自己对于食物的渴望。当时我并没有想到可以在一周吃一顿"欺骗餐"，让自己的身体释放下压力，我只是一味地克制自己对食物的欲望。在健身期间过度节食，急于求成，导致我一直脱发很严重，"大姨妈"也不正常，而且真的是易怒，脾气特别差，满脑子都是甜点和碳水，在那段时间里我伤害了许多身边的人。长期这样，总感觉身体里缺少了什么东西一样，就这样，外界对我的评价以及我给自己施加的压力无形中让我的神经绷得越来越紧。

一开始，我还是努力克制自己，并没有放纵自己去吃那些油炸、甜食之类的碳水食品，我只是在网上看那些"大胃王"的视频，想通过这种方式来满足自己对食物的欲望，释放自己的压力。在看视频的时候，我真的很羡慕她们能吃这么多还不胖，于是我开始搜索相关的UP主，看到许多网友说这些所谓的大胃王都是在吃掉许多东西之后进行催吐才得以维持他们的体重。所谓催吐，就是用手指抠喉咙，或者用勺子、牙刷等刺激喉咙，把吃进去的食物再吐出来。我仿佛得到了什么有用的知识，开始去网上搜寻有关催吐的"知识"，起初我只是对这个群体为什么吃不胖感到好奇，从没有想过成为其中的一员，可是万万没想到，我压抑了近一年的食欲在2017年10月彻底爆发了。我清楚地记得那天班级聚会吃自助餐，看着好久没碰的炸鸡以及各种甜点，我抑制不住自己内心的欲望开始大吃大喝起来，吃完之后，我的胃撑得难受，一种强烈的负罪感涌上了心头。我觉得吃完这顿饭之后我会胖好几斤，又要进行我讨厌的有氧运动去消耗它。朋友看我难受得不行便问我："你怎么吃这么多啊，要不然你去厕所吐一下，会好受点儿吧。"她的这句话让我仿佛抓到了一根救命稻草，使我想到了之前了解到的便捷的方法。我急忙跑到没人的卫生间里抠嗓子，虽然有些狼狈，但进行得似乎比我想象的顺利，食物都被顺利地吐了出来，我感觉我的胃似乎没那么难受了，我摸了摸平坦的小腹，心里没那么紧张了，我感觉到了前所未有的舒畅。第二天量体重的时候，我发现自己竟然还瘦了一斤，在这次尝到甜头之后，我的催吐行为便一发不可收拾。我总是趁着家里没人的时候买一堆零食再点一堆外卖，打开我喜欢的电视剧然后疯狂地进食，享受着这些垃圾食品带给我的"快乐"，东西吃得差不多了，我的胃也鼓得像个孕妇似的——其实在这个时候我能感觉到我的胃已经不堪重负要爆炸了，但是我有缓解的方法——去厕所催吐。

因为潜意识里觉得"反正可以吐出来"，我变得更加肆无忌惮，开始了"节食—暴食—催吐"的循环。我的食欲仿佛一头猛兽，我一旦开始吃就根本停不下来，有时间就会狂吃东西。但是吃东西已经失去了本应该有的快乐，我根本不是在品尝食物的味道而是机械性地进食，并且吃多了，我不想学习，不想做任何事，这留给我的只有懊悔。我因此耽误了学习，也耽误了爱情，感觉自己无比的垃圾，我不敢让家里人知道，也不敢让朋友发现，于是我总是偷偷地进行。与此同时，我还在享受被朋友说吃那么多还不胖的那种自豪感，我总是会说因为我去健身房，表面上我宣扬着健身的健康理念，其实背地里却在做着伤害自己的事情。

长期催吐的直接后果便是消化系统紊乱带来的身体伤害。慢慢地，我的催吐过程并不像第一次那样顺利了，过程中我变得满身大汗，胃部痉挛，感到头晕目眩，简直生不如死。有一天在催吐的时候，我感觉我的胃一阵绞痛并且嘴里发苦，这种难受的感觉让我上网查阅了一番催吐的坏处，当时我感觉自己已经懵了，催吐减肥，轻则烂牙、烂嗓子、灼伤食道，重则绝经、子宫萎缩、终生不孕，甚至还会患上厌食症、抑郁症，危及生命安全。其实这些催吐后的不良反应在我身上已经轻微地体现出来了。有一次从图书馆回来的路上，我突然一阵反胃，吐出了几口酸水后我的胃开始剧烈地疼痛，直到回宿舍躺下后才开始好转，这些反应以及网上说的催吐的坏处开始让我感到害怕，我开始有意识地告诉自己不要再多吃、不要再催吐了。就这样，情况似乎好转了一段时间，直到大四毕业，我和男朋友分了手，再加上毕业季找不到合适自己的工作，双重的压力迫使我极度想要寻找"出路"。我又开始依靠暴食来舒缓自己的压力，这样的循环又开始了。

这仿佛是一个心理问题。当我遭遇困难感到焦虑的时候，我就抑制不住自己对于食物的渴望，我就想接近它，想依靠进食来释放自己的压力。就这样，我隔一段时间就会进行暴食然后催吐，持续了一年半之久。在这期间，我的免疫力以及肠胃功能都开始下降，甚至比最初节食减肥的时候更加严重，我去医院检查发现，我的白细胞数量低于常人并且患上了慢性胃炎和幽门水肿。我开始疯狂掉发，经常失眠并且情绪也变得越来越不好，身体经常感觉无力。由于长时间催吐反上来的胃酸已经开始腐蚀我的牙齿，我的牙齿也开始松动。这些噩耗给了我当头一棒，我才20多岁啊，就患上了这些疾病，以后年纪大了可怎么办？可能很多人会想，哪有那么严重？会的，真会这样严重，被体重操控的人生太绝望了，我就像一个没有人可以帮助的孩子一样，蜷缩在角落，瑟瑟发抖，但我仍旧想要瘦一点儿，却克制不了对食物的渴望，仍旧在不断地吃东西，像一个怪物，一个不能和人类正常接触的怪物。因为暴食，我患上了吃饭恐惧症，不能和周围的人好好地吃一顿饭，我怕自己在面对美食时吃得太多又会去催吐，也害怕别人会看到我疯狂进食的样子。我变得无比孤独，孤独又让我有更多的时间一个人独处，吃更多的零食，即使催吐也不能吐出所有的东西。在这个过程中，由于暴食，我还是摄入了过多的热量，这使我复胖到了140斤。当时班级里有一个和我一样高的女生，可是她的体重只有108斤，当然大家并没有说她太瘦了，而是都以称赞的眼光去看待她，说她腿细穿衣服好看，这让我在不知不觉中形成了一种思想，就是我也要瘦到她那个样子。由于身高相同，同学们都会把我们两个进行比较，这种无形中的压力让我感到窒息，让我对自己身体的要求越来越严格，从而一发不可收拾。那时我似乎明白了一句话：当你低头凝视深渊的时候，深渊同样也在凝视着你。

这种不安以及暴食带来的复胖使我想要去了解到底是什么原因使我成为现在的自己。于是我在网上搜索到了许多有相似经历的人，而且他们大部分都是女性。有些催吐人群甚至买来胃管，从口腔一直插到胃部，让食物倒流。她们甚至摸索出一套催吐的规则：糯米做的食物少碰，太黏会粘在胃壁；奶茶饮料最后喝，润肠胃容易吐；等等。对于包括我在内的大多数催吐的人来说，"吐"不单纯是为了减肥，有时候只是为了发泄情绪，但是有时候没有什么需要发泄的也会不由自主地去做，这就是上瘾了，催吐仿佛吸毒一样会让人上瘾。到催吐后期，我本来并没有想要进食的欲望，但是这似乎已经变成了我日常生活中的一部分。有时我并没有进食太多食物，但是我的胃会有一种饱胀感，这时我就会恐慌我是不是吃多了，明天体重是不是又会增加。在这段时间里，我似乎遗忘了所有的健身理念，只是一味地想依赖这种便捷的方法，我和其他"暴食—催吐"的女性一样，似乎就是觉得反正都可以吐出来，那多吃点儿又有什么关系。我们的心理更加脆弱，在面临外界的压力时没有找到一种合适的方法去解决，就开始寻找这种极端的方式（暴食、催吐）来舒缓自己的压力。

当我不断地被各种诱惑围困，但又会因过度放纵受到社会的谴责时，管理欲望也就成为一种持续存在的问题。身处这种环境之中，我无法处理自己的欲望与社会的关系，因此我无法克制自己对食物的欲望，但同时又害怕自己的身材走样受到周围人的质疑，而从走上了"暴食—催吐"的道路。从我自己的经历以及我所了解的"暴食—催吐"群体来看，大部分人都是因为过于关注自己的外表，并且心理比其他人脆弱，在遇到问题、感到焦虑时才会选择通过这种方式缓解自己的压力。

正视问题、调节策略——重新找回自己

"节食—暴食—催吐"这样的循环困扰了我许久。我曾经无数次地告诫自己不要再催吐了，可它就像一个魔咒一样困扰着我，我甚至连健身房也不去了，就这样荒废了我之前一直坚持的运动。直到有一天，我的母亲发现了我在卫生间里进行催吐后留下的"痕迹"，她对此感到很吃惊，因为我平时是一个看起来很开朗并不会有这些心理压力的孩子。在知道了我的这一行为后，她督促我每天早晨和她一起去公园晨跑，并且和我一起吃饭。神奇的是，在那之后，在母亲的督促下我又恢复了每天运动的习惯。之前在健身房，我不喜欢跑步，总觉得跑步对我来说是一种压力，可是在这几次跑完步之后，我似乎感觉到了前所未有的放

松。在这段时间里，我也和母亲诉说了许多我内心的困扰以及问题，有些事情似乎说出来就没有那么大压力了。同时，我自己也在网上搜索了许多有关健身和饮食失调的相关话题，我意外地搜到了倡导"body positivity"（身体自爱）的内容。我发现有这样一群人，他们真心地接纳自己的身体，拒绝一边控制饮食一边假装自己很健康很快乐，他们活得很轻松，他们胖，但不觉得羞耻。我想成为这样的人，我也发现如今减肥文化的"害处"就在于不断向现代人洗脑，令我们误以为如果我们不尽最大的努力节食减重、锻炼流汗，我们就做得不够好。健康苗条的身材固然值得赞美，但如果网络赋予我们的展示表达自我的权利逐渐沦为整齐划一的审美，甚至通过社会文化心理机制干预我们的生活选择，被商业过度包装利用，那么身体的解放意义、身体所承载的值得被称颂的个体身份的独特性就荡然无存了。这和健身文化的初衷无疑是背道而驰的。我开始慢慢地调整自己的心态，并且在母亲的帮助下戒掉了催吐这个坏习惯，直至今日我都没有再重复之前的噩梦。

通过对自己"暴食—催吐"过程的总结，对暴食的预防控制，我感觉首先要恢复正常的饮食习惯，调整自己的情绪，并且在进食前进行心理暗示，想想吃了这个东西的后果，吃东西之前可以喝大量的水，吃完东西刷牙抑制食欲，实在想吃就多吃酸奶水果替代高热量食品。其实，这些方法看起来很痛苦，但是和暴饮暴食以及催吐相比，给身体带来的伤害要小许多。现在的我已经摆脱了过去的那种暴饮暴食的状态。在这之前，我的暴饮暴食一般都发生在晚上，晚上食欲旺盛并且多数时间都比较空闲，因此在决心戒掉暴食之后，我选择晚上去健身消耗自己的精力，分散自己的注意力，这样从健身房回来累得筋疲力尽，也不会再有太多的想法去吃东西。归根结底，主要还是要充实自己的生活，不能让自己无所事事，不然注意力就会被食物吸引，降低对自我的期待值。虽然说保持体型是自律的一种体现，但是不要过度关注自己的体重，不要因为你的身材而感到自卑，虽然我现在还是很怕自己会胖起来，但是已经没有从前那么在乎他人的眼光了。

直至今日，我仍旧在坚持健身，经历过了"节食—健身—暴食—催吐"，我明白了还是应该科学减肥，坚持"管住嘴迈开腿、少吃多动"原则。我现在有了正确的目标，走出了过去阴暗的时光。我开始研究解决暴食的问题，懂得了少食多餐的重要性，并且在每周进行一次"欺骗餐"，让自己对食物的渴望不会在某一瞬间突然爆发。

在这期间，我从我身边一个"吃不胖"的女生身上总结出了如何吃好又不会让自己的心理负担太重的方法。虽然她爱吃甜食，但都是早上吃一点儿，剩下的放在冰箱里下次再吃。巧克力什么的也一样，每次买回家放好久才吃完，因为每次都只吃一块儿，而且是真的很饿或者真的嘴馋了才吃。她在生活里也是随时可以吃，晚饭之后夜宵也照吃不误，但是吃得很少，她基本不会让自己吃到撑，如果真的撑了，要么就收拾碗筷、刷碗来消化消化，要是在外面吃多了就尽量步行回家。有时候一天高热量的吃太多，第二天就会刻意多喝点儿水吃点儿清淡的，这种习惯她坚持到了现在。可以看出，她并没有戒掉零食也没有刻意减肥，但这样可以在满足自己对于食物的渴望的同时不至于有太大的压力，我那时候就是因为减肥饮食单一对碳水充满了极度的渴望才会一发不可收拾地开始暴饮暴食。

　　曾经我为自己的身体感到焦虑，因饮食感到罪恶，不惜对身体发起一场场战争——节食、过量运动、催吐……经历了瘦身与复胖的反复折磨后，只剩下筋疲力尽和深深的自我厌弃。现在我的胃也会偶尔出现问题，如吃完饭就会胀气，吃点儿硬的东西或者不按时吃饭胃就会绞痛，但是我在慢慢养成正常的饮食习惯，坚持健身、跑步，让自己的生活回归正轨。如果遇到什么问题，我会选择向亲近的人倾诉或者去运动释放自己的压力，而不是把问题憋在心里，让它压着我的神经，选择偏激的方式去解决。最关键的是，今后我希望能够调整自己的心态，不再过分关注自己的体重，不再过度在意他人的看法，建立起对自己身体的自信。其实"美"的标准，从来就不是约定俗成的，《破产姐妹》中的微胖女神 Max 说过："我觉得对于在人们眼中什么是美，这个社会关心过头了。"这个社会中对于美的看法我们无法左右，但我们要坚持自己的信念，可以对身材有一个更美好的追求，但是真没必要为了瘦"不择手段"。在这个世界上，其实不论你是 90 斤也好，120 斤也好，150 斤也好，总有那么一个人发自内心地欣赏你。没有人值得我去糟蹋自己的身体，无论何时，都不要忘记认同并且深爱现在的自己。

第二部分　分析与讨论

一　活在社会"暴政"下的肥胖症"患者"

　　当今社会，身体正前所未有地占据我们视野的核心位置。它不再是灵魂的容器或原罪的象征，转而变成某种偶像或资本的象征；它逐渐作为消费品、作为社会身份、作为人格本身而公开展示，在某种程度上，甚至取代心理和意识，成为当代最需要被治疗和拯救的对象。现在再去回想我肥胖时期学校里那些嘲笑我的同学，他们的行为以及对待肥胖人群的态度似乎是有理可循的，因为肥胖的身体在当代社会并不符合社会主流，是需要被医治和被拯救的对象。因此，社会大众对于肥胖人群的态度和行为就成了被"时尚"包装的一种普遍暴政——这种暴政是永久的、晦涩的，教导女性身体，指出个体缺陷和不足——是一种强有力的规训。

在现代社会中，各种减肥和宣扬以瘦为美的视频层出不穷，而我作为文化中的客体存在于这个社会当中，就会不自觉地被这些无形中存在于我们生活中的东西所影响——我们的审美、价值观被标准化了。更何况是处于青春期的我，还没有独立的思考能力，自己的想法便很容易被这些大众媒体影响。小时候的我会羡慕电视里身材完美的女明星，而同学们之间探讨的也是明星们的外表。虽然有些媒体一直在炫耀塑形都是为了让女性具备适当的危机感和对外表的专注，但在不同的文化和历史语境中，对不同的群体，还是会有许多的具体要求。比方说，中国在不同的时代对女性的美就有不同的标准，如唐朝时以胖为美，而到了明朝人们又喜欢那种纤瘦的女子，再到如今受西方文化的影响，人们又开始追崇那种"健美"的身材。

起初，在我患有肥胖症的那段时间里，我也很羡慕杂志上那些身材窈窕的模特，幻想着自己有朝一日能变成她们那样"完美的身材"，这些思想的产生说明我也在潜移默化之中越来越多地遵守着这个社会的规则，已经将其内化并受控于社会的文化。其实，这种对身体的规训在早期西方国家也很盛行，19世纪时流行的沙漏体型，代表着一种家庭的、性别化的女性特质理想，通过使用紧身胸衣和女裙撑架表现出来的女性外形和男性外形之间强烈的文化对比，以象征的方式将社会和经济生活中的二元划分明确表现为男性世界和女性世界。与此同时，为了获得这种规定的外表，需要特殊的女性实践——用系带缚紧、吃最少的食物、减少活动性——使女性身体不适宜在指定区域之外活动。用福柯的话说，这就是符合审美准则的有用的身体。这些关于完美身材的联想以黄金时段的电视节目中身形苗条的女明星为视觉载体，通过在女性时装杂志、节食指南、关于减肥的出版物和电视节目中定期出现得到推广，这些产品的推广以实物的形式将这个社会的文化潜移默化地渗透到了大众的日常生活中，影响着我们的思想。我在青春期肥胖的那段时间里，正是受到时尚杂志上不健康的减肥方式的影响而采取了各种极端的减肥方法以获得大众对我的认可。在个人努力的过程中，我很容易遭受大众眼光的批判，那些"不懂事"的男生甚至会直接对我恶语相向，在这个过程中我体验到克制不住的冲动和无休止的自我检查、自我惩罚，我不再是自己生活的"主人"，只是在践行这个社会对我的要求。

其实，那些男生对我的排挤、歧视也不是与生俱来的，只不过在这种社会思潮的影响下多数人都会认为瘦是美的，胖是丑的。当然，他们的父母对肥胖人群的态度也是造成他们对肥胖人群歧视的重要因素。在这个社会中，每个人都会和其他人打交道，社会成员的种种社会关系左右着他们对媒介信息的选择，制约着大众文化传播的效果，因此即使是社会中存在着某些反对凭借外表判断一个人的"声音"，但依照"少数服从多数"的理论，很多人最终还是会倾向于相信多数人的那一方。因此这种"以瘦为美"的理念影响着越来越多的人，多数人就形成了一种"以瘦为美"的固定的思维模式。

不可否认，在现代社会中身体的尺寸和外形越来越作为个人身份的象征，象征着个体的情感、道德或精神状态。在西方文明中，肌肉发达的身体早已被当作一种文化偶像，锻炼是一项被美化和性别化的活动，它意味着一个人"在意"自己和自己在别人面前的形象，暗示着他们对自己身体的控制。我在健身房锻炼的时候，曾有一个阿姨过来向我请教，她说像我这样身材苗条坚持健身的人一定是一个很自律的人。由此可以看出，许多人都称赞你的身材代表着他们认可你的外表，就是因为这样，身材以及外貌已经成为衡量一个人是不是一个优秀的人的硬性指标，而肥胖被视为懒惰、缺乏纪律、不愿服从的象征，是缺少自我控制的表现。对于女性尤其如此，如果一个女性的身材肥胖（非遗传因素和药物影响），她往往会被认为是对自己的身体缺乏控制力，也就是说她意志力薄弱，这也是许多人蔑视肥胖者的原因之一。

二 我的身体、他人的凝视

进入现代社会后，人们的思想虽然已经不同往日，但在某种程度上，这个社会对女性的身体仍然是压抑与控制的，它在通过各种各样的形式影响女性的身体，却打着"积极"的旗号。即使我减肥成功后，依然会有许多人对我品头论足。由于瘦身速度太快，我皮肤有些松弛，有些人便会大惊小怪地说出"你的肉怎么这么松啊，你这可怎么办啊"等"关心"的话语。他们这种名义上的关心只会使我更加关注自己的身体。

我在减肥成功后，似乎对自己的外表越来越重视。不知是为了"取悦"他人还是"满足"自己，我也开始学习化妆等能使自己变得更"完美"的方法。不得不承认，现在的女性会比男性花费更多的时间管理、约束身体，这些身体中的力量与活力习惯于外界的规则、征服、转变和"改进"，通过饮食、化妆、服装等苛刻的规范化训练——这是许多女性一天中组织时间和空间的主要原则，这使我们对社会的关注减少，更加聚精会神地专注于自我的修饰。我化妆、更积极地瘦身也是为了能获得来自男性更多的赞美与认可。在这种情况下，其实我们的身体仍然局限于所谓的父权社会的批评话语中。从现实生活中就可以看出，当代社会对于女性外表的关注远远高于男性：评价一个女性多数是看她的外表，而评价男性则更多是从能力、金钱等方面。大众的审美已经影响了女性对自身的审美，而对这种审美的过分追求已经成为大部分女性痛苦的根源。我想通过健身变成欧美女星那种蜂腰翘臀的身材，我想要尝试各种方法以达到这种"审美"所要求的外表。我受到了这种思维的影响，我迫切地想要变成社会审美中完美的形象，我的身体已经不再是自己的身体，而是被社会"驯服"的身体。这也让我在减肥瘦身成功并且开始走上健身这条自律的道路的同时，发现自己越来越控制不住自己的身体，我越是压抑它，它越是在等待着一个机会去爆发。

不可否认，最受这种"苗条暴政"压迫的是女人。如果当初我在肥胖的时候没有遭受到那么多的嘲笑与歧视，后来瘦下来也不会过于关注自己的体重，从而走上暴食、催吐的道路。我常常觉得自己生活在别人的"凝视"① 中，不管是在我胖的时候、努力瘦的过程中，还是在我瘦身成功之后，我都感觉自己活在别人的凝视中。这种凝视就像福柯说的形成了一个包围自我的"全景监狱"，我的行动和想法都被他人监视着，所以我只能收敛起内心的欲望，用真实的（认真地健身）或者是假装的行动（催吐、节食但是假装减肥是健身的结果）来掩饰和压制它。我尝试掌控自己的身体，但它反过来突袭、压制、爆发并破坏，在暴食催吐的时候，我的意识与身体仿佛是敌对的，它是我的敌人，我不能控制我的身体或者说我想要过度控制它。减肥期间的健康饮食，使我进食量过少，同时我会进行大量的运动使用它、消耗它，它便反抗，于是我不能控制自己而大量进食，在满足了身体之后，我的意识又占了上风，这使我懊悔不已便开始催吐。在暴食的过程中，我仿佛是在无意识地进食，我的身体也不再受自己的控制。在我健身的时候，周围的赞许越多，我对自己的要求越严格，怕自己的身材稍微差些就会"辜负"别人对我的赞赏。由于这种对"完美身材"的理想越来越严格和苛刻，当我无法克制自己的欲望时，就步入了"歧途"。其实想想，不管是健身还是催吐，这些行动既是我对焦虑疏解的要求，也是一种自我惩戒和强制管理的方法。

三　性别化的健身思维

在健身的过程中，我曾经听到过许多反对的声音，有些人认为肌肉是男人才应该拥有的，而女性只要瘦就足够了。这种思想

---

①　Jean-Paul Sartre, *Being and Nothingness* (Washington Square Press, 2020).

并不是只存在于个体的脑海中，而是社会大众的普遍思想。"肌肉"这两个字往往被认为是男性权力的象征，经常表现为一种具有性别差异的"自然性"编码的方式。人们往往认为男人有能力做一切事情，而女人却没有。因此，那些肌肉发达的女性往往会受到其他人的"歧视"。当我在朋友圈发一些肌肉明显的欧美健身达人的照片作为激励自己的动力时，总会遭到这样或那样的嘲讽，如"这样的人一拳能打死我""你真的要练成这样吗？这个样子多丑啊""唯有瘦才能穿衣好看，你一个女生练得这么壮，小心以后没有男朋友"等嘲讽的言语，只有少数跟我一样健身的人才会给予我支持和鼓励。

这些现象其实都能体现出性别差异对当今社会的影响。性别差异是由文化和社会建构起来的，女性不应该练肌肉这种思想并不是与生俱来的，而是从小被灌输的信息和参照体系造就了人们对性别的刻板印象。中国从古代就一直是男耕女织的社会环境，在这个社会中男性成了持家者，因此男性看上去更有力量，一些对于性别的刻板印象已经扎根于人们的心中。从社会认同来看，对性别的刻板印象是一个群体认知的过程，不仅发生在个人的头脑中，更发生在与人交往时。就像上文中提到的我在青春期肥胖时所遭受的嘲笑一样，那些互动都是思想以及文化传播的过程。社会在进步，人们的思想也在发生着变化，积极的方面是当今社会越来越开放，西方的文化带来了许多积极的影响，健身房中"举铁"的女性越来越多，大家对于做力量训练的女生更多的是投以赞许与佩服的眼光，甚至我还曾遇到过向我请教的男生，这都能证明有一部分人已经开始合理理解和尊重男女之间的不同。

然而，大多数女性在中国传统思想的影响下还是会认为瘦即美。大量的资料表明，在我们的文化中，女人受当代社会苗条理想的制约程度比男人要深。和男人相比，女人也更容易认为自己太过肥胖，更容易不满足，因此她们更可能依靠"激烈"的方式管理身材——节食、滥用泻药、采取医疗手段、从事强迫性锻炼等，并且远比男人更容易产生身体的失调。

四　健身中的身体政治

福柯说："我们关注的是'政治肉体'（body politic），应把它看作一组物质因素和技术，它们作为武器、传达路径和支持手段为权力和知识关系服务，而那种权力和知识关系则通过把人的身体变成认识对象来干预和征服人的肉体。"① 对于福柯而言，身体并不只是受到话语的控制，而是构成了日常实践与权力的大规模组织之间的一种关联。而20世纪的健身神话背后，是一些更为微妙的动机，权力在其中借由身体产生传播，调控运动中的每个个体。20世纪20年代的女孩们将她们的胸部紧紧缚住，以期待能与同时代的男人们竞争劳动力市场中的席位，后来开始流行蜂腰细臀的女性身材，受到大众媒体和流行文化的影响，人们对成熟女性身材的审美成了当时大众审美的标准，指引着女性群体的理想与行动方向。而在当今的社会中，健身越来越与强调效用的商业文明、无孔不入的消费文化、日益发达的大众媒介、崛起的中产阶级及其生活方式相关联，这样的健身模式让刚刚褪下羞

---

① 米歇尔·福柯：《规训与惩罚》，刘北成、杨远婴译，生活·读书·新知三联书店，2003，第30页。

耻感的身体很快再次陷入了另一种恶性循环之中。起初人们健身的方向是正确的，它是一味舒心丸，能使我们完全将注意力集中于身体的运动从而释放工作压力，这是健身带给我们身体的积极影响，并且由于健身房场地的固定性、器械的多样性等优势，无论是作为体能储备营还是精神避难所，健身房已经成为许多人日常生活中必不可少的场所之一。但有时健身也会让人们越来越关注自己的身体，虽然沉浸在运动中是快乐的，它能使个人短暂地从社会中抽离，摆脱雇佣劳动的强制与规训，甚至达到忘我的境界。在我亲身经历的健身过程中，我对自己的身体变得极为敏感，因为拥有完美身材的同时还附加着很多其他价值：他人赞许的目光，自我对身体的控制感和对人生的主导权等。因此，健身不可避免地沦为了知识、话语、权力控制的客体化对象，落入了身体规训和身体政治的窘境之中。

随着健身时间的逐渐累积，我愈发渴望自己能受到关注。在我的人际关系圈中，我发现自己日渐苗条的身体被人羡慕，我在健身过程中表现出的意志力和自控力也会得到同学们、朋友们的称赞，因为这对多数女性来说都是一件很难坚持的事情。在家中，父母为我的进食问题担忧，对我的关心增加，从这些关注中我发现自己的行为对于周围的人具有极大地支配力以及影响力。因此，我感觉自己受到了 "积极" 的重视，而不是像过去那种被 "消极" 地看待。我想要得到一种被关注的感觉，因此在对待自己的身体时用尽了一切手段。或许当我每天不辞辛苦地走进健身房，拼命抗拒饥饿和欲望来安慰自己时，我的身体也正在越来越多地实践关于控制和自律的社会美德。

结　语

在当今社会中，受到大众传媒等文化传播的影响，人们对肥胖女性有一种"根深蒂固"的偏见，仍然有许多女性在父权制社会中遭受着身体压迫与身体规训。但是从我自身的经历来说，我越来越意识到文化不应该是强制和约束自身或是建构人的主体性的，而只有使个体能够更真实地感受自身，才能避免社会文化负面的规训。虽然我们承受着控制和约束，但是我们的身体是一个拥有感觉和知觉的生命体，不能为他人的话语所控制。其实当我们被操控的时候，那种被束缚、无法喘息、失去自由的感觉是时时刻刻存在的，我们也会不自觉地与之做斗争。虽然是顺应，但是也会有自己的反思：打破固定思维模式，围绕着自身展开实践，以自身的快乐为需求，我们就可以在一定程度上减少来自社会、话语和权力的统治与约束，活出真正的自己。

第二章　跨越中西文化的审美想象

——一位留澳女学生跨国健身的具身体验

化名： M

年龄： 27 岁

学历： 硕士研究生

职业： 学生

婚育状况： 未婚未育

健身背景： M 是一位拥有 3 年健身经验的女性，现在澳大利亚留学。2017 年初，笔者在广州的一家健身房认识了 M 并短暂指导过她的健身训练，后来与她成为朋友。那时她正经历着暴食与过度跑步的恶性循环，所以试图通过健身来减重和恢复健康。2017 年底，她到深圳工作并在某家健身房锻炼，聘请了健身教练。后来自己可以独立训练直至 2018 年秋到澳大利亚攻读她的第二个硕士学位，不久她加入了墨尔本的一家健身俱乐部。

健身运动①自西方传入中国，是地道的舶来品，国人描述中

---

① 这里主要是指 fitness exercise，即通过徒手或利用各种器械，运用专门的动作方式和方法进行锻炼，以发达肌肉、增长体力、改善形体和陶冶情操为目的的运动项目。

西方健身运动时惯用"西方先进—中国落后"的日常解释逻辑。在比较中西方身体审美差异时也倾向于遵循宏观的、线性的框架，并总结出诸如"西方开放—中国保守"的文化想象。尽管"西方"对于很多人而言是想象中的异邦，但随着中国的经济发展和对外开放，越来越多的国人到西方国家工作、学习和生活，从而能够具身、具地感受不同国家、不同文化背景下的体育活动。口述故事主人公 M 的跨国健身经验，无疑是一次中西方身体文化想象之旅，让她对"中国—西方"的健身运动和身体文化的冲突与融合有了具象化认识，然后借助这种经验进行自我反思并形成了新的身体观念。

第一部分　口述故事

国内健身初体验——看身材选教练的误区

从我第一次去健身房到现在已经有两三年了。刚去健身房时我的目的是减脂，我觉得绝大多数女性开始做力量训练都是为了减脂，只是我后来慢慢喜欢上这个东西，觉得它并没有远离我的初衷，而是带给我新的好的东西。我以前也经历过很着急的状态，后来才转变过来。我在接触力量训练的时候，是我人生很 down 的时候，那时身体非常肿，心态也非常不好。

在国内的时候，我先去商业健身房找了教练。我请了三个教练，其中有两个是男的。当时，请私教花了一两万元。我问私教，我能不能在半年内瘦 20 斤。我也没有说 3 个月内，我心里有数，他说可以。我上课上得很频繁，基本上一个礼拜我去四五天，就是上健身课。收费很贵，一节课三四百元。第一个教练特别搞笑，他说："哪要半年，一个月我就要你瘦（20斤），一天两练三练。你要像我一样，早上五点钟起来练一下，然后下午再来练一下。"那个男教练非常有线条，也练得非常好，他说减肥就是小 case，坚持一下很简单。跟了他两天之后，我就换教练了。我跟那里管事的人说这个教练跟打比赛一样，我不打。我说换一个最不爱说话的教练给我。

虽然第二个教练不爱说话，但是个急性子。因为我的身体本来受过伤害，见效果会比别人慢，过了一两个月之后，我还没着急，他开始着急了。他说："你怎么还不瘦，你怎么还不瘦，你是不是偷吃了？"我说我没有，然后我把吃的东西发给他看。我对营养的了解是比他多的，但他说："你怎么吃那么多，你以后把玉米减半，这个牛奶减半，什么都减半。"因为在体重上、体脂上确实没有什么变化，我彻底崩盘，抱头痛哭。还有一次，我在那里做腿举的时候，他来了一句："你的腿怎么这么胖，怎么这么粗！"最后一次，教练带着我一个人在那里做战绳的时候，他又来了一句："你是不是哪里有毛病，怎么瘦不下来，是不是偷吃了好多？"我实在不行了，眼泪直接唰唰地流下来。我记得那个时候是下午两点多，我直接在那里哭了，觉得好委屈。我花的钱没有比别人少，我来的时间也没有比别人少，我付出比别人多，却什么也没有得到。然而，这其实是一个正常的现象，因为我本身的条件，就是要比别人做更多的前期准备。因为我身体的代谢环境已经被破坏了，不止我一个人，我身边很多女性也一样，盲目地做有氧运动，反而把肌肉消耗掉了。想起来，减肥就是很难的事情。最后我也不上这个教练的课了。

后来，我们健身房来了一个新的女教练，她看上去一点儿也不瘦，甚至比我还胖，她肚子比我还大。我当时一看就很喜欢她，后来聊了一下才知道她是教练。她之前也有暴食经历，后来通过健身改变了自己。她曾经也跟我一样，追求非正常的瘦，但是减肥节食太枯燥了，反而导致了暴食。她暴食的情况比我还恐怖，体重曾到达140斤还是150斤。然后我就换她做我的教练，她一直鼓励我，虽然她身材并不是很好（我在墨尔本的健身房的教练，有一半以上看起来都胖胖的，身材并不是很好，但是别人能接受，别人不看脸的，我也不看脸只看你会不会教）。

我们国内选教练的标准不是看脸就是看身材。所谓的身材就是瘦成猴一样的身材。我跟你说，越是"瘦猴"教练，越是不靠谱，这类教练吃得像闹饥荒一样。男性训练不能跟女性比较，因为男女的差异不光是生理性的，还有心理上的。比如，男性本身对饮食没有太大的欲望，食物诱惑不到他们（特别贪吃的男生例外）。有些女性喜欢用食物来发泄，但男性不会这样，他们有其他的发泄方式，例如打牌、打游戏甚至打架，但是女性不会这样做。除了"瘦猴"教练，国内有一种教练，练得非常好看，但是走火入魔了。他们对食物没什么欲望，吃得很"干净"，但不像普通人或者正常人。我之前那个一天三练的教练，他就是这个样子。他长得好看，很壮，也不像"瘦猴"，但他吃得很极端。他吃饭热量不超标，一个鸡蛋，把蛋黄扔了，再放点儿坚果，这就是一餐了。一天到晚都要这样吃，谁能接受？我要食人间烟火。如果按照大学时的标准，我选教练可能看身材，"瘦猴"也好，你练得壮也好，而我现在就会看本领如何。原来教练说你要吃得"干净"才是正确的，但是那么多次请私教的经历，让我发现凡是这么跟我说的教练，那就跟他说再见。其实好的教练都认为"该怎么吃就怎么吃"，但是你要知道怎么吃才能健康和舒服，这会有一个大的原则。你不能盲目地相信网上的所谓健康饮食，如果你说的东西跟网上写的一模一样，吃得"干净"，清清楚楚，我为何请你做教练？我是要做人的，做一个健康生活的人！他们连健康都搞不懂！现在男教练完全是这样，用自己的标准去训练他的会员，他们去打比赛，我又不是要做脱水训练。

国内外健身环境的差异——对女性的排挤与包容

说实话，国内健身房的跑步机实在太差了，而且有氧形式太单一。咱们国内有几个健身房能看到划船机、爬楼梯机？看到的最多的还是跑步机，还是档次最低的。还有的教练跟我说，国内的跑步机你跑了就不想下去了。跑步机是最容易骗人的，就是老弱病残孕，只要你想减肥，就让你上个跑步机，你也不知道什么是好的，就是瞎跑，像小白鼠一样。我在国外很少用跑步机，我会选择爬坡等更多元的方式，我会选择划船机、滑雪机、椭圆机等各种器械。跑步比其他锻炼方式更容易伤膝盖。而且，国内跑步机确实很差，但是跑步机上永远有很多人。国外的跑步机播放电视节目什么的，还可以自己插耳机，会有十几个电视节目围着你转，你可以换台也可以看《老友记》之类的节目，这样时间过得也快。国内很多跑步机没有电视节目。

如果可以选择，我其实更倾向于打网球之类的运动，但是相对于其他体育运动项目来说，健身房的效率最高、最省时。其他的运动要找个伴、找个场地才可以运动。在国内，大家不是很热衷运动，不像外国人那样，他们生活就是在运动，无时无刻不在运动。澳大利亚人天生喜欢游泳，不管男女都喜欢踢澳洲足球（比如我的寄宿家庭）。他们好像自带运动的基因，天生热爱运动。国内就没有这个习惯，比如我姑姑，她说自己快退休了怎么办？我说找个运动去做，她说进健身房呀？她第一反应就是健身房和广场舞，就想不到其他运动了。国内大多数健身房、跳操房也就是一些像我妈这个年纪的阿姨去晃悠晃悠，然后洗个澡回家，她们不是真心喜欢运动。但在澳大利亚，随处都能看到有人在草坪上踢球，不管是礼拜一还是礼拜天，不分季节、不分男女、不分年龄都在运动，而国内的人没有这个习惯。

在墨尔本，健身房里的女性会多一点儿，而且大多数女性其实都是在练力量。我在澳大利亚看到做有氧运动的都是大叔、老奶奶。相反在国内，在跑步机上跑步的都是年轻女孩和大妈；在墨尔本，跑步机是老爷爷、老奶奶用来散步的。澳大利亚绝大多数人奔着健身房去都是"举铁"的。在墨尔本，绝大多数女性不需要教练，自己就玩得很溜。而在国内的健身房力量区，绝大多数女性身边是跟了个教练的，否则她们不会去碰那些力量器械。我想，这可能跟国内健身房对女性不太友好的环境有很大关系。

在国内的健身房里，大部分都是男生在练力量，他们会形成那种排挤女性的氛围。练得好的，男性们会说："小姑娘练得不错啊，有屁股什么的。"而一堆不懂练的大叔也会跑过来说："你练那么壮干吗啊？"他们还真的走过来，还跟我吵了。有个男性在健身房看我好久了，他说："你不要练太壮了，你怎么还没瘦啊，你怎么越来越壮了啊？你不觉得你腿太粗了吗？"那些跑过来好像要劝你的男生，包括两类人，一是健身房的教练，二是男会员。他们跑过来就说："你别再练了，会找不到男朋友啊！你看你腿多粗，你还去翻轮胎，你还做这，你还做那，做什么无氧做什么力量？你要去做有氧，多跑步。少吃一点儿，晚上不要吃饭了，吃个水果就可以啦。"

　　我去健身房比较频繁，大家比较熟悉我。我练的时候也能感受到周围的人会看着我，特别是有的人还会对你指指点点，说你这不好那不好，真的很烦。我自己练得开开心心的，他们跑过来说你不好，一下说你胖，一下说你动作不对。哪有所谓绝对正确的动作，就算是教练，对同一个动作的理解程度也不一定是一样的。我只要感受到我是在做就好了，就像我画画一样，你说我画错了，但是我觉得我是在画，我开开心心，我画多了就能感觉到。他们说："可能这样会更好哦。"他们来瞎指挥，这会打击你的训练热情。一开始你会自我怀疑，后来在健身房待久了，你就会发现没有统一标准，每个人身高不一样、力量不一样，我就原谅我自己了。因为肩膀的问题，我握得要比别人窄一点儿，可能男性高就握得宽一点儿，不能拿男性要求来跟我说你要这样握。这肯定不行，我这样握，手都打不开，每个人的感觉是不一样的。

　　而且，我在国外健身会更愉快一点儿。我刚来这边一个很大的连锁健身房，一周去练五六次。因为离家很近，几乎是天天去，走过去大概就 5 分钟。我之所以喜欢去国外的健身房，最主要的一点是当你处在这个环境（澳大利亚），大家不会对你的身材指指点点，你该做什么就做什么。但在国内，太多人对你指指点点了，甚至包括你的亲爸亲妈。在国内健身房，每次有新人进来，教练都会去对她们的身材品头论足。我现在在国外比较受同学欢迎。很多人看到我手机屏保的女生照片，会问是不是我本人。我腿跟屁股是天生有优势的，我还有漂亮的腿形、腰腹和肩膀线条，不过没有像手机屏保照片上的女生那么有胸。其实我觉得这个女生非常健康好看，他们也说我的气质跟她挺像的。目前，已经有 8 个人看到我手机，问这个是不是我了。我穿冬天的衣服也能看到身材，我觉得我现在的身材也不瘦，不属于我们中国审美的瘦，但我的外国同学就很羡慕。

国内女性的健身误区——"能瘦多少?"

我相信绝大多数女生去找教练时都会问："我第一个月能瘦多少?"这是很常见的。或者问"我能不能瘦 20 斤？半年能不能瘦 20 斤？我能不能瘦成这样那样，我能不能这个、能不能那个"。为了减 20 斤，她们不管教练骗自己做力量也好，骗自己做有氧也好，骗自己上跑步机也好。可能有一半女性做着做着，就做不下去了，因为能量过度消耗。毕竟，进健身房要吃得比较少，加上减脂带来的心理压力以及环境各个方面的因素，大部分女性中途就放弃健身了。一部分女性可能发现原来减脂对自己来说没那么重要，就把目标放到其他地方了。只有一小部分人明白健身是需要长期投入时间和金钱的事情，我是属于后者。大部分女性，像我那些朋友，她们以前也花了很多钱在健身上，但现在都不愿意进健身房了，不愿意看到教练。我朋友的教练一直发微信催她，她说："不去，以后再说，现在心情不好。"因为在健身这件事情上，她们没有收获，看不到成果，或者说成果显示得太慢了。而学校里的那些女学生，经济条件不是很好，但想要快速获得效果，更不愿长期投资。

我有个朋友在 H 大学读博，本来她大学就开始减肥，她所谓的减肥就是不吃淀粉。半年前我陪她去做了一次双眼皮手术，不久前她跟我说她又开始了新一轮的减肥。她所谓的减肥是很恐怖的，头三天只吃一个鸡蛋、一杯黑咖啡加一碗蔬菜，油盐什么的都没有。她当时做手术，做完想想挺恐怖的，她的宿舍在六楼，她连楼梯都爬不上去，但是她就是那样子。她去年健身最瘦的时候，已经是90斤不到了，可是看上去你就觉得她有110斤。她体脂率太高，减掉了太多的肌肉，然后她最喜欢的运动方式是跑步。她办了健身卡，她非常有钱，不愁钱，请教练花了几万块钱。她自己对力量训练不是很感兴趣，教练可能也不是很尽责。她尽管请了教练，但还是会花一个小时或两个小时在跑步机上。她每天吃得非常少，我早上吃一个鸡蛋、一个红薯、一杯豆浆，她就跟我说我早上吃得太多了。到中午，她打了两个青菜一个肉菜，还没打米饭，就说"我吃太多了，我今天中午吃得太多，所以我晚上少吃点儿"，于是晚上就点了两个青菜。她每天都觉得自己吃得太多了。她觉得自己胖是遗传问题。她一直觉得是基因的问题，却不觉得自己一直瘦不下来是因为没有吃淀粉，然后运动方式也不合理，加上她本身也有压力问题，她读博读得很辛苦，快读不下去了。她也不会听我劝，我当时用亲身经历跟她讲，但没办法，她就是那种很传统的中国女性，就盯着那个体重秤，每天称三次，甚至喝水前后都要称一下。

如果只做有氧的话，一个月体重是可以下来的。多做有氧，少吃，我之前在健身房就是这样做的。我拿"薄荷"（计算热量的APP）计热量、多吃青菜少碳水，当然可以瘦。但是节食会破坏身体代谢，身体代谢被破坏了，减脂速度就会比别人慢，而女性增肌、减脂本来就比男性慢。我有个姐姐，她脸色超级差，但她瘦了很多，每天就说她健身教练多好多好。我就问她一天吃了多少，结果都没有我早餐吃的多。

很多女生也不会去自己学着练。在健身房里，大多数女性选教练时也很无知，她们觉得哪个教练瘦，就选哪个。教练要脸长得好，要招人喜欢，技术含量反而成为一件次要的事情。因为我相信超过80%的女性进入健身房是为了减脂，并不是想着增加肌肉、提高代谢什么的。她们也不会选择教练。那会儿我在深圳的一个健身房，还是比较好的健身房，一个会员直接告诉我，哪个教练长得帅，就选哪个。其实你去健身房首先要观察一下这个教练身体形状是什么样的，再看他是怎么教学员的，才能选到能够把自己带瘦的教练。每个教练的领悟点不一样，教出来的学员也不一样。就算同一个动作，由于我们的身体情况不一样，哪怕同一个硬拉也不一样，因为每个人手长、腿长不一样。所以，一个教练教出来的学员，什么样的都有。女性会员缺乏自己的判断力，教练说什么就听什么，只是觉得他是教练，他就是对的。可能很多女生也不知道教练做得好不好，或者做错了，这不是信任教练，而是她们不懂，教练说什么都是对的。其实现在很多教练水平很低，而且那些证都是可以花钱买的，大家都心知肚明。我是主动去了解健身知识，再仔细观察后才发现这些问题的。当然，也有好的教练，但是太少了。而且大部分女性会有肌肉恐惧症，觉得教练练得那么大块，她自己也会练得很大块，所以她们会愿意找瘦小的教练。看到大块头教练，她们就很天真地认为自己也会练成那个样子，真的想太多了。另外，在健身房我也不会看比我瘦的女性，而是看那些我感觉很会练的。以前会盯着那些苗条的小个一直看，现在比较会看了，不管身材怎样，这个人真练假练，一眼就能看出来了。

在健身房，我觉得绝大多数女生刚开始都跟我一样，如果那里有很多男生的话，会觉得很尴尬，不敢靠近。因为自己是个"小白"，是女生，除了部分有经济能力去请教练或者去网上收集资料学习模仿动作的人之外，刚开始去都有点儿害怕。相反，绝大多数男生不请教练，自己去练，就像男性天生比较会修东西一样，他们自己喜欢在那里琢磨，而女性会恐惧害怕。我觉得在国内，绝大多数愿意在力量区待的女性都是请了教练的，只有很少一部分人自己去瞎弄。她们所谓的深蹲，其实也没蹲下去，就像扛扁担那样扛一扛。国外的女生大部分都是自己练，而且练得很专业。另外，国内有些人去健身房就是给自己心理安慰的，就是我去了，拍拍照，甚至我来了，没浪费这个钱，打发点儿时间。

我觉得很多女性去接触健身房，包括去跑步都是一件功利的事情。因为并不是每个人都喜欢去运动，好逸恶劳才是人类的本性——谁想大热天跑出去出身汗。很多女性，没钱的人去跑步，有钱的去健身房花钱请教练，大家都是带着目的去的。每个人的目的不一样，有些人就是为了拍个照、发个朋友圈，有的人为了强身健体，有的人为了发泄情绪，大家的目的不一样。

身体审美的区别——"fit"不等于"瘦"

追求瘦不是国内、国外的问题，我看国外的教练也跟国内的差不多。追求苗条的身材是全球性的问题，大家急功近利地想瘦。国外的人也是，急功近利地想瘦，只是瘦不到我们国内那个水平，瘦不到我们那个水准，我们的瘦就是要跟麻秆儿一样。普天之下，大家都觉得瘦是美的，只是在他们的观念里，有点儿瘦就已经很瘦了，人家要求有胸有屁股，人家不看你肚子和腿；而我们要很瘦才叫瘦，要瘦成营养不良才叫瘦，要瘦成麻秆儿才叫瘦。

造成这种差别的原因，还是审美的问题。相比较而言，国内审美比较单一，对很多东西没有多元化的接受度。中国人觉得的好是标准化的，只有一个是好，另外一个就是不好，不能接受很多东西。比如，我之前在深圳认识的一个姐姐，她练得很好看，也不是很胖，就是放在国外，她明显就是非常 fit 的，非常好看的，屁股很翘，腿很结实。但她一直在说自己太胖了！太胖了！太胖了！我说这放到国外非常好，她说国内的人都觉得她很胖。其实她没有任何问题，她自己也意识到这种评价是因为她身处不同的环境。她说之前出国旅游，没有人觉得她胖。她常年待在健身房，加上生过小孩，我觉得她已经非常完美了，很明显有 S 形的身材，但是她觉得自己好胖好胖，她把肌肉多说成是胖。

国内现在也开始接受所谓的 fit，就是说有点儿肌肉好看，但是 fit 的前提是你还要瘦成麻秆儿。那样的情况下，不管你是练出来的肌肉，还是瘦出来、吃出来的，大家都觉得你是 fit 的。这其实是错误的概念。其实很多瘦子，她瘦也有肌肉在那里，人人都有肌肉，只是多少的问题，瘦到没有脂肪就出来肌肉了。国内关于 fit 这个概念真的非常的苛刻。每个人的身体情况不一样，有些人练得很好，但是肚子上却有很多肉；可是有些人不怎么练，就是肚子不胖。然而，国内的审美就是一定要有马甲线、要有腹肌，才是所谓的练得好了。

虽然国内大多数女性开始觉醒过来，但是她们所谓的 fit，还是在瘦的这个概念之上的 fit，她们不能接受中等身材的 fit。我是有肚子的，是有屁股的，我手上还有点儿赘肉，但是我还是属于比较 fit 的，看上去也是很结实的。从国外的标准来看，我是很健康的。但是按照国内女生的审美观，她们会觉得我这样就是胖的，因为我穿不了 S 码，没有马甲线，不是麻秆儿，这很苛刻啊！虽然很多人健身以健康为目标，但是对于马甲线还是很执着。其实她们说的所谓的健康就好，安慰你也是在安慰自己！国内的年轻女性，哪个不想有马甲线，包括我弟弟的女朋友，像我姑姑说的，她从背影来看就像根树枝在晃啊晃，但是她还说："我好胖啊！"她本身还是一个素食主义者，她从小不吃肉，她买个七块钱的蔬菜，能吃三四天，但是她不是省而是不吃。我经常去她那里，厨房必备的是黄瓜和番茄，没事就做个拍黄瓜和拌番茄。我从深圳过去，给她带去很多香港的零食，她看了一眼说热量太高了，还是给你弟弟吧。她是 80 多斤的一个人，还每天都觉得自己很胖，我是看不出来，真的看不出来她哪里胖。我现在都觉得自己不胖了，她还跟我说她比我胖，事实是我比她胖几十斤。

其实，我以前的审美也有问题。受"超瘦审美"文化的影响，我把自己的身体弄得很差。我出国之后才意识到自己以前追求的体型太瘦了。其实正常来说，只要腰腹脂肪不超标，就可以接受了。你想屁股好看一点儿，但你腿上没有一点肉儿，你根本撑不住的。我发现就算在国外自己也不算很瘦，不过我也不害怕自己长肌肉，因为我知道即使我很努力，也离肌肉女差十万八千里。我知道自己的身体哪里有优势，哪里没优势。之前我还想去隆胸，其实有时候觉得胸小更舒服一点儿，但是胸大可以显腰细，比例会更好。

我觉得人只有开始做力量练习，才能发现自己的优势肌群。

比如，对我来说，我屁股本来就很好，稍微练一下就很翘，我不开玩笑，但是我肩膀肌肉每个星期练一次，就是起不来。每个人都有优势的肌群，就像有些人腰腹不练也不会胖，而我一胖还是会先胖肚子。同时，我也想让我的上肢变宽一点儿。很多事情不是你想就能有的，得接受现实。现在我主要的健身目标不是想练出什么，也不会像年纪小的时候想瘦成什么样，只要腰腹脂肪不超标，不要影响到身体健康就好。

不光是年轻女性，我们父母那个年龄的人也会被这种审美文化影响。四五十岁的人对自己的女儿都很挑剔，他们都会说："你怎么吃那么多，你快点去跑步！你好胖！"现在，对瘦的追求已经不分年龄了，所有人的审美都变成这样。之前我在国内，我教过一个香港小朋友，他进的是香港最好的小学，就是那种贵族学校，连他都经常跟我说："你那么胖！"其实我一点儿也不胖。他那时候才7岁，审美就是"胖就是丑"，而且他眼中的"胖"根本不是事实。原因就在于在这个大环境下，他们看到的所有的明星、模特、名人都很瘦。

国内淘宝上的服装类模特都很瘦，这就是我以前穿童装那个状态。我个子比较小，身高1.55米，如果按照国内淘宝的审美观来看，我大概要瘦到90斤以下才能穿得了她们所谓好看的衣服。因为国内审美单一，那些淘宝模特以及所谓网红身材，那些大家所谓练得好的身材，就算身材正常的女生，她们买网红的衣服根本穿不了。如果你是很喜欢跟随潮流，尤其是跟随淘宝的潮流，加上你对自己稍微有点儿要求的话，你很容易走进那个误区——让自己开始变态减肥！

国内那些男的，小到7岁、大到60岁，都喜欢白白瘦瘦的女人。我觉得其中的原因，有 50% 得归咎于这些广告、微博之类的宣传，还有 50% 就是中国的明星效应。你看到所谓中国明星跟外国明星相比，他们没有胖的，就像你看到那些刚分娩完的女明星，一个两个一生完就回到 90 斤不到，所以人们觉得那样子才是正常的。很多女性对自己超严格，特别是怀孕生完小孩的女性，明明知道自己没有明星的条件，但还是觉得自己可以那样子。那些所谓的辣妈，我当然不否认有些辣妈生完小孩很努力去恢复身材，但是这至少有一半要靠基因。我一个朋友生完小孩，不运动，也很瘦！当然你运动会更好，不过有人胖就是没办法，吃下去的营养小孩没吸收都自己吸收了，老公嫌她胖，各种抱怨。然而，大家审美就是这样，觉得瘦了就好看，人家明星为什么可以？人家女明星后面有多少个团队跟着，她们可以什么也不用操心。

我觉得要改变这种审美潮流，首先要从明星开始，大众能够接受多样化的明星，然后在微博上能够接受多样化的审美。因为现在网红卖衣服，不说脸长得一样，身材也一样，身体不一样也会 PS 成一样的吧。这种微博、微信上的美女明星迎合了我们文化原本的审美，很多人虽然达不到，但她们会认为那种才是漂亮的、是美的。

健身让我重新正视自己的身体

大多数中国的女性对自己是一无所知的，从内到外。我说一个最敏感的部位——胸部。大家从小对胸部的发育是很羞涩的，不敢穿内衣。之前我接触的小朋友，她们对自己的身体一无所知，甚至觉得身体是件很丢人的事情，不理解自己的身体。然而，我健身之后，才开始知道自己的屁股是这样的，胸是这样的，肚子是这样的，我跟别人不一样，而我是这样的。在健身之前，我不是不观察自己的身体，但确实不愿做更多的了解。就像我朋友说的一样，可能跟一个男的在一起，他对我身体的了解都比我自己多。可是健身之后，我知道自己这个地方是有天赋的，那个地方是胖的，这个地方原来练一练就会很好看的。我开始知道自己是个什么样子的，不光是对自己的认知，也包括对其他事情的认知。我开始认识到健身是一件需要细水长流的事情，可能别的事情也是一样的，也就是说不能急于求成，不能你想怎样就怎样。很多事情都是一样的，健身也属于学习的一种，道理是相通的，这会让我心态更平和一点儿。心态平和一点儿了，面对事情时也觉得应该慢慢来，反正一时解决不了。

在澳大利亚健身一年多，带给我许多的变化和不同的感受，让我能够看到自己的变化，心情也变好了，感觉很有收获。虽然没有很成熟，但我学到了更多的技能。最主要是看到了自己的变化，哪怕不是瘦了很多，我就觉得每天出出汗也会心情很好。我在健身房里面还是最喜欢做有氧，但也喜欢做完力量后有点儿肌肉的感觉。有时有氧做少一点儿，我喜欢肌肉充血的感觉，它能让我感觉到自己的变化，看到锻炼的成绩。即使充完血，肌肉发胀消失了，但是你在健身房待久了，不用自己观察也有很多人会说你变了，你自己没意识到，别人也会意识到的。特别是你做无氧的话，别人不会说你瘦了，会说你结实好看了，你的气色好了很多。

还有，我现在明显觉得自己力气大了，我卧推可以推两个10公斤的杠铃片。就是20斤的空杆还能加两个片。运动能带来身体感知度的变化，如果你运动过了，你在家里躺了两个星期，你再去运动，会明显感觉到自己的身体变钝了，就跟仪表钝了、锈了一样，要重新启动才能运转起来。刚开始的时候，我推空杆都是不敢想的，只能拿两个小小的哑铃来推。现在，我明显感觉到胸肌这里是在动了，感觉还不错。健身房很多男生推得都没有我力量大，我推上胸的话是拿空杆，然后我平推能加片。很奇怪，我是没有胸的女人，但是我练胸是最有感觉的。以前我的胸很小，胸型也不是很好看，我练了之后，胸没有变大，我穿内衣后胸型变得好看了很多。

我现在是自己练，也会自己做计划，比如说周一练胸、周二练背。其实自己练的话，网上的学习资源也很多，自己也会在健身房观察一下别人是怎么做的，慢慢地学着练。实际上，女性要掌握力量训练要领的那个点，会比男生慢很多，因为女性和男性的身体肌肉感知能力还是相差很多的。我觉得这是性别本身的差异，本来男女的肌肉含量就不一样，身体感知感觉也就会不一样。比如，女性天生柔韧性好，做瑜伽比男性强很多，但是女性对力量的感知能力弱很多。其实我的感知度、感知能力很差，到后面练久了，也可能是时间沉淀下来，才感觉那些肌肉好像有一点点动。不光是我一个人，我问了那里很多的女会员也是这样，我们自己还没有那个能力和条件去控制特定的肌肉神经。你越是不懂发力，越是着急。

我以前把健身当作很功利的事情，给自己带来很多负担，但是现在看淡了，去健身会愉快一点儿。之前暴食那些经历，让我觉得健身没效果，但现在我没有那么看重结果了，因为我觉得健身并不是一蹴而就的。现在我能接受健身是一件需要细水长流的事情，健身带给我的更多的是快乐和放松。现在每天去健身，我会觉得今天至少做了一件事，而我以前觉得健身了一个月，怎么还是那个鬼样子。我现在把时间这个东西看得比较淡，也比较能接受因自己心情不好而买一堆零食吃。以前我如果这样吃的话，往后两天心情会很糟糕的，但是现在我都能坦然接受。我相信女性去健身房一旦定下了一个计划，只要违反一次，肯定超级难过。我现在不像以前，不会刻意地计算卡路里，就正常吃饭加上合理锻炼，已经忽略了对身材的过分执着。因为有时候你太执着，想快点儿见成效，很容易身心出状况的。我现在胖就胖，吃就吃，反正以后还能瘦，反正都会瘦回来的，也不急于一时，该吃的吃，人生还很长。

其实，我现在这样的身材放到2016年、2017年，我自己都是没有办法接受的，但是我现在能接受自己是这样子了，这也让我更容易接受现实了。不得不说在澳大利亚这两年的健身经验让我感悟了很多，人变得阳光了。特别是开始认可健身之后，你会喜欢上你自己，你会觉得自己是个挺有用的人，还是个挺能干事的人，你会开始从内到外阳光起来，然后别人也会开始喜欢你。像我之前一直处于一个很自卑的状态，连自己都不喜欢自己，别人更不会去接近我。现在的我，体重是没有任何变化的，就是看上去很健康，整个人散发出来的就是一种健康的状态。那么别人就愿意接近你，跟你聊天，你的人际关系就会好很多，因为你开始讨人喜欢了。说实话，我这辈子都瘦不到原来的那样，也会有点小难过。骨子里我还是个中国人，还是会觉得瘦挺好看的，至少瘦了不丑。

第二部分　分析与讨论

一　对健身运动跨国性思考的必要性

跨国性（transnationalism）已经成为全球化研究的一个流行概念，它指跨越国界的人和机构的多重联系与互动，研究方向包括社会形态、意识类型、文化再生产模式、资本流通、政治场所、空间的再生产等①。因此，研究跨国文化必须是多位置和多空间的，以便突出地方、人和事件之间的相互联系与理解，所指涉的不仅是地理空间的跨越、联系和互动，也包括话语、意义的跨域。文化作为生活经验的媒介，反映的是日常生活中意义建构的过程，这在具身体验（embodiment）和具地体验（emplacement）研究中得到了体现②。同时，跨国性的概念能够重塑我们对社会和文化的相互关系与作用的非静态形式的理解，并鼓励重新想象民族、国家以及不同社会文化的特征与关系。譬如，全球化研究学者曼弗雷德·斯特格尔（Manfred Steger）便使用"想象化"（imaginary）一词去揭示全球化背景下各种基于社会、经济、政治和文化因素的意识的转变③。而这种框架也有助于理解跨国健身运动体验与不同社会的身体文化之间的联系。与传统体育不同的是，健身健美运动（workout & bodybuilding）因得益于全球

---

① Steven Vertovec, *Transnationalism*（New York：Routledge，2009），pp. 4 – 13.
② 凯·安德森、莫娜·多莫什、史蒂夫·派尔、奈杰尔·思里夫特主编《文化地理学手册》，李蕾蕾、张景秋译，商务印书馆，2009，第414页。
③ Holly Thorpe, *Transnational Mobilities in Action Sport Cultures*（London：Palgrave Macmillan. 2014），p. 4.

化，不断发展成为跨越国界的流行运动项目，它鼓励多数人共同追求"健美身材"或追求某种理想化的生活方式，促进形成了全新的身体和社会关联方式。这反映了在"全球想象化"（global imaginary）背景下体育运动文化日渐融合的趋势，以及身体审美文化内涵的全球化取向。

近年来，女性主义学者关注的焦点也发生了改变，从主要强调世界各地男女的物质不平等，转移到了对性别定义里的话语、象征、再现和意义的新兴趣，以及对主体性、认同和性别化身体等问题的关切。比如，女性主义地理学者关注性别认同与地方（place）之间的关系，以及女性气质与男性气质如何随着时空的不同而变化。性别化的特征不仅随着不同国度和历史时期而变化，在日常空间与互动中也呈现多种面貌，从而能够检视构成我们身为男人或女人感受的各种地方和不同社会的性别文化[1]。体育女性主义也十分注重跨文化背景下妇女体育运动的研究[2]。因此，也可以从跨国跨地跨文化等多层次的视角，去探究女性在多元文化影响下的主体性、性别、身体和认同的关系。

本章基于口述者健身故事里中西方文化想象的叙事主线去剖析不同社会文化、地理空间对个体的身体认同和自我认知的影响。借着她具身、具地的体验去表征全球化背景下中西方的健身运动、性别、身体文化和主体性的问题，来回应中西方文化差异的惯性逻辑，对国内健身运动和身体文化的现实进行观照与

---

① Linda McDowell：《性别、认同与地方》，徐苔玲、王志弘译，群学出版有限公司，2006，第 1~46 页。
② 熊欢：《性别、身体、社会：女性体育研究的理论、方法与实践》，中国社会科学出版社，2016，第 271 页。

反思。

二　关于中西方健身运动"落后"与"进步"的文化想象

一般认为，西方人比中国人更热爱和擅长现代体育运动。西方健身运动的技术、器械和文化仍被国内健身运动领域所学习与追赶，而 M 跨国生活健身的经历让这样的想象具体化了。M 在墨尔本生活一段时间之后，她发现澳大利亚人特别喜欢运动，她不由感慨道："他们生活就是在运动。""他们好像自带运动的基因，天生热爱运动。"相较之下，国内运动的氛围并没有那么浓厚，M 表示有选择的话更喜欢打网球，但是她提到很难约到朋友去一起打球或运动，而上健身房或者跳广场舞成为大多数女性能想到的选项。但在澳洲，不管男女老幼都喜欢到户外踢足球等，上健身房只是其中的一个选项。同时，她认为中国人上健身房带着各种目的，不管是为了减肥还是单纯拍照，都不是因为喜欢或者热爱这个运动，而是带有更多功利性目的。

除了以上整体感受，M 的健身故事还详细叙述了中西方健身运动体验之间的差别。首先，两者健身房的硬件设施存在较大差异。M 将墨尔本的健身房设备与之前国内的健身房设备进行了一番比较，她表示国内再高级的健身房的有氧设备一般都是跑步机和固定单车，难见较为新潮多样的器械。但墨尔本的健身房除了跑步机还配备了划船机、楼梯机、滑雪机等，可以满足多样的有氧项目需求。M 认为墨尔本健身房跑步机的体验更佳，只要踏上去就会有十几个电视节目绕着你转，而国内的跑步机娱乐功能匮乏或选择有限。其次，中西方女性健身的参与现状存在"被动"

与"主动"之别。据 M 的国内健身经验，健身房的力量训练区被默认为男性的专属空间，女性多是购买了私教服务才能进入，这道无形的性别栅栏阻碍了大部分女性会员从事力量训练。即便是进行力量训练的女性，"她们所谓的深蹲，其实也没蹲下去，就像扛扁担那样扛一扛"。而且女性在健身房里普遍显得"无知"、"害怕"和"像小白鼠"，为了避免来自男性的指点和"凝视"，大多数的女性倾向于选择一些符合女性气质想象的项目，比如在跑步机或团体课程上挥汗如雨。相比之下，M 表示墨尔本健身房里的女性会员多是奔着"举铁"去的，她们能够独立训练并显得富有经验，而跑步机主要供老年人散步慢跑之用，这跟国内健身房"排队上跑步机"的情景大相径庭。最后，中西方健身教练也存在差异。M 在国内前后换了三个教练，第一个教练按照健美比赛的要求给她制订运动计划，结果她吃不消这样的高强度训练；第二个教练嫌她减肥效果慢，最后忍不住责骂她；而最后一位女教练与她有共同的暴食经历，反而给了她很多心理上的支持与鼓励。M 聘请教练和锻炼的经验让她对国内健身房私人教练的现状有了更为深刻的了解。她认为，与澳大利亚的健身房会员选择教练主要以专业能力为导向有所不同，国内的女性会员选择教练主要看颜值和身材。究其深层次的原因，除了国内健身教练准入门槛低、监管不严等因素，也受到了身体审美文化的影响："大部分女性会有肌肉恐惧症，觉得教练练得那么大块，她自己也会练得很大块，所以她们会愿意找瘦小的教练"。在这种盲目追求瘦身的健身热潮之下，不管国内健身教练专业技能多"水"，大多数女性依然选择买单。

跨越国界的健身体验之差别，让口述者进一步强化了中西方的健身运动"落后"与"先进"的想象，这种体验感高低比较的重点并不在器械先进与否，而是两地健身运动文化氛围的迥异。正如 M 所慨叹的"我在国外健身会更愉快一点儿"，因为在国内健身需要承受更多性别文化的束缚和来自异性的压力。这表明，国内女性健身运动参与可能存在物质、文化、观念等多重的障碍与限制。

三　关于中西方女性身体之美的文化想象

健身行业的广告、传单、海报等通常使用的是西方面孔健身模特的照片或者视频。这种做法是约定俗成还是有意为之？仅仅因为健身运动是西方舶来品？是西方人的身材更符合健身文化的审美想象，还是中国人的身材不够"fit"？此类关于中西方身体、性别与审美文化差异的想象，不仅存在于健身运动中，还根植于我们日常生活的经验之中。M 的故事充分展现了这种冲突与差异。她控诉"年轻""白白""瘦瘦"是当下中国女性的身体审美标准："我们要很瘦才叫瘦，要瘦成营养不良才叫瘦，要瘦成麻秆儿才叫瘦"。这与我们所认为的西方女性丰腴性感的"fit"——"有点儿瘦就已经很瘦了，人家要求有胸有屁股，人家不看你肚子和腿"——形成了强烈的对比。

中西方社会对"好看"的女性身体定义存在差异。原因在于对胖瘦的看法很大程度上受到当地文化环境的影响。M 的身材在国外受到同学的肯定和赞誉，大家认为她非常阳光健康并符合西方审美的"fit"，但在国内她的身材却成为被男性非议和贬损的对象。男健身教练质疑她的自控力，觉得她"有毛病"，所以减不了肥；有些男性会员对她的身材和训练方法"指指点点"；甚至她 7 岁的男学生也说她"好胖"。而这种对女性身材差异化的"评价"不仅发生在她一个人身上，M 也谈到一位常年健身的年轻妈妈，她的身材非常健康美丽，但她周围的亲戚朋友都认为她很胖。M 深刻地感受到国内这种以瘦为美的文化严重影响了年轻人的身心健康，比如，她的朋友为了瘦和美，做完割双眼皮手术，还节食减肥，"头三天只吃一个鸡蛋、一杯黑咖啡加一碗蔬菜，油盐什么的都没有"，然后身体虚弱得连楼梯都爬不上去。她弟弟的女朋友瘦得"从背影来看就像根树枝在晃啊晃"却依然说自己很胖。同时这种文化也影响到父母，因为他们担心自己的女儿发胖"会找不到男朋友的"，所以也会责怪孩子吃太多而锻炼太少。

M 认为尽管中国人接受了西方健身健美文化倡导的"fit"——有肌肉线条，但前提是符合中国女性身体审美标准，即变"fit"之前先要瘦成"麻秆儿"，这是一种苛刻的变态的瘦，并不是西方健身文化所指的"fit"。可见，尽管西方的健身运动和审美文化给我们带来较多的影响，但中西方的身体审美观念依然存在较大的差异。这也表明国内健身行业推崇欧美身体文化的虚伪，他们以西式身体为噱头，但实质上是去迎合中国主流的身体审美文化。

除了以瘦为美外，M 通过中西比较，还发现大多数中国女性缺乏对自己身体的了解和认同。她以身体发育经历为例，指出自己曾经因胸部发育感到羞涩而不敢穿文胸，并且身边一些青少年女孩也避谈身体，认为这是一件难以启齿甚至丢人的事情。M 的经历一定程度上反映了中国女性身体的从属地位和被客体化的现象，她认为我们只有模糊的身体观念，比如胖瘦高矮美丑，但对于身体的组成和形态（胸部、臀部、肚子和腿部等）不甚了解。正是国内女性缺乏对自我身体了解和掌控的意识与权力的现实，导致了女性沦为被观看、被评价的"他者"（the other）。

同时，M 也自觉地分析了造成国内女性追求"变态瘦"和"身体无知"的原因，包括男性主导的单一的身体审美文化、消费文化的侵蚀和明星效应等。首先，国内女性健身者片面地追求塑造理想的形体与提升女性气质，这种消费动机的根源主要在于男性主导的、刻板的女性审美标准。这种针对女性身体审美的集体性叙事，过于强调一种刻板、固定的形象，而忽略了个体性和多样性的审美，使更多女性不惜牺牲健康去获得一种理想化的身材。其次，健身文化是消费文化的延伸，健身使"身体变得适合消费"和能够被消费。因为健身可以塑造符合时装工业审美的"身体"，能够趋近广告或模特一样的效果，例如 M 描述道："如果按照国内淘宝的审美观来看，我大概要瘦到 90 斤以下才能穿得了她们所谓好看的衣服。"这些适合小个子的女性服饰，容易让女性为了追赶潮流而步入盲目瘦身的误区。最后，娱乐明星的偶像效应和新媒介的兴起助长了"瘦"身体文化的扩张，这些媒介包括新媒体、社交媒体等，它们出于商业利益或迎合主流审美文化的目的，极力打造或推崇"明星健身""健身辣妈"形象来鼓励女性参与塑身减肥运动。

虽然以上的诠释能够解释国内部分女性采取漠视身体健康的方式去追求过瘦体型的现象，但是我们必须承认这也是消费社会带来的身体管理不平等和失范问题的一种表现。M 的经验故事首先反映了那些拥有大量财富的明星能够配置一套完整的身体管理系统，从而保证她们每次都以完美形象示人，哪怕是刚分娩出院。其次，中产阶层的女性能够承担聘请私教和整形美容的费用，而一些年轻女学生和收入不高的女性只能盲目地做有氧训练或节食。可见，塑身减肥已经成为一种十分流行的消费现象，折射出社会分层所带来的身体管理消费不平等的现实。

四　多元文化影响下身体认同的重构

一般而言，女性主义学术研究的关键目标在于，阐明性别分化的建构和意义，性别分化的社会建构是关键的组织原则和社会权力轴心，也是身为具有生理性别（sexed）和社会性别（gendered）之个体的主体性、自我认同感建构的重要部分。因此，麦克道威尔（McDowell）指出，人和地方都是性别化的，而且社会与空间的关系是相互建构的。对于年轻或年长的男女，对于异性恋或同性恋者来说，不同空间具有特殊的意涵和不同的权力关系，这些都会与时俱变①。口述者的健身经历展示了不同环境下女性体育参与的社会文化的特殊性与一般性，亦表明了女性随着时间和空间的改变，能够进行自我反思、重构自我认同甚至有改变一些权力关系结构的可能性。

从时间上看，三年的健身训练让 M 不仅逐渐摆脱了暴食症，恢复了身体机能，也给她带来了心智上的成长和心态的转变。健身运动让她开始了解自我身体的模样，理解了每个人的身体都是独特的，并通过主动学习和重复训练慢慢建立起新的身体感知，这种需要时间沉淀的运动经验让她明白"健身是一件需要细水长

① Linda McDowell：《性别、认同与地方》，徐苔玲、王志弘译，群学出版有限公司，2006，第 1 ~ 46 页。

流的事情",并联系到生活中的方方面面,让她总结出"急不来"的智慧。而且,随着锻炼经验的逐渐丰富,她发现每个人的身体情况不一样,健身动作也会有差异,不可能存在绝对正确的动作,这让她敢于否定教练和男性会员的绝对权威:"哪有所谓绝对正确的动作,就算是教练,对同一个动作的理解程度也不一定是一样的。我只要感受到我是在做就好了,就像我画画一样,你说我画错了,但是我觉得我是在画,我开开心心,我画多了就能感觉到。"通过这种具身的健身体验和主体性的回归,M获得了更多的成就感和自信心,也逐渐找到了身心关系的平衡点,并一改以前对身体厌恶和自卑的态度——你会喜欢上你自己。这种跨越时间的运动体验既是她不断探索自己身体和接纳自我的重要环节,也是个体反思性成长的心路历程。

从空间上看,M在健身中的主体性不仅被具身化,也被具地化。多元的社会文化不断影响并重构着她的主体性,促使她重新认识自我和重塑身体认同。在国内健身房,尽管她受到性别文化的束缚,但是她通过一系列行动来改善自己的处境,如选择合适的教练来获得更多的支持,处理好与其他教练的关系以得到"免费"的技术指导以及主动的模仿和学习等,最终在一定程度上改变了自己在健身房的不利地位。处于异国的社会文化环境之中,让M有了更多的空间反思自身和国内的健身运动。她表示出国之后越发觉得自己以前的"审美有毛病",为了追求过瘦的体型而造成了严重的身心健康问题。M明白每个人的优势肌群和易胖的位置不一样,难以用统一的审美标准去衡量,这是通过健身进一步认识个体的独特性的过程。这种跨国的经历让口述者能够联系国内外健身的感受与体验,M不仅反思了自己的审美观念和身心关系，同时也剖析了这种审美文化的社会根源，认为男性主导的身体文化是女性盲目减肥的根本原因。但是，女性身体的从属地位并非天生如此和一成不变的，而是能够通过主体行动去改变甚至打破的。这种反思性促使口述者重新思考身心关系以及个体与社会文化之间的关系，从而能动地采取行动去改善自身的处境。

五 身体审美的全球化"陷阱"

若将中西方的身体美学简单二分，并不符合当前身体消费产业的全球化现实，也忽略了身体审美的全球化场景。在全球化的背景下，身体意义的构成和生产无疑被置于消费文化机制中，人们依然热衷"以瘦为美"的理想身体。M 的体验反映出中西方健身运动和身体文化是存在差异的，但是她也认为追求那种纸片样的身材是不分国家和地区的——这是全球性的问题，大家急功近利地想瘦，而且因为过度追求瘦而患上抑郁症、暴食症等的年轻女性遍布全球各地。这种性别文化秩序不仅损害了女性的身心健康，也使得女性体育参与高度异化和畸形，让体育运动沦为减肥的工具。

虽然从 M 的跨国健身经历中我们清晰地看到了中西方对"fitness"的理解存在差异，但共同之处是女性被刻板的性别审美文化所建构着。不论是苛求女性"瘦成麻秆儿"的东方审美还是西方要求"有胸有屁股"的性感女人，这不过是顺从性、女性化的行为模式，是服从于社会对女性气质的要求而进行的塑造，即向女性刻板印象妥协①。M 的体型恰好符合西方审美标准，这在

---

① M. A. Hall, *Feminism and Sporting Bodies: Essays on Theory and Practice* (Champaign, IL: Human Kinetics, 1996), p.59.

一定程度上让她感到轻松和享受这种赞美。为了保持和塑造西方人的理想身材,她有了新的模仿对象并制订了下一步的训练计划。然而,她的身体仍然是权力、性别和身份之间交互作用的场所,体现出社会文化和个体行动在女性身体管理中的交织与斗争。即使口述者认为在国外健身更愉快和自由,但并没有达到完全解放身体的目的,反而强化了其对西方性别文化(相对于国内更开放)秩序的顺从。虽然 M 的身体文化认同已随着国界跨越而转变,但仍然无法摆脱"他者"的地位,只是从一种文化秩序的压制中转移到另一种束缚里。从口述对象跨文化、跨地域的健身经验来看,当今全球女性的共同处境依然能够运用波伏娃的理论洞见来解释:女人的戏剧性在于每个主体〔自我(ego)〕的基本抱负都同强制性处境相冲突,因为每个主体都认为自我(self)是主要者,而处境却让她成为次要者①。所以,健身审美文化的全球化为女性建构了一个新的"陷阱"。

结　语

通过对 M 跨国健身体验的观照,我们发现不同于西方,国内女性参与健身运动存在较多物质和文化上的障碍,这在一定程度上回应了中西方健身运动存在差异的想象,这也让我们认识到破除女性体育参与的障碍仍有很多努力的空间。中西方身体审美文化存在"瘦"与"fit"的差异,这与各自社会文化相关,但女性

---

① 西蒙娜·德·波伏娃:《第二性》(全译本),陶铁柱译,中国书籍出版社,2004,第25~26页。

身体普遍被社会性别文化所建构。社会文化结构并非不可撼动，女性跨文化的体育运动参与更加清晰地表明，行动主体能够具身具地地不断生产（重构）自我认识与身体认同。在全球化的背景下，"瘦"已成为中西方女性共同的身体审美文化想象，而健身审美的全球化又为女性建构了一个新的"陷阱"。

第三章　身体冲突中的自我发现

——两位女孩拳击健身体验的比较研究

化名：S

年龄：34 岁

学历：本科

职业：国企项目经理

婚育状况：已婚未育

健身背景：S 是一位兴趣广泛的女性，空闲时间多用来学习唱歌、旅行和健身。S 与笔者在 Q 拳击馆相识。她青春期阶段属于重度肥胖，高中时期通过节食减肥，进入大学后通过跑步和节食保持身材，工作后跟着健身软件锻炼。S 一直保持健身的习惯，健身频率为一周 2～4 次。

化名：L

年龄：22 岁

学历：本科

职业：新媒体运营负责人

婚育状况：未婚未育

健身背景：L 有跑步和跳舞的健身经历，练习拳击 6 个月。

随着健身产业的发展，健康观念逐渐深入人心。健康、阳光、"瘦而有线条"的健身女性形象也成为女性追求的新时尚。越来越多的女性开始走进瑜伽馆、健身房等公共空间，通过健身锻炼来保持身体健康和维护身体形象。现有的研究认为，女性参与健身路径的选择受其审美观和身体观的影响①。随着女性社会经济地位的提高，迎合社会的主流身体审美观和男性的目光不再是女性追求的终极目标，她们更渴望获得对自身形象塑造的主动权和话语权②。与一般进入健身房、瑜伽馆健身的女性不同，本章的主人公是来自拳击健身馆的两位女性参与者。在男性气质突出的运动项目中，她们会获得怎样的身体体验？这些身体体验会引发她们对其健身行为和自我认同怎样的反思？本章通过 S 和 L 的口述，呈现了两个截然不同的拳击健身故事，以及主人公在练拳过程中丰富的身体体验和自我反思。

第一部分　口述故事

一　S个案

第一次访谈 S 时，她刚开始学打拳，练了 3 个月左右，对拳击的认识还比较浅。第二次访谈时，S 练习拳击有了一定的效果，但她不经常去拳馆，而是花更多时间去练习瑜伽。这个个案典型

---

① 徐长红、任海、吕赟：《女性身体观与女性体育互动关系的历史演变》，《体育学刊》2009 年 11 期，第 23～27 页。
② 温融：《自媒体视角下女性参与健身健美活动时自我审美形象的嬗变》，《2015 第十届全国体育科学大会论文摘要汇编（三）》，2015。

地反映了女性在跨性别运动①项目中身体体验的差异。她在这两个项目中的感受和困惑，在一定程度上促使她对自己的健身目的进行了反思。

马甲线——健身的追求

我学拳击之前也有健身，一周练习 2~4 次。那时候，也没有特别想去练，就想塑形一下。今年年初，才开始练得比较厉害，想要塑形方面再增进一点儿，就来拳馆了。我之前就是减重，瘦了 10 斤，在家里看一些网上的文章，也有跟着 Keep（健身软件）练，没有去健身房请私教，就在家里自己练。因为在家里没有教练指导，我也不敢练得太复杂，怕受伤，所以选择了一些容易懂的（动作）练。

我就想练出马甲线来！那时候 3 个月的减重训练，我只是吃得比较清淡，三餐按照网上的食谱，做一些自己能够买得到的东西。后来去健身房咨询了一下教练，她就说我的减重食谱没问题，也比较营养，但是吃得太少了。她说我的体脂肪很低，比标准还要低，肌肉含量比标准更低，以后想要增加训练强度就很难了。后来，我就没有那么节制了，多吃一点儿，我发现吃多了练起来效果还好一点儿。我本来是想练出腹肌的！但是我也有查资料，了解到女生想练出腹肌要比男生难，因为女生的体脂肪本来就比男生高，女生体脂率太低对身体也不太好，后来我也觉得女生不要太强求，能保持的话就很好了，有马甲线就不错了。

---

① 因为拳击运动一直被认为是突出"男性气质"的运动，这里的跨性别运动主要是指进行跨越不同性别气质运动项目的经历。

还有一个主要的原因是因为我老公吧，他大学的时候练跆拳道，练了五六年，现在练习咏春拳，也有 6 年多了。他一直很厉害！他可以 5 点钟起床做运动，可以一天做两次运动，一天有 3 个小时去做运动。他属于做运动很疯狂的那种人，一直都不会胖，身材很好，全身都是肌肉。我受他的影响，跟着他练，只是我一直都比较懒，只跟着他做拉伸。最近一两年很流行马甲线，这类的新闻比较多，最近运动风气又起来了。我也比较喜欢旅行，喜欢拍照，我的确看上去不胖，但是有些角度看上去还是觉得不好看，我就觉得自己要练好一点儿，再去拍照会不会更好。我妈也喜欢运动，她也找一些在校的体育专业的学生教她打网球等。家人都非常支持我做运动。

不想再回到胖的时候

我是对身材要求很高的人，因为我以前读书的时候（青春期）胖过，曾经有一段时间我是我们班里最胖的那个女生！所以那时候在班里面，很明显班里的男生啊，甚至女生都会取笑我的身材。其实那几年我是很自卑的。因为我以前胖过，就算我现在瘦了那么多，我还是会留有以前那种胖子的感觉。现在的我还是觉得人家会说我不够瘦！还是会有那种心理。后来我高中减了 30 斤，但是还是觉得自己很多地方不够好看，下半身还是会偏胖，不太敢穿短裤，一穿短裤就觉得人家都聚焦在我的大腿上，说我腿都那么粗还敢那样子穿！呵呵……

我胖的时候，班里人一起出去玩，就看到男生对那种瘦弱的女生很照顾，但根本就不会理我。他们觉得我就像男人一样粗壮。甚至我的家人，我父母也会取笑我说："你那么胖，吃那么多不怕胖啊！"但是吃了他们也不会怎么样，不会强制让我不要吃，但还是会说"你的大腿那么粗，像个象腿一样"！反正很多这样的话……促使我下定决心去减肥的最大一个原因就是我妈。有一次我跟我妈一起去称体重，我发现我跟我妈一样重。那时候在我心目中，我妈应该比我重，因为她比我大，还生了小孩，怎么可能和我一样！当我发现我和我妈一样重时，我就暗下决心：一定要减肥！

我开始控制饮食，我从最胖的时候（初中）130斤，瘦到了100斤，一旦超过110斤我就会严格控制饮食，降到104~106斤。反正就在一百零几斤徘徊这样子。现在的我比较像个女生吧，我要搬什么东西，他们（男性）就会帮我。以前我胖的时候，他们就让我自己搬。以前出去玩他们不会照顾我，现在他们会把我当女人看。我还是比较喜欢漂亮的，爱穿好看的衣服。但是模特身上比较瘦，我穿出来就变了样了。我虽然现在瘦了那么多，但感觉还属于微胖类型，好像自己永远保留了那种胖子的自卑感。

健身能让我感觉自己变得更好了！

我的朋友们觉得打拳很厉害、很帅，女孩子打拳就更厉害了。他们也会羡慕我有时间去运动。我朋友们常说晚上回到家都好累了，你还坚持去做运动。我以前也像我朋友们那样每天晚上就往沙发上一瘫，玩一下手机，做做饭，看一下电影，这样很快就10点多了。现在，我就放弃了这些来做运动了。

在跟家人朋友们讨论运动方面的事情的时候，我会比较有自信。有一些同事也会询问我健身运动方面的事情。我前段时间减了 10 斤，就发了一个朋友圈。我的同事们全都"炸了"，说你那么瘦，还瘦了 10 斤。那段时间，我的很多同事就跟着我积极地去做运动。他们会说你都那么瘦了，还那么减，你让我们这些人情何以堪啊？听到这些，我很开心，就觉得带动了他们的情绪，他们也会积极地去做运动。

以前我夏天练的比较多，冬天比较冷，我就怕冷懒得动，动动停停几个月肌肉就保持不住了。后来我有规律地做到一周锻炼两次，虽然我的身形比一般人好，可我还是不满意，出去穿个泳衣拍照，就觉得那个腰怎么那么多肉，就有这个烦恼。我就想着要不就去试一下认真努力地练练（拳击）吧，然后就觉得效果真的很明显，之前的裤子全都松了，我就觉得：哇！我终于可以穿上 S 码的裤子了，甚至有些 XS 码的我也可以穿，很有成就感！我以前真的不敢想，那么小的裤子怎么能够穿得下，原来我也可以穿这么小的裤子！心里就很高兴。我发现自己的身材越来越好，自信心也会增强，看到自己的身材越来越有型，就会越来越开心。

打拳带给我的喜与忧

刚开始上体验课时，我发现来这里打拳的女生很多。因为现在网络宣传比较发达，微博上很多文章、图片上介绍的那些欧美模特，她们较常进行的一种健身方式就是拳击。我受此影响觉得女生打拳又帅又可以健身，觉得这项运动可能比较好。

练了一段时间（3 个月），我觉得身体明显变结实了。来的时候教练说我手臂的肌肉比较松，当时我就觉得自己这么年轻怎么手臂这么松。现在我觉得我的手臂变结实了，腿也变结实了。

一方面我的身体变结实了，但另一方面我又怕练出肌肉来。我曾经向教练了解过，拳击其实不负重，单纯打拳的话就不会出肌肉。如果要打比赛，要负重，就会练的比较大只（广东方言指体格高大健壮）了。

现在值得开心的是，我体能方面承受的强度更大了一些，身材更有型了，更有想运动的冲动了，现在我一天不运动就好焦虑。但随之而来的是，练拳击也给我带来了一些身体上的困扰，或者说是困惑吧。因为我的工作生活节奏比较紧张，导致身体也比较紧，特别是我的肩膀那里一练拳击就很紧张，动作也很紧张。我一开始想，去练拳击是可以减压的，打完很爽就舒服了。但是我发现打拳之后会很兴奋，可能是过度兴奋，兴奋过了之后，身体反而会更累。后来每次去上课我就在外面，害怕进去，因为真的好累啊，就是那种太紧张的累。就像跑步要跑到 5 公里，其实我是不想跑的，跑完还要跳绳。虽然我的体能很好，但是我并不喜欢，我觉得整个人太累了。就像跑步，一般他们男生跑配速跑到 12km/h，我一个女生跑的和男生一样，教练都说我体能很好。但是我不喜欢这样，整个人太紧绷了。我觉得整个人太紧张了，虽然每次上课我都是全力以赴做那些动作，但是那种感觉不是我真正喜欢的。因为我的体能好，训练的强度很大，教练对我的要求会高一点儿，一般女学员是不会用这个强度训练的。我看到教练在训练其他常规课的女学员时，她们都是打一下就喊累了，会偷懒。但是她对我训练太认真了，可能是我比较能承受那个运动强度吧。但整个过程，我觉得太高强度了，搞得我的精神高度集中和兴奋，回到家睡不着觉，这让我的处境很难。因为我只是想练拳来放松身体，又不是去比赛，为什么要练那么狠，每次练完拳回去都睡不着觉。我把这个情况告诉了教练，教练就让我去练一练瑜伽，缓解一下。

练习瑜伽后的改变

后来我就体验了一次瑜伽课。接待我的瑜伽馆销售说我的身材已经算不错了，但是也有很多问题。她说我肩膀向前飞肩（前交叉综合征的表现）很严重，我告诉她我在练拳击，因为拳击有很多防守的动作，要含胸肩膀向前。她说可能有关系，还说我自己不注意平常的站姿、坐姿，这些生活习惯也有影响。一开始私教都让我开肩，做肩部的动作，做了很久。头几节课私教老师都说教不了我动作，因为我的肩膀那里（肌肉）太厚了，肌肉太紧张了，整个肩颈都太硬了，一做动作就向前耸肩。瑜伽私教老师说每个人都有这种情况，但是我比较严重一点儿，她说我的肩膀比一般人紧。

最开始的体验课，他们那些老师都会先给人检查身形，他们竟然说我的臀部有点儿下垂。当时，我就心里在想："啊，怎么会这样子，我一直都保持运动，每天练习拳击，我以为她会说我的臀部应该挺好的，没想到她会说我臀部轻微下垂！"我就想，之前这一年我不是白练了么，我就在想之前练的是什么？有点怀疑人生了。

但是练了瑜伽三个月后，我的身材就有了明显的变化，比我之前自己运动和打拳击的效果都明显。我的身材肌肉线条比之前更好了，整个人看上去直很多。我之前练拳击的时候都是弓着背，现在背就很直。看来我之前都做错了，所以效果不明显。现在我整个人都直了很多，肩部平了很多，整个人就有气质多了，身高都高了一点儿。因为我平常的站姿就是不够挺拔、不够直。老师也说有人练了瑜伽会增高 2～3 厘米，就是骨骼拉伸后就增高了。臀部也是，因为之前没有注意到正位去练，所以效果就很差，臀部就不够翘。现在跟他们练了半年，臀部那里效果很明显，臀部翘了很多，整个臀部的位置都提高了。之前我打拳的时候效果都不是很明显，现在就改变了很多。之前练了这么久并没有像网上那些健身的女性臀部那么翘，那么好看，我以为是自己练的还不够时间，结果是方法不对。

之前接待我的那个瑜伽销售说我的肩膀有问题。后来她又见到我，说我的肩部问题改善了很多。我自己也感觉到呼吸顺畅了一些，之前我都不会腹式呼吸。

强壮的肌肉线条 vs. 纤细的肌肉线条

我性格比较急，觉得今天一定要练的比昨天好，不能让人家说自己不如上次好。每次上完拳击课，我都很难睡着。持续了几个月，整个人都很焦虑啊。直到我去练瑜伽就不会那样了。练拳击的时候我也去上大课（集体课），一周上 3～4 次，因为一直上私教，我的体能就比一般女学员好很多。我甚至跟那些男生模拟对练，我觉得自己这样也挺厉害了。搞得我都不敢跟女学员对练，怕她们说我力量太大。

但是，我的身材没有变成我想的那样。我虽然身材很结实，但是我的手臂练得肌肉很明显，三角肌和二头肌那里肌肉特别明显，我的手臂没有用力就曲着放在那里，肌肉都很明显。前段时间夏天嘛，我穿个短袖然后手臂随便一放肌肉就很明显。我的那些女同事就说我："哇，现在你的手臂也太壮了吧。你别练得那么狠行不行？你这样有点儿太男性化了！"之前我的手臂很瘦的，现在练了拳击我的手臂反而练粗了。这样是不是太过了？跟自己想的不一样！其实结实肯定是结实了，但是我觉得不够美吧。我是想练得有美感的那种，线条是好看的！不是说纯粹结实的肌肉那种。因为我看"维密"的训练，她们的手臂就不是这样的。我查了一下，网上说她们练很多项目，瑜伽也练，舞蹈也练，拳击只是其中一项，还有很多其他的辅助项目。她们要出来摆拍，要做很多运动项目。我们不能随随便便去学人家练拳击。而且，我觉我的私教（女私教教练），练得都太男性化了。我觉得她的眼神很凶（女性练到这样不太好吧），行为举止也很粗鲁，但是她也不容易啊，因为练拳击太累了。

我认为我不太适合练拳击，从私教课到模拟对练，最后实战，整个过程下来太激烈了。其实我不太喜欢那种竞技形式，我打不下手啊，但是你不打的话对方就会打你。被人家打的时候我就觉得我不喜欢那种形式。而且是真的打，有时候打到头和肚子是很痛的。我觉得自己为什么要这样打，这种训练方式并不是我想要的。有时候就我一个女的去上大课，其实那些男的就有点儿让着我，但是他打过来的时候我还是会痛、会害怕，我被打到身上的时候就有点儿蒙了的感觉。轮到我打那些男生的时候，让我去打一个不熟的人，我打不下去，打女生的时候就更加打不下去。有时候我跟我私教打，她说不要打的太重，只是模拟，我不能真的打。所以我就觉得自己这么猛么？我去上大课的时候，有时会找男生去打，因为那些女生动作非常水，发力也不对，所以也没有什么意思。有时候也有女生和男生一组，女生就在尖叫、惨叫说很痛，男生就很困惑说自己没有用力啊。要有一点儿心理准备才可以去练拳击，练到一定时候是要打实战的。所以我还是想从事一个人练的项目。瑜伽是一个人练的，我觉得还好，我比较喜欢。我去健身的目的是想把身体的线条练好一点儿，并不是想打拳击。

我练瑜伽后整个人的线条比较修长，身形跟我理想的差不多，感觉整个人匀称了好多。以前我是上半身很瘦下半身很胖，线条不协调。现在腿上的线条就更加修长了。因为我是很想瘦下半身的，现在练完腿瘦了我就很开心。我的大腿瘦了 3～4 厘米的围度，大腿的围度很难减的。臀围也从 92 厘米减到了 88 厘米，瘦了很多，整个人小了一个码了。我练拳击的时候就很困扰，练了拳击把手臂的肌肉练得很粗壮，我手臂本来很细的。其实也有瘦一点儿，但是那种瘦不够修长，我是想要看上去线条修长的瘦，肌肉型的瘦就怪怪的，很壮，不够美观。但我也是经过了才知道瑜伽更适合我。

练瑜伽后，我整个人的性格和脾气变得越来越柔和。拳击不是痛，就是累，精神和肉体都累。瑜伽动作是舒展和累的结合，做完就不紧绷了。瑜伽就是动作讲求平衡和力量结合，每个动作都要求做到二者的结合。我也买了一些瑜伽书来看，其实瑜伽就是在说一个平衡。拳击搞得我很焦虑，练瑜伽心态就不一样了，里面那些老师也很温柔，说话慢慢的，我自己的心态也平衡了。从练拳击开始，我的经期就越来越不正常，这一点是比较麻烦的，现在还在调，还没完全正常。练拳击的时候我整个人很紧张，呼吸很急促，胸口那里很压抑，很长一段时间都是这样。在拳击馆外面我也会这样，一有什么事情就很急躁很紧张，呼吸不顺畅。后来练瑜伽一直都在开胸腔，现在呼吸就很顺畅。瑜伽呼吸很深，都是腹式呼吸。瑜伽老师说男生一般比较容易学会腹式呼吸，因为男生不像女性那么容易焦虑。女生容易害怕，男生的情绪就没有那么大的起伏，女性一般用胸式呼吸。所以，瑜伽可以通过呼吸改变心境，现在我整个人也很少处于焦虑状态了。

我参加健身运动到底为了什么？

放弃拳击后，我老公比较失望。他跟我说他比较想让我去练拳击，因为练拳击能带给我胆量和勇气。一般情况下，我的性格还是很活泼的，就算这样，我还是不敢在拳击馆里跟人家对打。我不喜欢这种竞技类的运动，我应付不了。我和我老公可能在运动的目的上不同吧。我老公自己是真的喜欢，他就说让我想清楚去运动是为了什么？如果说练拳击或者练瑜伽没有达到瘦身的效果你还去练么？

我跟老公交流说练拳击不太适合我，我不太喜欢拳击的对打。我太纠结了，一方面觉得自己报了私教，不够坚持，太容易放弃了；另一方面我是真的不喜欢拳击这种形式。所以，我老公就问我到底参加运动是为了什么，如果瑜伽练一段时间没有效果你还会去么，人家没有夸你练得好，你还会去么？真的是只有自己喜欢才能做到坚持吧。

现在回想起来，我练拳击的时候，跑完5公里后还跳绳，也没有到达理想的效果，心里就觉得很焦虑，因为自己并不是真的喜欢。以前我是急于去练成像"维密"模特照片上那样的身材，想自己快点儿达到那个效果。我自己的确没有想清楚拳击到底适不适合我，我的确是很用力去打，我只是用身体去做，没有用心！心理上并没有做好准备，练的只是一个很粗糙的动作，只是想达到一个身形上的效果。还有就是觉得女性练拳击很帅，说出来大家都会觉得我去练拳击很厉害，就追求那种感觉。我也想不明白，为什么大家会说女的打拳很帅？可能我们这边女生去练拳击的比较少。可能很多欧美模特只是片面地去练拳击，人家身材本来就好，打出来就看上去很好很帅。但是其实根本就不是这样的，这是想象的，因为你会发现纯粹练拳击练不成那样的身材，只是会练得身形局部很壮。我的私教教练就是肩膀很宽，跟拳馆宣传的根本就不是一回事。你看那些很出名的拳击手就是含着胸，练的背很宽很壮，并不是我所追求的那样。因为拳击里要练得很优秀就是要那样子啊，如果站得那么直，人家一拳打过来就打平了。每个运动都有它的规律，拳击肯定不能把躯干完全展现给对手。我现在才知道自己练拳到底是要给人家看，还是自己真心喜欢这个运动，需要这个运动。以前我就是想把拳击当作练习身形的工具，所以会特别焦虑，就是练到这样了自己还要不要去练？人家会不会觉得我半途而废？现在我不会担心我练瑜伽会半途而废了。

现在很多人都是把自己最好的一面放在朋友圈里。拳击馆里的很多人都是随便打，但是他们会去发朋友圈，一帮人陪着自己练就没有那么无聊了。我之前也有发拳击的视频，虽然教练说我打得好，但是我并没有觉得自己很快乐。人家点赞，我也很心虚，我只是做动作，也不好意思说自己练拳击到底是什么感觉！虽然我很自如地做拳击的动作摆拍，但是我并不是真的喜欢，这就很矛盾。之前我发朋友圈，有很多女生问我在哪里练拳击，我有个朋友都40多岁了也跑去练拳击。我觉得这样对我造成了压力。后来我把这些发在朋友圈里的拳击视频和照片都删除了！

其实练瑜伽也会有这样的现象。我的瑜伽老师说，现在很多人只是学到了形而没有学到意。瑜伽是先把躯体修炼好，再上升到自己的内心。练瑜伽也是很辛苦的，很多人也只是停留在表面上。她们练习体式是去拍照还是去宣传？她们并不是从心里面喜欢。我以前觉得只要运动了就能瘦肚子、瘦大腿、瘦臀，现在认真地对待运动这件事情的时候才发现并不是这样的。以前我一开始就想练很难的动作去炫耀，现在就不会那么想了。那时候我觉得自己很厉害，但是进到瑜伽馆后我才知道以前练的都是错的。

二 L个案

打拳时的击打感很爽

我练拳是为了学习拳击技术和瘦身塑形。一开始我在这家拳馆工作，线上宣传需要一个类似 model 这样的人，拍一些视频和照片来做宣传，我抓住了这个契机，开始接触拳击。体验之后，我慢慢就爱上了拳击，练习中击打感很爽。以前我是跳爵士舞的，平时也跑步。接触拳击后练着练着，慢慢地就喜欢了。运动本来就很爽啊，专注做一件事情的时候感觉很好，出汗的感觉和发泄的感觉都很好，我想我会一直坚持下去的。

初学者要练基本功，一般都是以基本功为主，即拳击的基本技术。一段时间之后就是练体能比较多，因为身体的基本动作会了，就需要提升体能，能够打 2 分钟，或者几分钟。训练强度是可以自己控制的，就是在身体可以承受的强度上再往上加一点点，如果刚刚好舒服，不累的话肯定会没有进步啊。训练时我会跟教练商量，当然以他为主，他会问我身体的感受，让我反馈现在身体是什么情况，他再制订计划。制订计划的过程就是我跟教练交流沟通的过程。我会跟着教练的计划走，也会跟他沟通，不是我单方面想怎么样就怎么样。他会做一个系统的方案，根据我的体能一步步提升。

我就觉得拳击很帅，觉得拳击的动作很酷，练了两个月后，我就有点儿上瘾的感觉了，主要就是打手靶和打沙包的时候有一种发泄的感觉，就很爽。这个感觉，男生可能会比较懂，男孩子都喜欢打架，那种打架的感觉真的是一件比较爽的事情。毕竟我是女生嘛，又是独生子女，从小到大没有打过几次架。我也试过在台上跟人家对练，你打别人的同时也会被人打，被人打是很不爽的。但是，还是能从中学到一些技巧，比如平时生活中遇到一些事情（坏事）还是很有用的。我的教练跟我说，我现在的拳，普通的男生是承受不住的，打一拳他就可能会晕倒。哈哈，我很有成就感。还有就是发朋友圈啊，大家会评价说很酷，动作很帅，身材好。大家会来点赞，大家的称赞激励我继续学下去。我感觉是种鼓励吧！我也会介绍很多朋友过来体验，但是因为价格问题他们最终没有过来练。

拳击让我获得了理想的身材

我接触到的女生大部分是为了减肥打拳。男生一般都不会为了身材过来学，他们的目的就比较清晰，有兴趣的话自己就会找过来，或者由朋友介绍过来。女生的话，她们会看很多项目，跳舞、健身房、拳击都看，她们会挑选瘦身效果比较好的。女性群体还是比较容易被骗的，她们会被一些噱头吸引过去。男性很难被忽悠，教练会针对不同人的需要，再去做相应的营销。

我打拳后的效果还是很明显的，瘦了，肌肉线条会更明显。

其实体重没有减很多，就 3 ~ 4 斤吧，主要是增肌，线条出来了，身材匀称了。科学地说，不可以用减重来衡量瘦了多少，减脂我也没有具体去测，不过大家都说我看上去瘦了很多。主要是腰瘦了一些，腿也瘦了一些。腿瘦了，这是让我感到最意外、最惊喜的，因为我自己以前也跳舞，虽然我很瘦，但是我的腿不瘦，一直跳舞啊、跑步啊腿都瘦不下来，但是练拳击把腿练瘦了，这就让我更有打下去的决心了。我理想的身材就像现在这样，要是能一直保持这样就好了。还有，运动完睡得比较好，生活更健康了。

拳击实战中的自我挑战

我父母对我说练拳击玩玩可以，不要去打比赛，很危险。对于女孩子来说，拳击作为一种健身就可以了，不会有人反对，因为不打比赛就不会把人练得体型很大，基本上身形还是美的。我在拳馆做新媒体运营，认识很多这边的女会员，她们连一般的对练啊、实战啊都不会去做。她们一般就打沙包，打手靶。有实战的只有我，基本上没有其他人去打实战。我接触的女会员练拳击的目的就是减肥。第一，拳击是一个小众的项目，就是平常跟人家说起或者发朋友圈可以炫耀的那种运动。第二，拳击确实可以强身健体，减脂塑形的效果也比较明显。现在有很多女生来我们拳馆练习。

拳击让我心理上发生了变化。我有一次特别的实战经历，我是 44 ~ 45 公斤级的，跟一个 60 多公斤的男生对练，因为那个男生没有我学的快，但是男生的重量在，虽然没有我灵活，但是他的拳很重。那是我第一次对练，教练安排我跟他实战打了一个回合。我被击中了几次，算是第一次被击中吧，平常都是打沙包，不会被沙包反击。身体的感觉虽然痛，但是有戴拳套，所以也还好。但是心理上的冲击力是很大的，那一瞬间不想再打下去了，就想放弃不打了。但是自己又站在台上，我也不想就这样了，自己心理有挣扎，想不打了，但是又想就3分钟撑过去就好了。那一刻其实是不太开心的，没有我想象中的轻松。拳击始终是真的对抗，那时候想放弃但没有放弃，那几秒钟对我的影响挺大的，我就是觉得自己可以坚持下去，可以撑住的。因为有几个人在看，她们都说我打得很好。但是我哭了，心理上受的冲击很大。因为我是独生子女，从小到大真的没有被打过，被正面打过，可能很多女孩子也是因为这个才不去实战吧。

从那次之后，我就觉得自己面对很多事情时咬一咬牙就过去了，会换个角度去想事情。我自己身上挨了几拳，但是自己也打了他很多拳，就觉得自己更加强大了。最后教练跟我说我打得很好。我自己只记得我被打了几拳，被打的时候完全蒙了，他跟我说你只记得你挨了几拳，没有看到你打了人家多少拳。可能是我自己没有做好准备吧，我以为教练让我练一下手，对手的实力可能在我之下很多，我预想他可能会打不中我，但事实跟我想象中的不一样，所以冲击很大。

我感觉一般情况下男生更习惯实战，女生都不太愿意去实战。男生的目的是真的想要学习拳击技术，女生就会更在乎我什么时候能瘦啊！一部分瘦的女生跟我比较像，会在意拳击的技术，胖的女生就不太在乎技术。在拳馆大家都是一起练习的，对练也是为了技术的进步，"让着对手"的情况一般不会出现，还是很平等的。我跟其他的女会员交流比较少，跟男生交流比较多，自己练到的程度跟男生比较相近，一般女生都还在表面，交流不了。我身体能够承受的范围超过了其他女生，因为我之前也当过一段时间的助教，然后当助教的时候跟她们交流比较多，没有当助教就觉得没有必要去应酬，所以就会跟比自己强的多交流，这样才有进步嘛。跟其他女生聊的话，没有什么好聊的，都是我一个人在说，时间长了就觉得没有什么好聊的。

第二部分　分析与讨论

从两位女性参与拳击健身锻炼的经历来看，女性在拳击场（field）中的健身体验与参与一般个体性的、非对抗性的运动项目相比，具有更多的冲突和分异。拳击馆似乎成了女孩们的新战场，这里充满了女性以往的身体经验与拳击运动中身体经验的冲突、传统女性审美观念与健康强壮之美的冲突、女性固有的性别认同与拳击场中性别观念之间的冲突。两个个案鲜活地呈现了女性在跨性别运动项目中特有的身体体验，这些体验进一步引发了她们对身体"主体性"的反思，并且影响了她们在场的锻炼行为与最终健身方式的选择。下面，我们将从女性在拳击场中的身体体验与自我成长的角度来对两个个案进行讨论，从女性参与拳击健身的内外动因与身体体验的关系、女性练习拳击产生的身体体验与自我成长的关系、女性获得拳击练习体验后的健身方式选择等方面对个案进行阐释。

一　个案参与拳击运动内外动因的比较

程继宏认为，女性健身群体的消费需要转化为消费动机最终形成体育健身消费行为，美丽、健康、社交和个人偏好是女性健身群体的主要消费动机与原因①。S也清楚表达了自己参与拳击健身的目的和原因：“我现在健身的目的是追求马甲线，我坚持运动是因为不想再回到胖的时候，健身能让我感觉自己变得更好了！”从S的叙述中可以归纳出她参与拳击健身的内在动因包括三个方面：通过拳击练习达到瘦身塑形的审美需求，调节情绪（减压）和降低节食负面影响的健康需求，通过拳击树立积极参加运动的、自律的女性形象的社交需求。外在动因主要有：“以瘦为美”主流审美标准的影响，网络对“维密天使”这类女性的吹捧，受到“服装模特”建构的现代女性穿衣打扮标准的影响，拳击健身馆的商业营销策略等。这些内外动因促使S产生了通过练拳击进行“瘦身塑形”的健身行为。

与S相比，L参与拳击练习具有一定的偶然性。L在“打拳时的击打感很爽”这个部分提到自己是拳馆的新媒体运营人员，因为拳馆宣传的工作要求与自己瘦身塑形的审美需要恰好契合，让她有机会参与了第一次体验课。而在这次体验课之后，L喜欢上了拳击中的“击打感”，她表示自己对拳击产生了一定的兴趣。这也是L区别于S最大的地方，她进入拳击场并非单纯地想通过拳击达到“瘦身塑形”的目的，即使看到自己在练习一段时间后，腰部和腿部线条在改善，她只觉得是“意外惊喜”。这种对拳击运动的兴趣，让L在后来的拳击训练过程中获得了较为积极的体验，促使她由关注拳击的瘦身塑形效果逐渐向看重技术的学

① 程继宏：《成都市商业健身俱乐部女性消费群体消费现状与对策研究》，硕士学位论文，成都体育学院，2017，第22页。

习与进步转变。而在外在动因方面，L 与 S 都认为自己受到了健身模特的影响。

从以上两个个案参与拳击运动的内外动因来看，她们的相同之处在以下三个方面：第一，S 和 L 都不同程度地认同"以瘦为美"的女性审美标准，进而产生了通过练习拳击达到减肥塑形的需求，女性审美身体观影响了她们参与体育活动的选择①。第二，S 和 L 都认为大众媒体宣传的"维密"模特的健身照对她们具有导向作用。第三，从社会交往的动机来看，S 和 L 都想通过参与拳击健身实践在社交媒体上塑造区别于一般女性的形象。S 提到她下班后去打拳的行为得到了同事对她有毅力、自律等个人品质的赞扬，并在职场上获得了更多认可与自信。L 提到自己的"打拳女孩"形象，让她获得了教练的赞扬——普通男生都承受不住她拳的力量；朋友对她"酷""动作很帅""身材好"的赞扬，激励着她继续打拳。女性一直被看作柔弱的、被保护的对象而不适合参与对抗性的运动，而现在，凸显女性"有毅力""酷""帅"等特质的健身行为也会获得部分人的赞扬。有研究者认为，追求区别于传统女性特质的身体形象能够展现女性更加丰富的自我气质②。S 和 L 也借助社交平台精心地选择与展示不同于传统的女性气质而获得了他人的"赞赏"，这体现了年轻女性开始围绕着性别气质来进行身体运动以达到自我探索和表达的目的，以及在健身实践上拓展自我认同的空间。

---

① 徐长红、任海、吕赟：《女性身体观与女性体育互动关系的历史演变》，《体育学刊》2009 年第 11 期，第 23~27 页。

② 王爱民：《消费文化语境下的女性身体形体塑造审美化规训》，《体育与科学》2013 年第 2 期，第 79~82 页。

　　S 和 L 参与拳击健身运动的最大差别在于选择健身方式时对自我身体的态度。由于 S 在青春期时的肥胖问题带来的心理影响仍作用于其减肥成功后的心态，以及她对"模特身材和 S 码身材"的向往与爱美之心使然，导致她更多地从拳击运动对健身减肥的效果出发，视拳击练习为达到"瘦身塑形"效果的工具，并未真正遵循个体性的兴趣和感受。L 在偶然接触到拳击运动后，对拳击运动产生了较大的兴趣，她首先关注的是拳击击打过程中的"畅爽"体验，以及拳击运动本身的趣味性，因此她更多地从自身兴趣出发参与拳击练习，这也是她在后续锻炼的过程中能够不断突破自我，并产生积极的身体体验的主要原因。

二　个案在拳击场中的身体体验与自我成长的比较

　　马晟综合了马赛尔·莫斯、布迪厄、福柯关于身体技术的观点，认为在太极拳锻炼过程中，由实践（身体练习）产生的身体认知是个体在自我身体上复制社会结构的意图与实际练习时的身体抵抗之间相互斗争的产物，具有很强的个体性、生成性和反思性①。在本研究中，女性参加拳击健身课对身体进行重塑的过程，不仅体现了身体的生成性，也反映了教练所掌握的健身知识与技术对在场女性身体的约束。下面，我们将从女性在拳击场中的学习体验、痛感体验、与他人共处的体验、技能习得后的生成体验和反身体验等方面，讨论在跨性别运动中女性自身是如何诠释这些特殊的、有趣的身体体验的。

---

　　①　马晟：《身体技术论视角下太极拳身体技术的习得——以日本千叶县太极拳教室的质性研究为例》，《体育学刊》2014 年第 5 期，第 58～62 页。

（一）身体技术习得体验的比较

从身体技术的习得过程来看，S 和 L 学习拳击的体验，一个是矛盾的、糟糕的、焦虑的，另一个则是轻松的、有突破的、积极的。S 在打拳过程中表述其内心矛盾时提到："现在我觉得我的手臂变结实了，腿也变结实了……我又怕练出来肌肉来……我觉得整个人太紧张了，虽然每次上课我都是全力以赴做那些动作，但是那种感觉不是我真正喜欢的……其实我不太喜欢那种竞技形式，我打不下手啊，但是你不打的话对方就会打你……我觉得自己为什么要这样打，这种训练方式并不是我想要的……他打过来的时候我还是会痛、会害怕，我被打到身上的时候就有点儿蒙了的感觉。轮到我打那些男生的时候，让我去打一个不熟的人，我打不下去，打女生的时候就更加打不下去。"从以上描述中可以看出，S 对拳击运动技术并不感兴趣，只是为了达到减肥塑形的目的，被动地遵从教练的要求而去模仿拳击动作，她虽然有"怕拳击练出肌肉"的担忧，但因为练习效果显著和教练劝说而勉强坚持训练。然而，随着技术水平和难度的提升，身体击打是女性继续学习拳击的难点之一，所以 S 表示虽然已经全力以赴地去做动作，但是自己并不喜欢这个过程。S 在学习拳击身体技术中产生了一定的身体抵抗和负面情绪，即 S 认为拳击训练带来的身体肌肉粗壮的重塑效果与自己追求的"柔和的肌肉线条"之间存在较大差异，表现出对"肌肉"和"身体对抗"的惧怕，认为这是有违"女性气质"的身体练习。基于以上顾虑和"身体对抗"带来的性别错位感觉，S 得出了自己不能或者不适合参加拳击这种表现力量、身体击打的运动，自发地阻止了自身在拳击场中全身心地投入与进步。这被艾莉斯·马利雍·杨称为被阻止的意向性

（女性总是以"我不能"来阻止自身在男性化运动中全身心投入）[1]。S的拳击经验反映了社会性别观念对女性拳击参与者身体技能学习的约束，特别是拳击中的身体对抗与传统教育中女性要"温柔"的社会期待存在冲突，相较于男性，女性在成长过程中很少甚至没有用肢体击打别人的体验。

与S的学习体验相反，L的实战体验提供了一个鲜活的例子，即通过拳击身体技能的学习和训练不断修正自我的性别经验。身体击打是女性练习拳击的重点和难点之一。L表示即使女性主动进入拳击运动空间也会表现出对"击打"的恐惧，因为这与多数女性成长过程中的性别经验不相符，所以会使她们产生一定的性别错位感。但当L开始全身心地投入拳击运动时，她表示这是一个不断培养身体适应"实战对练环境"的过程，也是她不断信任自己身体的过程，这需要体能和身体技术的提升作为支持。因此，L在拳击运动练习中能够不断创造与拳击场域相适应的"新身体"，她通过身体练习和提升拳击技能实现了对传统性别规范的抵制和突破，并为自己能够胜任模拟实战而感到自豪，而且这段特殊的身体经历成为她重塑自我认同的重要契机。

（二）痛感体验的比较

痛感体验是唤醒在场的女性身体的基础。S描述道："是真的打，有时候打到头和肚子是很痛的。我觉得自己为什么要这样打，这种训练方式并不是我想要的。"而L却认为："身体的感觉虽然痛，但是有戴拳套，所以也还好。但是心理上的冲击力是很

---

① 艾莉斯·马利雍·杨：《像女孩那样丢球——论女性身体经验》，何定照译，商周出版公司，2007。

大的。"S 和 L 代表着女性在打拳遇到痛感体验时所持的两种截然相反的态度，S 认为拳击训练带来的身体疼痛和疲累感是不快乐的，之所以她还能承受这种疲累感，是因为她想通过拳击达到身体重塑的目的。然而，当这种身体痛感和精神折磨超出了自己所能承受的范围，她就会对继续提升拳击技术望而却步，最终使她做出退出拳击运动场的抉择。相反，L 认为身体上的"痛"是一种积极的信号，她认为参与拳击运动始终要面对这种"痛"。不过，她更强调拳击运动对自己心理的冲击，她认为承受痛感体验是身心进步的表现。

（三）与人共处体验的比较

口述者在拳击场中的共处体验主要集中在独立自我和主动感知他者目光的相互作用之中。首先，在拳击场中实现独立自我有两条路径：一条是通过女性拳击者专注身体练习来唤醒身体意识；另一条则是通过女性拒绝他者目光，自由地选择和参与感兴趣的运动项目来践行。S 在打拳时并不能体验到"独立自我"，也难以体会学习拳击时身体技能的变化，因为她处在"充满女性特质的身体"与"拳击中标准化身体"的冲突之中，矛盾的心理让她在练拳的时候无法做到身心合一。而 L 则认为在拳击练习中专注的感觉很好，而承受身体的疲累是进步的必经之路。当专注练习时，L 唤醒了身体的主体意识，她也通过主动地努力练习获得了身体上和技术上的进步，而不是无意识地将身体置于拳击场中"磨炼"。

其次，S 看似脱离了他者目光的注视，自主地选择了一项跨性别的运动项目，但是实际上她并未脱离他者的目光。S 说道："教练说我手臂的肌肉比较松，当时我就觉得自己这么年轻怎么手臂这么松……我看到教练在训练其他常规课的女学员时，她们都是打一下就喊累了，会偷懒。但是她对我训练太认真了……有时候我跟我私教打，她说不要打的太重……所以我就觉得自己这么猛么？……我的那些女同事就说我：'你这样有点儿太男性化了！'"当 S 将拳击场中的打拳行为置于教练、在场的男性和女性学员、场外同事的注视之下时，她显得焦虑而不知所措。一方面，她认为自己在拳击场内练习时承受的强度太大，会导致在场的人产生"S 不具有女性特质"的看法，进而感到担忧和焦虑；另一方面，在场外与他者共处的过程中，她遭受了女性同事对自己打拳后"手臂变壮"和"太男性化"的批评，因此在场外并未获得他者对自己继续打拳的支持和积极的共在体验。正如熊欢所指出的，女性气质要求女性是温柔的、优雅的、含蓄的，因此女性参加表现女性形体美的健身活动是被鼓励和支持的，而进行竞争性强的活动则被认为违背女性特质，女性过于强壮的身体形象并不为社会所接受和赞扬①。因此，我们不难理解 S 为了不失去"女性特质"的性别身份认同和他人的支持，最终只能选择放弃拳击练习。相反地，L 则认为："科学地说，不可以用减重来衡量瘦了多少……（我）认识很多这边的女会员，她们连一般的对练啊、实践啊都不会去做……我跟其他的女会员交流比较少，跟男生交流比较多，自己练到的程度跟男生比较相近。"由于 L 具备一定的健身知识，这让她对瘦身、肌肉的功能等方面有较为科学的认知，而且她认为在拳击场的对练中男女是平等的。这种较

---

① 熊欢：《性别、身体、社会：女性体育研究的理论、方法与实践》，中国社会科学出版社，2016。

为科学的健身观和平等的性别观念，让她能够不畏拳击场内外的他者目光，自由地参与其中，这也为她获得更多积极的身体体验和身体进步争取和创造了更大的空间。

（四）拳击锻炼中生成体验的比较

生成体验主要指磨砺身心、主体生成等感受，这些体验建立在参与者身体练习的基础上。提升体能和运动水平能够磨炼个体的意志品质，促进身体赋权，有利于探寻和发现自我。在本章中，女性参与者在拳击击打、防守技术等身体技能学习的过程中，通过增强身体素质（灵活性、耐力），形成了坚韧的品质，获得了更加强大的自信心。从 S 对"我参加健身运动到底为了什么"的反思中可以看出，她在回忆和反思自己打拳的过程时，认为拳击确实能够让人变得更加坚强和灵活，但是自己不具备与男性同等的毅力和勇气来支撑她继续打拳。而 L 能够从第一次实战到后来多次实战的经历中体验到自己心理的变化：从第一次"被打"的心理崩溃到后来获得巨大的勇气，从害怕"被打"到运用拳击技术来支配自己的身体去积极对练，从体能提升中感受自己身体机能的变化和改善。以上可以看出 S 和 L 在拳击场内对生成体验的不同方向的诠释。

（五）拳击锻炼中反身体验的比较

反身体验是指在场的女性参与者通过对比"以前的身体"和"打拳后的身体"来重新认识拳击运动对自我生成的意义。受制于社会主流性别话语的 S 放弃了拳击健身，认为这项身体运动减少了自己身体的"女性特质"。而抵制性别规范的 L 则通过身体技能和身体素质的提高逐渐培养起个体对自我身体的信任，继续在拳击场中进行自我探索。但是，笔者倾听了 S 在放弃拳击后的个人剖析发现，虽然 S 中断了拳击练习，但是打拳带来的"特殊身体体验"仍然对其运动观念产生了影响。正如 S 所说，她发现自己打拳焦虑的原因是在拳击练习过程中没有做到身心合一，她问自己练拳到底是给人家看还是自己真心喜欢这个运动、需要这个运动；她还发现了为什么大家会说女的打拳很帅。这种反思让她在后续的瑜伽练习中找到了自我实现的途径。

三　日常性别经验与打拳身体体验的相互交织

综合以上对个案身体体验的阐释可以发现，社会性别观念和自我性别认同对拳击练习行为产生了一定的影响，这种影响通过身体体验作用于个体并将性别差异再次予以强化。艾莉斯·马利雍·杨将女性气质限制下的女性身体运动总结为三种模式：模糊的超越性（男女身体和运动方式存在差异的原因）、被阻止的意向性（女性总是以"我不能"来阻止自身在运动中全身心投入）、自身与周围世界的不连续性（与被阻止的意向性相联系，导致女性在运动中不能全身性地协调参与，女性身体能力与参与运动的可能性之间、目的与实现之间失去连续性）[①]。普遍的、日常的女性经验会先于并制约着女性在拳击场中的行动和意识，但是个体在实际身体运动的过程中可能会顺从已有的性别经验，也可能会反抗已有的性别经验。下面，我们将从三个方面对两个个案进行具体分析。

[①]　艾莉斯·马利雍·杨：《像女孩那样丢球——论女性身体经验》，何定照译，商周出版公司，2007，第 4~10 页。

首先，性别上模糊的超越性。社会文化和性别角色期许女性从一开始就对蕴含着男性气质特征的拳击项目具有排斥心理①。所以，女性参与者以男性与女性生理的差异作为阻碍自己全身心地参与拳击健身的依据。如 S 认为，拳击会使自己的身体变得男性化，她也害怕拳击中的击打情境，她因与男性的成长经验不同而无法从拳击中获得快乐。而 L 在与男性的对练中发现：男性在拳击的对练中也不可能总占上风；自己能够通过努力练习而在拳击中表现得更好；自己和男性在拳击对练中是平等的。这些体验和感受，让 L 能够对抗外界给予的女性不能参与拳击运动的消极评价。

其次，被阻止（支持）的意向性。被阻止的意向性是指女性总是以"我不能"来阻止自己在运动中全身心投入②。第一，女性对自我身体的不信任。S 生动地展现了女性在跨性别运动中不太信任自己的身体，当对方出拳击向自己的时候表现出胆怯和不确定，而不是主动地应对，更没有形成主动使用和控制身体的习惯。第二，身体技术阻碍了女性对拳击的模仿。虽然参与拳击健身不像拳击竞技运动那样激烈，但是 S 体验到的力量性和速度性的技术动作，让她觉得自己不是"女性"。身体运动与自身性别经验产生的冲突使 S 拒绝继续学习拳击技术。第三，身体形象阻碍了女性拳击运动参与的深度。如 S 认为，对女性来说，专业的拳击体型是很"丑"的，所以她为了不损害自己的"女性特质"

---

① 戴建辉：《从误识到职业：女性参与拳击项目的身体博弈》，《体育与科学》2014 年第 1 期，第 121~124 页。

② 艾莉斯·马利雍·杨：《像女孩那样丢球——论女性身体经验》，何定照译，商周出版公司，2007，第 1 页。

而放弃了拳击运动。而 L 以"我能"的态度去表达自我身体认同，改写着拳击场中的性别刻板印象，以此来抵抗性别话语对女性在拳击场中的束缚。这也表明了女性的主观能动性在拓展跨性别运动的参与空间方面的重要性。

最后，自身与周围世界的不连续性。S 只想通过拳击锻炼获得健身塑形的效果，但由于拳击塑造出来的身体被 S 认为是"强壮的、有力量的、没有女性气质的"，这种结果与 S 自身和社会对其"女性气质"的期待产生了冲突，让她处于和周围世界的不连续性当中。她主动降低拳击练习的参与程度和强度，这种被阻止的意向性阻碍了她的全身心投入，所以她也无法在拳击场中获得"身心合一"的自主体验。而 L 专注于提高拳击的技术，也真正体会到了参与拳击对练和实战带给自己的乐趣，从而成为拳击场内"懂拳击"的女性。但是，这种抵抗传统性别刻板印象的锻炼行为，可能将其置于个体性别气质表达与传统女性气质社会期待的冲突之中，因此她仍然处在自身与外界的不连续性当中①。

四 身体体验带给口述者的反思及其健身方式的选择

女性气质的社会期待深刻影响了女性对健身方式的选择。虽然女性仍然受制于社会性别规范和女性角色期待的约束，她们参与运动多是为了让自己看起来更苗条或者更有"女人味"。但是，如果只关注性别规范对女性的约束同样会将女性置于"客体"的位置，从而掩盖了女性作为行动者的"主体性"，忽视了体育运

---

① 熊欢、王阿影：《性别身体的挑战与重塑——健身场域中女性身体实践与反思》，《上海体育学院学报》2020 年第 1 期，第 49~58 页。

动对女性身心发展带来的积极力量，忽略了女性通过运动实现的一定意义上的身体赋权。

S在反思自己放弃拳击而参与瑜伽时，提到了几个关键性的问题："一般情况下，我的性格还是很活泼的，就算这样，我还是不敢在拳击馆里跟人家对打……（我老公）让我想清楚去运动是为了什么？如果说练拳击或者练瑜伽没有达到瘦身的效果你还去练么？……人家没有夸你练得好，你还会去么？……我自己的确没有想清楚拳击到底适不适合我，我的确是很用力去打，我只是用身体去做，没有用心！心理上并没有做好准备，练的只是一个很粗糙的动作……练瑜伽也是很辛苦的，很多人也只是停留在表面上。她们练习体式是去拍照还是去宣传？她们并不是从心里面喜欢……现在认真地对待运动这件事情的时候才发现并不是这样的。"这些是S放弃拳击时的反思，以及她后来发现自己去练瑜伽时仍然存在瘦身塑形的动机、被他人注视和夸赞的渴望。值得注意的是，S在瑜伽和拳击两个场域中获得了两种不同的身体体验，在一定程度上迫使运动过程中的"身体缺场"转为"身体出场"，为她发现与体验自我创造了机会。事实上，女性无论参与瑜伽还是拳击，已经冲击了运动项目的性别刻板印象，她们实际参与的体验将"客体化"的身体转向"主体性"的身体，进而有可能重新反思运动中的性别刻板印象问题。只有这样，她们抵抗性别秩序的能动性才能使性别二元结构在个体层面上有所松动。

L认为在拳击运动中男女是平等的，女性也可以勇敢地追求高水平的拳击技术。她更强调拳击运动带给自己的乐趣，而不是借助打拳来进行女性气质的性别操演。她通过身体练习不断修正以往的性别经验和现实的性别遭遇，在自我性别气质与传统女性气质冲突中凸显了主体性。她对"击打、体能、肌肉"的追求违背了主流的性别话语，体现了女性通过身体实践对社会性别观念的"反抗"。她在反抗的过程中不断挖掘自身潜能，这对女性身体赋权有着一定的意义。因此，L 表示自己会坚持练习拳击，并将其纳入自己的生活方式。

激进的女性主义认为，性别气质是社会建构的结果，体育运动可以对性别气质刻板印象进行解构或重建，因此参与跨性别运动是突破性别秩序的解决方案①。从整体上看，这种解决方案有利于跨越体育运动中性别秩序的鸿沟，有利于女性发现和挖掘自身的特点和潜力。然而，主流的性别话语并没有对女性全面参与跨性别运动提供支持，例如，L 提到如果参与拳击比赛，家人一定不会支持的。因此，当这种"反抗"与"不连续性"达到一定程度时，有可能让她们陷入女性身份的自我认同和社会认同的双重困境。

结　语

综上所述，社会性别观念和女性自身的性别认同能够在一定程度上成为支配女性健身方式选择与坚持其选择的力量。那么，到底应鼓励女性参与符合女性气质的健身运动还是鼓励女性参与跨性别的运动呢？

首先，要回归运动本身与尊重女性选择和参与健身运动的

---

① 张宪丽：《生态女性主义视域下的西方女性主义体育理论》，《上海体育学院学报》2011 年第 5 期，第 32~36 页。

"主体性"，引导女性树立科学的健身运动认知和"肌肉观"，鼓励女性在运动中关注自我。只有这样，她们才有可能选择既可以展示自己的身体潜能又能减少外界约束的健身方式，并将健身运动变成促进自我成长的生活方式。

其次，女性的自我关注是"主体意识"唤醒的开始。女性无论参与哪种性别气质的健身运动，都需要关注实际锻炼过程中的身体体验和运动本身的自然气质，这比强化自身"女性气质"的性别操演更为重要。这让女性主动关注自我的感受，唤醒女性作为主体的意识而不是继续将自己置于"他者"的目光之下。

最后，运动态下的身体体验是女性"主体意识"实现的有效途径。女性无论参与何种运动，运动带来的疼痛、酸胀、疲累等感官体验都会将个体意识集中于自己的身体，迫使"身体出场"。只有这样，才能使人感受到身体运动对自我存在的意义，才能通过健身运动获得的积极体验促进自我成长与进步。

主题二
生活、身体与运动

　　健身运动如何嵌入女性群体的生活之中，如何使她们养成了健身习惯并享受其中，如何丰富了她们的生活内容和社会空间，又如何帮助她们找到生活乐趣、精神依托和情感出口？这些问题，在主题二的故事中将会得到答案。

第四章 人到中年的"体悟"

——一位单身职业女性的健身故事

化名：清风

年龄：46 岁

学历：硕士研究生

职业：大学行政人员

婚育状况：离异，育有一女

健身背景：清风在 Liking Fit 上私教课，来健身房是为了减肥。健身两年以来，整个人发生了较大的变化。

提起"中年"，我们脑海里会蹦出哪些词？养生、枸杞、保温杯？还是油腻、无趣、更年期？不得不说，在很多人眼中，中年象征的依旧是"衰老""走下坡路""活力不再"等消极层面的含义，当这种观念渗透到我们的文化中，"中年"便成了让人望而生畏的尴尬期。"中年妇女"更会被贴上"衰落"的标签。社会规则似乎一直在强调"男人越老越有魅力，而女性却刚好相反，她们越老就意味着越没有价值、没有魅力了"。当她们把孩子养大，家庭建设好，父母安顿完，自己的青春、活力、精力也快被消耗殆尽了。当她们关注到自己时，才发现容颜已老、身材变形、病痛加身、神经衰弱。社会文化似乎也对"中年妇女"不很友好，它们不断地制造"怨妇""泼妇"的中年形象来强化人们对中年妇女的恐惧和排斥，甚至使得女性自己也害怕进入"中年妇女"的魔咒中。清风的健身故事或许能让我们看到中年妇女生活的另一种状态和选择。

第一部分　口述故事

这是我第二次见到清风。脱去了健身服，换上便装，清风的身体在一件长风衣的包裹下仍然显得挺拔、有力、风姿绰约，脖子上红色的围巾不仅给懒洋洋的冬日午后增添了活力，也映衬着清风脸上泛起的红晕和眼睑上闪闪的眼影，显得她更有"女人味"了，隔着咖啡厅的玻璃窗都能感受到她身上散发出的热情和活力。看到我后，她加快了步伐，就像一阵疾风吹进了咖啡厅。我礼貌性地迎上去握了握手，她的手温暖而有力。我们找了一个舒服的沙发坐了下来，即便是坐在软软的沙发上，她的脊背都是挺直的，她昂着头，就像树立着的一面"旗帜"。她要了一杯美式咖啡，我则要了一杯加糖的拿铁。她说自己健身以后就只喝美式咖啡了。她浅浅地抿了一口冒着热气的黑咖啡，向我缓缓地道出了她的健身故事。

"初尝"健身

我的膝盖一直不舒服，2016年去医院检查，结果是膝盖半月板撕裂。我以前是很胖的，也很懒，这是造成膝盖问题的主要原因。医生建议我做手术，但家人说还是保守治疗吧。医生同时给出的建议就是减重，不要穿高跟鞋。我那时候大约有 83 公斤。减重对于我来说是有经验的，我曾经成功瘦身过。我生完孩子、断奶之后，就有过减重的经历，而且非常容易就瘦了下来。我以前的经验就是"管住嘴""迈开腿"。我非常喜欢跳舞，当时去参加了一个拉丁舞班。虽然体重减下来了，但是膝盖的问题还是没有好转，还是会疼，特别是上楼梯会有"卡顿"感，根本没有办法动，这已经影响到我的正常生活了。

一个机缘巧合，我发现我们学校有个学生创业项目就是在我家附近的体育馆的一块空地上做了一个简易的健身房。我本身没有运动的习惯，但是我也知道需要去改变，所以有了这么一个机会，我就想去试一试。当时就接触了一个私人教练。我选择教练的标准，首先得是女的，因为女性比较有亲切感，比较容易交流。有些人会觉得男教练更专业一些，但我并不这样认为，男教练可能在外形上让我们看起来觉得很有型，但是他们的专业程度不一定比女性高。其次，健身还是有肢体接触的，所以我觉得选女教练更踏实一些。

我是从 2016 年 10 月开始正式"健身"的。我觉得健身应该有一个很规范的开始，这是很重要的。记得我一开始训练的时候，有一个抬腿跨的动作，我怎么都做不好。因为膝盖会疼，所以每次跨的时候膝盖都会侧一下，这是我记忆比较深刻的。我第一个教练本身是学搏击的，对健身不是非常专业，而且她比较年轻，所以相对来说更侧重于让我感受健身的趣味性。她会把她搏击的一些内容添加到我的健身计划中，我觉得打得倒是很爽，能达到出汗、减重的效果。但是一开始，我心里还是抗拒搏击练习的。我觉得自己已经够"粗鲁"的了，不想再粗鲁下去。但是练了之后，我觉得很减压，也很好玩儿。

生活中的"大力士"

我第一个教练离职之后，我遇到了第二个教练。我和这个教练就合作得很好，最重要的是，她让我对健身越来越有认识了。我知道如何雕刻自己的肌肉了，虽然现在还做不到，但是已经有这个意识了，而不是乱练一气。我知道哪些动作是帮助练习哪块肌肉的了，包括自己的某些弱项，比如拇指外翻等。除了健身之外，教练还教给我一些健康知识和生活常识，慢慢地我会感到自己身体的变化。首先是自己的力量起来了，自己能亲身感受到。有一次，家里刚好装修。有一台一体机送过来，但只有一个工人，没有其他帮手。我就说我来搭把手，结果很轻松地就和他一起把机器抬进来了。那个工人就说："天哪，你怎么这么有力。"当时我自己没有意识到，没有觉得那个东西重，其实是因为自己的身体已经知道怎么发力了。但是在外人看来，会觉得你怎么这么厉害。其实这个不难，就是在健身的过程中已经习惯了，会用力了。有些时候是"四两拨千斤"的原理，更重要的是我知道怎么在用力的时候保护自己的身体不受伤。

日常生活中的一些小动作，我都知道如何使用自己的身体，比如拎东西的时候怎样才能不伤腰，还有蹲的时候，需要特别注意膝盖不能超过脚尖，这样才能保护膝盖。一年多的时间，我没有再去医院做过检查，但是已经可以跑步了。以前膝盖的问题，我现在回想起来，是因为大腿的肌肉没有力量引起的，加上自己比较重，所以就给了膝盖很大的压力。到现在为止，我自己的体重没有减多少，也就减了 10 公斤。一般第一个阶段减重、瘦身的效果明显；第二个阶段就是收紧了，衣服能穿小码一些了。我自己没有做什么检测，主要是周边的人向我反馈的。像我那天遇到一个邻居，好久不见了，那天见到她，她特意跟我说："你知道吗？你现在的状态好像回到了20年前。"我整个人精神状态有了很大的改变。

"酸痛"会给人一种成就感

我在健身过程中没有出现特别抵触或者不耐烦的情绪，我很享受健身的过程，每次健身完我都感到特别舒服。我不惧怕酸痛，酸痛会给人一种成就感。我承认教练的作用很大，如果是自己做，会有些惰性，不会做到自己的极限。但是有人带着，就会很放心。我对我的教练有一种信任感，很放心把自己的身体交给她，我相信她比我更了解我的身体。比如教练说，这个动作加多少次，我很信任她对我身体的评价，我会尽力去完成。我很少去跟教练"讨价还价"，教练一般对我的"要求"也是"无视"的。还有，我健身的时候，一般会把手机放得很远，我会对这一个多小时非常投入，非常享受，不去想其他任何事情，就是和自己的身体对话，你会觉得很舒服。虽然也有达不到或者完不成的时候，但是竭尽全力去做就好。我没有完全追求一定要达到什么目标，就是尽力去做，按照自己的极限去挑战一下，这样就不太会有挫折感，最后还很有成就感。这种成就感就是纯粹地因为能完成动作所感受到的，而不是因为身体的变化。身体变化是一种潜移默化的结果，它是一天一天地改变的，这个不像整容，一下子就能看到效果。其实我也没有很强烈地去追求身体的变化。

虽然有的人认为健身时重复做一些动作很枯燥，但我从来没有这样的感觉。我是全身心沉浸到这个锻炼的过程中的，我做动作不会去想做了多少次，还剩多少次。但是在这个过程中会感受到自己能力的变化，比如说上一次举不起来的，这一次就举起来了。当你完成了一个目标，就会有成就感。我在家里做跪式俯卧撑，以前只能做60个，现在能做100个。你把它分组，做到最后几个时真的是很难，然后我就倒数，就剩4个了、3个了……1个了，这样就会坚持把它做完，做完就很舒服。因为你知道哪块肌肉该发力，所以之后你会去关注那个部位是否有锻炼到。做完了之后就会有一种酸痛感，那种酸痛感是必须有的，没有酸痛感说明没有做到位。我如果今天感觉做得很轻松的话，就会给自己增加难度。状态好的时候（感觉不到累的时候），我会让自己多做几个，其实也是一种减压。就是让自己的身体感受到累，整个人达到一个极限，其实蛮减压的。我不在乎那个具体的（重复）次数，而在乎（重复）次数让自己达到的某种状态。达到那种状态就忽略那种次数感了。还有就是养成习惯就不会觉得枯燥了，我是把注意力放在动作上而不是次数上。不是总想着还有多少次，而是想着每次把这个动作做到位，你就不会觉得那么枯燥了，因为你的身体是有感受的。每次的感受都会有不同，比如深蹲，第一次可能膝盖没打开，可能膝盖超过脚尖了，你会去留意自己的身体。第二次、第三次你可能就会有意识地去注意了。

这种对身体的留意不仅是在健身的时候，在日常生活中我也会去留意。比如说拎东西啊、举东西啊，其实重点还是"收紧核心"。我健身一段时间，走路都是很挺的，就是把身体收紧了。很多女性都会驼背、脖子前伸、骨盆前倾，然而一般情况下意识不到自己的问题。我其实也没有意识到我健身后身体形态的改变，因为健身的时候已经习惯了那个状态，平时生活中也不是刻意去保持的。比如坐在电脑前，我没觉得自己是挺着腰的，但是别人就会觉得我是挺着的。走路也是，就会显得比别人更挺拔，我自己也觉得走路轻松很多，感觉有精气神。

运动真的是会让人充满能量。我教练就说什么时候（年龄）开始健身，你的身体就会保持在那个年龄。我其实不太在意自己的年龄，我希望将来我年龄大一些时，会有"别人都那么老了，我还那么年轻的感觉"，这就是我的优势。所以我并不在意别人说我年龄大，这对我来说无所谓啊，最重要的是呈现的状态，我希望和女儿一起出去被说成是姐妹俩。

到了这个"年龄"了

其实我的私教费用是很便宜的，但是就我周围的人来看，很多人还是没有这种消费习惯。特别是妈妈，如果花钱在孩子身上，比如报钢琴班、舞蹈班什么的，花再多钱都觉得应该，但是要花钱在自己身上，就会去衡量值不值得。我就一直自我灌输，觉得这个事情（花钱健身）是很值得的，我愿意花钱在自己身上。如果能够聘请一些专业人士对自己的生活方式、生活习惯进行指导，就会更健康。目前来看，健身的女性还是少数，我跟别人说自己健身，别人会说我挺潮的、挺时尚的，这让我有种永远不会老的感觉。

到这个年龄了，40多岁，孩子也差不多大了，生活也稳定了，经济收入也稳定了，能比较多地考虑自己了。还有就是有这样的文化氛围，现在女性都希望自己能够有一个比较亮眼的形象。健身就是一种形象管理。我的观念是，女性一定要有一个运动习惯，我现在都跟我的学生讲，从小就要养成良好的运动习惯。我自己小时候有天赋但是没运动爱好。我读书的时候是校足球队的。我就站在那里看足球队跑步，然后就被教练看中了，倒不是我技能好，是因为我的体型，天生的身体素质好，特别是心肺功能比较好，吸引了教练，他要我去踢球。现在我在我们健身房其实算年龄大的，但是我敢说我的身体素质是不差的，我的体能甚至比很多年轻人好。所以，这种天生的素质要求我寻求更大强度的锻炼，达到一个身体极限，跑步、跳广场舞什么的，对我来说达不到那个强度，觉得不够过瘾。我女儿特别怕我跳广场舞。我觉得一般中老年妇女跳广场舞更多是为了社交，我健身其实也需要交往，但是是跟更专业的教练交往，这让我进步更快。这学期我也参加了大课，其实形成一种小团体的话，更容易让自己去坚持。如果像平时上私教，回家后我就不练了，但是上大课，在其他同伴的监督和打卡的氛围下，我在家偶尔还会练习。私教课能让我的动作更加精准。我是摩羯座的，不知道你信不信星座，摩羯座是比较喜欢孤独的，喜欢通过自己的努力去达到某种成果。私教让我更有投入感和专注度。在上大课的时候，我觉得自己扮演的角色不一样，觉得自己是一个 leader（领袖），所以一方面要求自己做得更好，另一方面可以把自己的心得和经验分享给别人。

年龄让我在运动中也有不一样的体验。我上小学的时候，那时候电视也没有什么可放的，但是有蕙兰瑜伽，对我的影响蛮大的。特别是冥想的部分，跟着她去做，就会进入冥想的状态。从小学开始，我很疲惫的时候，就冥想几分钟，这能够让我恢复。从小我对自己身体的掌控度还是蛮好的。冥想就是跟自己身体的一个对话。就是跟着指令,从头顶到脚尖的放松。我很想把冥想这个方法教给我的女儿,但是教不会。我很明显能感觉到自己上大学前很容易就能进入冥想的状态,几分钟,身体就恢复轻松了。但是上大学后,心就有杂念了,很难再进入以前冥想的那种状态,很容易被外界诱惑,很难再达到那种静心的状态。现在又到一个年龄阶段了,荷尔蒙的分泌也下来了,又可以进入那种冥想的状态了。佛教里说"看山还是山,看山不是山",其实就是不同的两种状态。你永远不要想回到以前的状态,身体状态不可能回到年轻的时候,生命也一样,但是会有不同的体会,我现在就能做到超越以前的境界。以前我能够专心、静下心来是因为我什么都不知道(就是单纯);现在我能够静下心来是因为我什么都可以放下。我现在已经经历了很多,知道了很多,懂得了很多,但是我可以不去管它,可以逐渐去放下它。

自由、自信、乐趣——期待多元的生活

孩子上初中以后就住校了。孩子搬出去后,我觉得更自由了。我把自己的生活安排得很满,不会觉得空虚,而且很自在啊。转岗后工作也轻松了很多。以前那个岗位很忙,我基本上做不到一周一次私教课,但是现在我能做到每周一次私教课、一次团体课。

我对自己的年龄没有特别的敏感度,但是非常向往退休生活。退休生活的关键词就是自由。我以前的工作非常忙,最近调岗后,好了很多,但是工作还是给人不自由的感觉。当然我也绝对拒绝家庭妇女式的自由,我觉得女人一定要有自己的天地。我也不知道现在如何定义家庭妇女,我觉得女性不一定要有职业,

但一定要有事业，也就是说不一定要有一份稳定的工作去换取生活资料，但是要有地方让自己的价值能够得到体现。我觉得女人的价值仅仅体现在家庭上是蛮悲剧的。悲剧就悲剧在其生命力不能自己掌握，而是掌握在别人的手中。我觉得女性绝对不能把希望寄托在男人身上，男人是靠不住的，因为我已经单身很多年了。我认为我们女性都是被传统束缚的，这种束缚更多的是心理和道德层面的。我单身后，这种束缚得到了缓解。外面的人都觉得我挺强势的，我没有觉得，可能是因为"生活所迫"，不得不让我变得更强。而健身赋予我的力量感不是"power"（力量）而是自信，这两者还是不一样的。力量给人一种尖锐的感觉，而自信就像太阳一样，让别人感到更舒服。健身给我的力量应该是让自己显得更自信，形成正能量去影响他人，而不是恐吓他人。

我的健身目标是健康、快乐。生活中的一些小癖好我是不会放弃的。健身之后就可以多吃一块五花肉，呵呵。我不是那种自我控制力非常强的人，我是把生活的乐趣摆的比较靠前的。在我的生活里，如果偶尔牺牲一点点健康能让生活更加有乐趣，我还是比较愿意去做的，比如说喝酒。那些职业健身的人绝对不做的事情我都会做。因为我还没有把健身作为我终极的目标，我还没有把它放到那个位置。我还是把生活的乐趣摆在第一位的。当然，健身对我来说也是乐趣之一。很多人觉得健身枯燥什么的，但是对我来说，其实还好，我不会觉得很枯燥，我还是蛮享受这个过程的。

在工作方面我没有那么大的抱负，有的人说我可以利用闲下来的时间去考个博士。我还在考虑中，因为我想学我自己真正感兴趣的东西，而不是说为了工作、晋升什么的。我对工作这块儿的追求不是太高，我觉得生活是多元的，这就是为什么我特别向往退休生活。退休后，能自主安排的东西更多一些，然后有一整块的时间去做自己感兴趣的事情，比如学学中医、针灸，学学语言，去旅游，健身我也会一直坚持下去。虽然我喜欢中医，特别喜欢推拿和针灸，但是对于那些传统的养生运动比如太极、气功什么的，我做不了，我还是喜欢"暴力"（有爆发力）一点儿的运动。我需要一定的强度，才能到达那种 high 的程度，才能达到身体的极限。太极那种让我达不到。其实瑜伽也可以，那种拉伸感是可以让我身体很舒服的，我做什么都要力争做到极致。

健身——和女儿沟通的纽带

现在我唯一放不下的就是女儿。自从她住校后，我们之间的交流也少了，她周末回家也是关着门学习。但我挺支持她健身的，她也跟着我的私教健身。我希望她从现在开始就不要对健身产生陌生感，不要对健身器材陌生。我希望她养成这种运动的习惯。我女儿身体太硬，跳不了舞，可能是遗传的原因，她的身体素质是比较适合运动的。小学的时候，她也没有训练过，结果就跑了个全年级第一，她还是有运动天赋的。她本身身体素质在那里，就是要养成一个运动的习惯，然后就是进行科学性和规范性的运动。她小时候，我给她报过舞蹈班，但是她不喜欢，她压不了腿，身体太硬了，就是痛，她受不了。但是现在经过健身，其实她已经软了很多了。以前她还没有我柔软，前俯身她以前是做不到的，现在她可以了，所以说这个改变是慢慢的。还有就是要达到一定的运动量才是对她有刺激的。舞蹈不是她的兴趣，而跑步是她的兴趣，她引以为傲的是某某男生跑不过她，因为她已经不屑于跟女生们比了。我并没有为她的运动能力感到骄傲，因为我觉得孩子是有差异的，每个孩子表现出的能力是不同的，况且"她也不能拿这个当饭吃啊"！只是说我觉得健康很重要，就是要保持一个健康的身体，运动也能让她变得更加开朗一些。就像我在健身时候的专注一样，运动也可以训练她的很多其他品质。

我们俩虽然不在一起练，平时在家也不一起健身，但还是会互相鼓励的。比如我教练常对我说："你女儿都能做得到的。"我就在想："我女儿都能做得到，那我也要做到。"教练也常常拿我去鼓励她，说你妈妈都能做得到，你也能。我女儿在家现在也养成了拉伸的习惯，有时候她也会来问我，比如泡沫轴怎么用，还是会以健身作为交流的话题。但是我们不会专门就健身这个话题进行交流，只是说遇到问题的时候，她会问，也会说，不是固定的话题。我和她主要的话题还是学习，这是逃不开、绕不开的。如果我女儿愿意跟我谈健身，我是很愿意的，我不会觉得运动是浪费学习的时间。因为我觉得生活是多元的，但是学习应该摆在最优先的地位。当我们一谈学习，因为是青春期嘛，就会完全站在彼此的对立面，她就会觉得我又在批评她，尽管我没有批评她，但她自己还是有压力。如果我们一起说什么好吃的、什么好看的电影，她会觉得我们是在一块儿的，不是对立的。

我是单亲妈妈，但是不会觉得有育儿压力，反而觉得更好。因为很多家庭都会因为子女的教育产生分歧，造成家庭矛盾。但是我家不会，因为一切都听我的，在孩子教育方面不会有不同的声音。但也会少了一个跟你去商量和支持你的人，其实各有利弊。女儿不是我的依靠，我从来没有想过要靠她。我不需要她任何经济上的回馈，如果有就是锦上添花。因为我本身是蛮独立的，加上来广州就是一个人来的。所有这一切，工作和生活状态都是我自己一点点积累起来的，没有靠过家庭。我也希望我的女儿能够独立地去实现她的生活目标就可以了。我对她的希望就是：我养你到18岁，除非你还在读书，不然你就独立去闯一片天地，不去给我惹麻烦就行。我也没有想过从女儿身上获得这种情感上的依赖，也不希望她长大后总在我身边。所以说她独立了，我就自由了，这种束缚就没了。有时候，我会觉得她是我的负担，心理压力蛮大的：孩子培养不好，怎么办？又是女孩子，会担心她的安全。比如昨天，她和同学出去玩，玩了什么，跟谁玩，去哪儿玩，这些事情我都会担心。

但是回头想想，担心还不如给她树立榜样。我不能把孩子的事情完全都搞定了之后，再来考虑自己的需求，这个其实是相互的。我生活的状态其实是给女儿做一个榜样，就是一个示范吧，好的地方和不好的地方，她都看得到。我也希望带给她更多正面的东西。我女儿常常跟别人说我妈妈很自信，我想这可能会对她的个性产生一定的影响。

把自己活成太阳

有些知道我单身状况的人会问我："你是不是谈恋爱了？"我说没有。以前还有一颗躁动的心，想要找，现在都用力气"撸铁"去了……哈哈哈。还有前两天，一位很久不见的朋友见到我，然后就跟我说："看来你老公很疼你，你看你状态那么好！"我就跟他说我已经单身很久了，弄得这个朋友很尴尬。我觉得我们的光彩不是别人给你的，把自己活成太阳就可以了！因为像我们这种年龄，不会期待别人给我们带来什么经济上的支持，更多的是未来能够有共同爱好，然后生活要有乐趣，所以我不急。单亲妈妈首先要有自己，不能把所有的注意力都集中在孩子身上，如果你自己都把自己弄丢了，你是没办法带好孩子的。其实孩子是不需要我们把所有的关注力都放在她身上的。如果要安排的话，我会把50%的精力放在工作上，30%的精力放在自己的成长上，20%才是留给她的。所谓贤妻良母，我觉得是强加在女性身上的束缚。我以前也有这种比较传统的观念，80%的精力会投入家庭中，但是我现在的观念不一样了。随着时间的积累和年龄的增长，其实我也需要不同的成长，所谓成长不是说要拿学位什么的，心灵的富足也是很重要的。我希望成为一个很 sharp（敏锐）的白发智慧老太太。

我非常乐意将我在健身中的感受和经验分享给他人。我已经"安利"了很多人来参加健身运动了。我在我们学校也算是一个模范式的人物了，主要原因是我的身体和外形变化太大了，所以很多人都来向我咨询健身之道，让我推荐好的教练或者好的方法。其实，我最想分享的是健身一定要乐在其中：享受这个过程，享受这个变化，好好爱自己。目标设定不要那么短，要长久。我希望保持一个持久的健康状态。在人际关系上，因为健身的话题，我和更多人有了交流，也会成为别人的样板啊、榜样啊什么的。别人有这方面的疑惑的时候，会想办法找我咨询，这让我油然而生一种权威感。每个人都是一个过滤器，我可能更倾向于过滤掉那些对我来说不好的信息，保留的都是对我正面的反馈，由此增强了我的自信心。

我常常想象着自己顶着一头白发，拥有健美的身材，站在健身健美舞台的聚光灯下，这是我的一个目标。我希望能把自己的那种坚持让更多人看到，也想影响到别人。我就觉得这么好的事情，也想让别人知道。在国外也有很多老年健身者的报道，这给了我很大的鼓励，特别是当我看到他们百折不挠、不轻言放弃的精神，我就暗下决心，要努力实现这个目标。我甚至想退休后当一名专业的健身教练，去考一个资格证，这个目标既能让我一直保持健康，又能让我坚持下去。

健身就像是我的必需品，已经成为我人生的一部分了。

第二部分 分析与讨论

截至访问时，清风参与"健身"也就短短两年的时间，但是对她来说，这两年的健身经验开启了她人生的另一个阶段，不仅使她对自己前半生有了总结和反思，也让她对自己的后半生充满了希望和抱负。我们从她关于健身的经历中看到了中年妇女在身体、生活中的无奈，也看到了她们应对社会"结构性"束缚的能动性和执行力。从身体到生活，从自我到他人，从外因促动到内因激发，健身过程就是她们在中年沉淀之后不断自我挑战、自我发展、自我定位的过程。正如清风所说的，健身不仅仅赋予她生活的力量，更多的是对生活的体悟。

一 从"使用身体"到"掌控生活"——身体与生活的交互影响

身体在当前社会已经是一个非常重要的概念了，它不仅仅和社会成员个体的健康状态息息相关，更与其社会地位、身份认同、社会资本等要素紧密相连①。不仅如此，在福柯理论的启示下，身体更蕴含着社会权力的运作，是知识和话语权的外显②。女性主义也高呼只有女性能真正掌控自己的身体才能把握自己的命运③。如何能掌控自己的身体？虽然在理论层面身体被刻画为一种抽象的整体，但是在实践中，它却是具身经验的点滴累积。

在清风的经验中，我们能看到这是一个螺旋上升的过程：实践—感知—主动使用—知识提炼—反身思考，这个过程使她越来越了解自己的身体。比如，清风很骄傲地说"知道如何用力"，如何在日常生活中"避免受伤"，如何让身体放松，也会分析自己当初为什么膝盖会有问题，所以她已经把健身中的知识运用到了日常生活中，不仅很会"使用身体"，而且会剖析身体（知识提炼，如"收紧核心"），并把这些知识经验告诉别人。她在自我身体能力增强的同时，也在日常生活中获得了"自信"和"独立"。正像清风所说的，在生活中她就是"大力士"，虽然她并不喜欢这个词，但是当单身中年女性在面对生活时，很多时候都必须有"担当"，特别是当她遇到一般被认为是该男人出力的事情（比如搬东西）时，她也不得不独自去做。但是当她发现自己做的并不比男人差，甚至比男性好的时候，她的自信心、独立性就被激发出来了。这种身体的"力量"同样也映照在她对生活的掌

① 克里斯·希林：《文化、技术与社会中的身体》，李康译，北京大学出版社，2011。
② 米歇尔·福柯：《规训与惩罚》（第四版），刘北城、杨远婴译，生活·读书·新知三联书店，2012。
③ 熊欢：《性别、身体、社会：女性体育研究的理论、方法与实践》，中国社会科学出版社，2016。

控力上。比如，她很自信地说在家里（特别是在孩子的教育问题上），"一切都听我的"；当遇到问题时，她认为"男人是靠不住的"，"不能把希望寄托在男人身上"。虽然她的话语中有些女权主义的强势，但是我们能明显感受到其身体（心）的强大对她自我定位的影响。她也承认是"生活所迫"（单身）让她不得不"变得更强"，但是这也折射出她对自己生活和生命的掌控力。她对自己单身的状况不是消极看待，反而颇为积极，因为"这种（传统的）束缚得到了缓解"。

对自己身体的判断和掌控不仅能帮助清风在生活中找到自我定位，同样也促发了她的反身性思考（通过身体去思考）。在访谈中，清风一直强调健身就是"跟自己身体"的对话。通过对话，她能"静下心来"，"逐渐放下"。在追求"身体的极限"与"各种条件"的平衡的过程中，她用佛教思想表达"看山还是山，看山不是山"的两种状态："永远不要想回到以前的状态，身体状态不可能回到年轻的时候，生命也一样，但是会有不同的体会。"她也充分认识到"随着时间的积累和年龄的增长，其实我也需要不同的成长，所谓成长不是说要拿学位什么的，心灵的富足也是很重要的"。清风的体悟正是在健身过程与生活经验的交互作用和影响下产生的。

二　"成就感"的获得——外界的评价、自我的感受、目标的完成

运动健身不仅会给身体和生活带来现实的好处，还会给参与者带来一种心理上的成就感。成就感并不等于成就，它是一种主观感受，指一个人做完一件事情或者做一件事情时，为自己所做

的事情感到愉快或成功的感觉，即愿望与现实达到平衡而产生的一种心理感受。在对清风的访谈中我们发现，"成就感"的获得也是激励她继续在健身道路上走下去的动力。

清风获得健身成就感最直接的渠道是外界的评价和与外界的互动。首先是外界对她外貌变化的正面评价。比如，她说周边的人觉得她"现在的状态好像回到了 20 年前""是不是谈恋爱了""看来老公很疼她"，这些周围人的直接反馈会让她觉得自己健身是有效果的。其次是外界人开始向她"打听"健身减肥的事情，比如说是在哪家健身房健身，做什么运动等。在回应周围人群的这些问题时，清风体会到一种成就感，也产生了权威感。用她自己的话说，她在单位里慢慢地成了一面"旗帜"，很多有健身疑问的同事都会向她咨询，她也乐于去回答和指导他们。在单位组织的健身活动中，她俨然是一位模范和领导者。她很享受这种感觉，认为自己除了工作以外还有其他的社会价值。在与外界的积极互动中，清风成功地蜕变成为那个"成功健身减肥"的"镜中自我"，从而增加了成就感。

除了外界的评价和反应以外，在健身中的直接"身体感受"也是其成就感的来源。在访谈中，她说自己对身体之酸痛体会得最深。她认为："'酸痛'会给人一种成就感。"只有"累"到了"极致"，身体才能真正地放松下来，起到减压的效果，同时也才能达到锻炼肌肉的目的——雕塑和控制，这就是典型的具身经验所暗含的文化意义。在清风看来，"酸痛"等于"有效"，"那种酸痛感是必须有的，没有酸痛感说明没有做到位"，这就是自我历练、自我控制和自我释放的过程。这种酸痛的生理感觉如果没有被赋予任何文化意义，也不会带来成就感。这也是我们在以前研究中发现的问题，很多女性会因为"辛苦""疼痛"而终止健身活动①。如果从内心主动地去"消化"这些肉体感觉，并赋予其积极的意义，而不是被动地"应对"，或许她们就能像清风那样获得成就感。

直接的肉体感觉是运动给人体带来的直接效果，除了生理上的感受，运动健身中不同等级和目标的设定及其实现，也会使参与者有一种强烈的收获感。正如古特曼在分析现代体育的本质时所强调的，现代体育的魅力之一就是它在不断地追求目标，不断地要求打破纪录，这使得这项活动具有回报性②。清风在运动健身过程中也是具有目标导向的，这样就使重复性的、枯燥的练习过程不那么艰难了。比如，她说："我在家里做跪式俯卧撑，以前只能做60个，现在能做100个。""上一次举不起来的，这一次就举起来了。当你完成了一个目标，就会有成就感。"清风还提到，她的目标并不是非要以数量去进行衡量的，而是更集中在"动作和状态"上："不是总想着还有多少次，而是想着每次把这个动作做到位，你就不会觉得那么枯燥了，因为你的身体是有感受的。""达到那种状态就忽略那种次数感了。"

从清风的经验来看，成就感是具身性的。无论是身体形态的真实变化，身体状态和健身感受的变化，还是目标的设定和实现，以及通过健身对生活产生的新的认知，这些都是在身体运动实践过程中所获得的真实主体感受。

---

① 熊欢、王阿影：《性别身体的挑战与重塑——健身场域中女性身体实践与反思》，《上海体育学院学报》2020年第1期，第49~58页。

② 阿伦·古特曼：《从仪式到记录：现代体育的本质》，花勇民、钟小鑫、蔡芳乐译，北京体育大学出版社，2012。

三　身体戒律与惯习：健身活动的监督机制及其内化过程

从技术动作到规则遵守，体育运动从来都不是一件完全"自由"的事情。相反，在福柯主义者看来，运动更是知识权力规训身体的结果，是社会权力强压在个体行动上的结果①。在健身房内，有教练的监督、同伴的监督；在健身房外，也有自我的监督。健身过程中还有很多对身体的戒律，比如饮食、作息等。从清风的案例来看，她一直用"我其实很懒"来形容自己，因此需要一个比较完善的监督机制去促进健身的可持续性。首先，她在一定程度上还是非常依赖"外界"的监督的。比如，她对教练很依赖，在练习时总是等着教练给任务，在教练给了任务之后，心理习惯性地要"讨价还价"一下，但在教练的"无视"下，她最后都完成了教练交给的任务。久而久之，她表示："很放心把自己的身体交给她（教练），我相信她比我更了解我的身体。"这一方面可以反映出她对专业知识权力的服从（信任），另一方面也让我们看到了女性在健身过程中自主性不强。除了教练的直接监督，她女儿（同伴）也成为间接监督的一个要素。"我女儿都能做得到，那我也要做到。"清风与女儿在健身话题上的交流，以及相互的激励和暗下的"竞争"，间接地形成了一种健身监督机制。

当然，这种外部监督机制也可以逐渐内化为自我的监督过程。清风说对她改变比较大的是它参加了团课，除了自己有私课

---

① 米歇尔·福柯：《规训与惩罚》（第四版），刘北城、杨远婴译，生活·读书·新知三联书店，2012。

以外，还跟其他人一起上团课。因为比别人"启蒙"早，而且一周又多练一次，她在团课里面俨然就是一个"leader"。她会把动作做得很标准，又超额完成教练的任务，还指导和鼓励其他的团友。在影响他人、帮助他人的过程中，她对自己的"要求"更加严格了，实现了自我监督。特别是在微信群的健身打卡活动中，她会积极地做出示范，坚持在家也锻炼。虽然这个监督过程也是一种外界给予的"压力"，但这种压力不是"压迫性"的，而转化为自我监督的动力，她在监督中的主体性得到了很好的体现，达到了自我规训的结果。

这种在健身场域中的自我身体规训的过程也慢慢地扩展为日常生活中的身体惯习，形成了特定的"性情"系统——坚挺的身体形态。比如拿东西需要用力时，她会下意识地"收紧核心"，"走路都是很挺的，就是把身体收紧了"。清风强调，她其实在平时生活中也没有刻意去保持健身时的形态，"比如坐在电脑前，我没觉得自己是挺着腰的，但是别人就会觉得我是挺着的。走路也是，就会显得比别人更挺拔，我自己也觉得走路轻松很多，感觉有精气神"。所以健身场域中的身体习性已经内化为一种持续性的身体性情并在健身场域外显现出来。

但是，在健身的"全景式监控"① 之下，清风在"饮食"（生活趣味）方面还是有所妥协的，或者更确切地说，这是她对健身身体秩序的"抵抗"。一般健身的人都是非常注意饮食结构的，有很多忌口，也需要补充一些"营养"，因为他们相信只有

---

① 米歇尔·福柯：《规训与惩罚》（第四版），刘北城、杨远婴译，生活·读书·新知三联书店，2012。

全面建立一种身体秩序（衣食住行），才能达到健身的效果。而清风却在吃上"我行我素"。正如她解释的一样："我的健身目标是健康、快乐。生活中的一些小癖好我是不会放弃的。"正是因为她并不把健身作为终极的目标，而是把健身当作追求生活乐趣的一部分，因此她才能享受健身的过程而不是绝对的结果。所以在其他的"生活乐趣"与健身戒律相互冲突时，她会毫不犹豫地选择"生活乐趣"（如吃肉、喝酒）。她毫不掩饰："在我的生活里，如果偶尔牺牲一点点健康能让生活更加有乐趣，我还是比较愿意去做的。"与那些完全以追求"身体雕塑""减肥"为目的的健身人群相比，清风的健身实践就不会成为束缚自我身体的"枷锁"，也不会完全受到社会权力的支配。

四 "年龄"——社会文化的建构

年龄与性别、民族一样，在建构主义的视野中都是一种社会文化的建构。虽然一般来说年龄是建立在生理基础（自然年龄、骨龄等）上的，但如何界定一个人的心理年龄和社会年龄，还存在着很多的争议。更确切地说，我们的年龄是由怎样的社会规则所形塑的呢？年龄对女性个体又有着什么样的意义呢？

在对清风的访谈中，不管谈到健身的动机、健身的感悟，还是身体的能力时，她都会提到"年龄"。虽然一般人认为"年龄"对女性是很不友好的，特别是社会文化建构的"中年妇女刻板印象"造成了大众对这个群体的偏见，但是清风在谈到"年龄"时却抱有积极的态度。首先，她意识到了年龄带给她的社会文化资本，这是她能参与健身运动的基础；其次，她也试图通过健身冲破"年龄"的规制。从清风的经历中，我们看到了"年龄"的流动性。

首先，年龄赋予了清风健身的经济基础、时间条件、身心状态、心理基础和社会资本。清风强调说"到了这个年龄"是促成她健身的一个主要因素，"40多岁，孩子也差不大多了，生活也稳定了，经济收入也稳定了，能比较多地考虑自己了"。正如前文提到的，女性的前半生大部分时间和精力都献给了家庭和孩子，到了中年，才开始"关注"自己的需求。经济条件允许（工作积累和稳定收入）、时间充分（单身、女儿住校）、有机会有途径（方便的健身课），以及相应价值观和意识的保证（为自己消费值得，想要追求美丽青春的状态），才促成了清风的健身实践，而这些条件、机会、意识都是因为她"到了一定年龄"的结果，所以年龄创造了她健身实践的外在社会资源和内在文化资本。

其次，正如其他中年妇女一样，清风在个体层面也试图通过健身来避免由于年龄所带来的生理变化，冲破社会年龄强加在女性身上的规范。她坚信教练所说的"什么时候（年龄）开始健身，你的身体就会保持在那个年龄"，也期待和同龄人比较时，会有"别人都那么老了，我还那么年轻的感觉"，更希望"和女儿一起出去被说成是姐妹俩"。在这种情境下，年龄就转化为提升其自信感的身体资本，而不再是"降低"女性价值的要素。除此之外，在健身项目的选择上，清风也不愿意有一种"年龄感"。她拒绝去跳广场舞，因为觉得"广场舞"无法满足自己身体的需求。她的精力旺盛、身体素质好，一般中年女性的健身强度，让她觉得"不过瘾"。更重要的是，她觉得健身是一种时尚、潮流的活动，让她"有种永远不会老的感觉"，所以她更愿意参加专业性更强的健身活动。在"撸铁""平板支撑""深蹲"等运动中，她重新定义着自己的年龄，她甚至认为很多年轻人都不如她，所以年龄只是一个"数字"而已，并不能决定她的能力，也不能限制她的选择。

永葆青春是每个女性都向往的，也是女性最好的身体资本。女性的年龄一方面建构着女性的健身方式，另一方面也被健身文化所建构着。年龄在女性生活经验中的烙印，也可以在个体的行动中被消融，最后留下的是个体对自身年龄的一种诠释和期待。

五　从自我赋权到影响他人——把自己活成太阳

运动对女性的赋权功能在以往的研究中已经被证明①。清风的健身经历也体现了"赋权"的过程以及结果。这包含了"能力"获得的客观过程（赋能），也包含了对"自我身体的掌控权"以及获得"自我概念"的主观过程。清风不仅在健身中实现了自我的身体赋权，同时也强调了自我赋能后可能产生的社会影响力：不仅自己做"太阳"，还要把光芒和热量传播给别人。

首先，清风的健身过程是一种赋能的过程，即获得了识别、促进、提高自己利用身体资源解决自身问题的能力，以达到满足自我需要、实现自我控制的过程。在健身中，她能发现以前膝盖存在的问题，能在以后的生活中找到避免伤害膝盖的方法，不仅能融会贯通地将健身知识活学活用并进行自我指导，还可以通过对身体的控制（比如收紧核心）来满足日常的需求（如提重物）和健身的需求（减脂）。通过健身，她不仅提高了身体的物理性

---

① 熊欢：《"自由"的选择与身体的"赋权"——论体育对女性休闲困境的消解》，《体育科学》2014年第4期，第11~17页。

力量，也提高了应对生活困境的某些能力。然而，在清风的主观意识的"过滤"下，她认为健身赋予她自己的力量感，不是"power"而是自信。她认为这两者不一样，"力量给人一种尖锐的感觉，而自信就像太阳一样，让别人感到更舒服。健身给我的力量应该是让自己显得更自信，形成正能量去影响他人，而不是恐吓他人"。因此，健身赋予她的"权力"，不是一般意义上那种具有支配性和压迫性的权力关系的总和，而是能产生能量的自我力量，这种力量是向内性的、自我解放性的，而不是向外的、压制性的。

其次，在清风的潜意识中，健身不是"独善其身"的自我赋权。她会用自己的态度、行动"影响他人"。她希望健身的理念不仅能改变自己的生活状态，也能作用于（但不是操控）他人。她最想影响的人是她的女儿："我生活的状态其实是给女儿做一个榜样，就是一个示范吧，好的地方和不好的地方，她都看得到。我也希望带给她更多正面的东西。我女儿常常跟别人说我妈妈很自信，我想这可能会对她的个性产生一定的影响。"同时，她也希望能让女儿从小就有健康意识、不惧怕健身房，所以她让自己的教练同时也教女儿健身。这样的好处是在健身这个场域中，她和女儿之间保持了平等的关系，可以进行平等的对话和"竞争"，这可能是在一般的生活场景下做不到的。正像清风自己所说的，对于孩子的学习，她很强势，她就是一个监督者，所以母女关系有时会有些紧张，但是在娱乐艺术和健身的兴趣爱好上，两人就是好闺蜜，健身由此也成为母女关系的缓和剂。除了影响女儿，清风还希望和他人分享她的健身收获。她希望自己能成为一位白发苍苍的专业健身者，"顶着一头白发，拥有健美的身材，站在健身健美舞台的聚光灯下……我希望能把自己的那种坚持让更多人看到，也想影响到别人"。她用自身的魅力去感染他人，而不是强迫别人接受，这是一种 soft-power（软实力），就像清风自己所希望的，它能在自我赋能的同时，也给别人带去温度。

结　语

健身在中年女性群体中逐渐成为一种新的社会风尚。她们想要更专业的健身指导，也有一定的经济基础和消费力，更重要的是，在清风的故事中，我们看到了她们正在用积极的身体状态和生活状态改写着社会对中年女性的"刻板印象"。身体对于她们来说，不仅是获得自信、满足、成就感的载体，也是她们传递经验、知识、价值观的载体。因为有了一定的经验积累和思想的沉淀，她们更能在健身过程中体悟到生活赋予女性生命的意义、自我的意义。当然，清风可能是一个个例，还有很多处于"中年"的女性仍然陷于"应付"日常生活的繁忙和自我的"迷失"之中。运动健身或许能成为她们抽离日常生活处境、找回自我价值的路径之一。

第五章　年龄洗不掉心中的"芳华"

——一位老年妇女的舞蹈人生

化名： 王老师

年龄： 64 岁

学历： 本科

职业： 退休前曾在大学、科学研究所、商业部门工作，后下海从商成立公司

婚育状况： 离异，育有一女

健身背景： 王老师 5 岁开始接触舞蹈，上初中的时候被选中跳《白毛女》中的喜儿，正好赶上部队招兵，进了部队文工团学习了 6 年舞蹈。退伍后在大学教研室、团委工作，因家庭原因调动工作到商业部门，后下海成立公司。由于工作过于繁忙便将舞蹈爱好放置一边。58 岁退休后重拾爱好的舞蹈，并在居住的社区里组建红珊瑚舞蹈队，免费教社区居民跳舞。

　　如今，老年人已经成为健身大潮中的绝对主力，而广场舞成为她们健身的主要方式。不管社会大众对大妈广场舞报以多少的歧视、嘲讽，甚至是厌恶，她们仍一如既往地跳着，在广场、公园、街道空地上迎接"朝霞"，送走"夕阳"。健身广场舞不仅仅

是很多老年人生活的"调味料"，更为她们提供了发挥余热的社会空间。王老师的舞蹈经历不仅见证了她人生的浮沉，也折射出那一代人的成长轨迹。王老师与她的健身舞队在新时代的舞台上展露着她们的"芳华"，践行着"健康老龄化"的理念。

第一部分　口述故事

一生难忘的军艺生涯

我最早接触舞蹈是 5 岁的时候，当时还在上幼儿园。记得当时老师教的动作非常简单，就是比太阳的动作。老师告诉我们太阳是圆圆的，手一定要把它比圆了，眼睛要看着太阳。我当时表现得挺好的，眼睛大大的、水灵灵的、圆溜溜的，动作眼神都非常到位，老师就让我上台表演，这也是我第一次站上舞台。之后，幼儿园排练的所有表演类节目，老师都会让我参加，而且每次跳舞我都会站在前面，有时候是领舞。上小学以后，我是我们班的班长，所有表演类的节目诸如歌唱比赛、舞蹈比赛甚至跳橡皮筋比赛都是我组织的，组织得非常好，每次都是第一名。有一次全市跳橡皮筋比赛，老师给了我们两张票去现场观摩，参赛人员跳着跳着就出现了一个五角星。当时我从现场出来还一直在思考着这个五角星是怎么变队形的，我就在地上一气呵成地画了一个五角星，我就知道它是怎么变队形的了。在后来的跳橡皮筋比赛中，我们也用了这个队形。我对于舞蹈的动作看一两遍就能学会，接受能力很强。但我父母不是很爱好文艺这一块，我的文艺爱好应该是得益于我们家阿姨，她从我 2 岁的时候就开始带我，她每天都唱歌，她唱歌的时候我也会动，受她的影响，我也很喜欢舞蹈、唱歌。

15 岁的时候我就参军了，参军也是机缘巧合。初二那年，老师让我跳《白毛女》中的喜儿，恰巧湖北省军区政治部校园队来宜昌招兵，老师就通知我们去考试。当时我们就六七个人，跳喜儿的、跳大春的、跳白毛女的都被选进部队了。在部队的 6 年里，我学了芭蕾舞和民族舞。我的芭蕾舞老师是中国第一代芭蕾舞演员，她的舞蹈功底、专业知识都很强，我跟着她学到了很多知识。我的民族舞是武汉歌舞剧院的老师教的，虽然不像现在的舞蹈院校教的那么专业，但是基本上每个舞蹈的特点、基本动作都会教给我们。在部队里，我们每天的生活都很简单，早上起来练早功，压腿、踢腿、下叉、下腰。练完早功 8 点吃早餐，吃完早餐后就开始芭蕾集训，持续差不多 3 个半小时，练完就吃中饭、休息，下午主要以排练节目为主，晚上基本上安排的是演出、学习、开会。

虽然每天的生活周而复始，但是在部队我收获了很多。我记得最清楚的是，我的柔韧性不是很好，个子也不是很高，这是我的先天不足，但是我的力量、旋转还可以。知道自己的不足，那就得练，你不练，筋就会缩回去。我的软度不够好，每次压横叉都差几厘米贴地。那时候我们班长是练体操出身的，她就叫我放松、放松，然后就用力地把我压下去，筋扯得我眼泪直流。还有就是跳芭蕾要穿足尖鞋，足尖鞋磨得脚全都是血，为了继续训练还要缠着胶布把脚穿进鞋里，跳完舞后把脚拿出来都是血淋淋的，非常痛。在部队里，每个人都要经历这样的过程，也没有人叫苦叫累，也只有经过了这个过程把脚磨出茧，舞蹈才能进步。

我在部队学东西很快，练功也很刻苦。我的战友星期六、星期天休息都去逛街，我大多是上午把基本功练完以后才出去。也正是因为我的努力，我的舞蹈功底逐渐得到了提高，舞蹈基本功就是在那个时候打牢的，控后腿的时候身体挺得直直的，腿翘得高高的。得益于自身对舞蹈的热爱以及刻苦训练，部队领导就让我和另一个战友负责新兵训练，我也是从那个时候开始搞舞蹈创编的。

我在部队当兵一待就是 6 年，后来由于部队要裁军，我们校园队首当其冲，我也就退伍了。

退伍后的再就业——舞蹈对我职业发展的助力

退伍后，我有两个选择，一个是继续从事舞蹈行业，一个是改行做其他的。最终我的选择是在大学里任职而不是继续从事舞蹈行业。因为我小时候正值"文化大革命"时期，我没学到什么知识就去了部队，文化课基础较差。我觉得自己还是要学点儿知识，所以第一份工作我是在大学里面任职，也是从那时开始重新学习初中文化课。我每天晚上都要去上课，我女儿都说"妈妈你能不能别去上课"。但是没办法，所有人都在学习，你不能不学。那时候真的很辛苦，一下班就要到市场买菜，接小孩回来后，边做晚饭边给她听写功课。孩子的教育也是大事，母亲承担孩子的教育责任更多。幸亏当时把她的学习习惯培养好了，后来她的学习也就不用我操心了。

虽然那时很忙很辛苦，但我对舞蹈的热爱没有停息。虽然我很少跳舞，但是我一直在编排舞蹈，搞创作。当时我是在三峡医学院团委工作，专门负责宣传这一块。因此学校所有的汇报演出、庆祝活动都是我给他们编排的，他们在台上表演的也全都是我的作品。我记得是 1977 年还是 1978 年的全国大学生舞蹈比赛，我们学院有一个班想参加，他们班的班干部就带了一个男生和一个女生过来找我，让我给他们编一个舞蹈。后来我给他们编排了《太阳岛上》这个舞蹈，最终获得了全国一等奖。

在医学院工作的 10 年，我也收获满满，边学文化边学技术，我还有医学职称。后来由于家庭原因我调动了工作，到葛洲坝施工科学研究所，在那提干成了工会主席、办公室副主任兼办公室文体宣传委员。我在工会的时候组织活动也组织得很好，我们组织的篮球比赛、乒乓球比赛、春节晚会等活动大家都踊跃参加。我也给单位同事解决后顾之忧，年轻人没有对象的就给他们介绍对象，有时候帮他们安排换煤气等。那时候，我还被评为"先进工作者""优秀党员"呢。但是那时候真的很忙，忙工作、忙家务、带小孩，完全没有时间跳舞了。

后来我就下海经商了。下海有应酬，经常要去歌舞厅里唱歌跳舞，唱歌我肯定不行，但是跳舞的话，只要我上去肯定会成为歌舞厅的焦点。我一听到音乐就想动，音乐响起我就上去跳。我在歌舞厅里都是即兴表演，放什么音乐就跳什么舞，不管是交际舞还是迪斯科。

退休后的老年生活——红珊瑚舞蹈队的组建

58 岁的时候，我注销了自己成立的公司，搬到现在的这个社区来住。我之所以选择这个社区，是觉得这里的环境、文化氛围都很好。最开始的时候，退休在家特别不适应，以前上班很忙，突然闲下来就觉得很无聊，不知道要干什么，女儿平时上班没人陪我，刚搬过来这边也不认识人，一个人总闷在家里，真的很孤独，不跟外面人接触就会胡思乱想，心情很差的，后面就想着在家闲着没事干，我就拿了一个录音机在前面的广场上跳广场舞，可能是她们（社区居民）觉得我跳得好吧，就慢慢地开始跟着我跳。之前社区还没有给我们舞蹈室的时候，那个圆心广场也是我们唯一可以锻炼的地方，那时社区也是刚建好，锻炼的地方真的很少，圆心广场又是社区主干道，只能在早晚 7～9 点锻炼，有时候声音放得大一点就有人投诉，也有很多人抱怨我们在那锻炼吵到他们休息，还说我们阻碍交通，但这也不影响我们锻炼，当时经常参加训练的有 80 多号人，后来我们社区成立了文体协会，社区让已有的舞蹈队去登记注册，我就给我们队取名叫红珊瑚舞蹈队。之所以取这个名字，是因为 20 世纪 60 年代有部电影叫《红珊瑚》，讲了珊瑚岛上的群众在党的领导下迎来新生活的故事。我们也希望在党的领导下，不断地弘扬正能量，宣传我们幸福的新生活。也就是在这样的情况下，我们舞蹈队成立了，现拥有 20 多名固定成员。和一般以退休人士为主的广场舞团队不同，我们舞蹈队中年纪最大的有 65 岁，最小的才 39 岁，成员平均年龄不到 50 岁，大多数人都还在上班。

我们社区很注重文化建设，每年都组织两场演出，一场是 6 月下旬庆"七一"党的生日演出，另一场是 12 月底的迎新春演出。舞蹈队刚成立的第一年，庆"七一"演出的时候，我想她们都没有舞蹈基础，也没有经过专业训练，只能根据她们的实际情况进行编排，就弄了一个简单的歌舞节目《歌唱祖国》。当时她们的基础真的很差，就拿抬手的这个动作来说吧，她们都不能把手伸直，更别说舞蹈动作优美了，我就想从服装上弥补她们的短板。我找了16个民族的服装并让她们每个人手上拿着两束花。虽说我们的舞蹈简单，但是演出当天反响很好，因为我们小区从来没有出现过这种气势宏伟的舞蹈，结果我们舞蹈队就一炮打响了。后来小区的文体协会和居委会主任找到我们，跟我们说可以把小区的舞蹈室给我们用。基于这个契机，我就开始给她们进行正规的舞蹈训练，也就是从基本功开始，如芭蕾、把杆等。但当时舞蹈室的地板是瓷砖的，在瓷砖上面跳舞对膝盖伤害很大，也不能对她们进行正规的舞蹈训练。当时我就去找文体协会和居委会主任询问能不能给我们装修木地板。那边的领导就说"我们没钱"，我就说"既然你们没钱，为了大家的健康着想，我就出钱吧"。当时刚好有一个舞蹈学校想要租我们的舞蹈室，但是没有木地板别人就不想租，我就出1万块钱先垫着，我们的队员都说"老师你不要垫钱，钱回不来的"。我说没事，回不来就当赞助希望工程了，不过后来租出去半年多就给我报销了。

舞蹈队成立至今，我一直免费教她们舞蹈。当时我是这么想的：第一，我退了休有退休金，不存在生活问题。舞蹈室是社区免费提供给我们用的，如果舞蹈队搞成商业化的也不一定能出好成果。本身我成立这个舞蹈队就不是以盈利为目的的，成立的目的在于想出成果，想出成果就不能跟经济挂钩，跟经济挂钩就出不来好的作品。有人想多出钱站在前排，这不就影响作品的质量了吗？第二，更多的是想让大家陪着我一起锻炼身体，我很愿意把我所学的舞蹈知识无偿地传授给大家、留给大家，当大家学好了以后就慢慢地传下去。我就跟我的队员们说，以后你们不论在什么地方单位、老家也好，你们就是一粒种子，一粒舞蹈艺术的种子，你们可以去教别人。现在她们有些都回老家教别人了。虽然现在还有很多人跟我说要我跟她们合伙开少儿舞蹈班，但是我不同意。我现在做的这个事情虽然不赚钱但是我很开心，我可以锻炼身体，还可以把自己学到的舞蹈知识传授给大家，何乐而不为呢？我们这个小团体就像一个大家庭一样，平时大家会一起出去旅游、聚会、交流做菜、分享教育孩子的经验等。队员之间也互相帮助，大家的关系都很好，其乐融融的，并且大家都很关心、尊重我，我在舞蹈队威信也很高。我们的舞蹈姐妹都很团结，不会因为谁今天可以去演出，谁可以站在前面跳舞而不开心，而是谁的舞蹈跳得好我们都会尊敬她。我们之间互相关心爱护，哪家有困难我们都会去帮忙，哪个不会穿衣搭配就陪她上街，甚至哪个孩子上小学需要课本，谁有谁都会免费提供。

在管理方面，首先，我们舞蹈队有一个基金项目，刚成立那几年每个人交100块钱作为舞队基金，最近这两年提高到300元，我们的支出都有严格地管理。哪一天哪个人办了什么事情、怎么用的每一笔钱都记得清清楚楚，然后就在群里公布，大家都可以随时查看。其次，我们舞队有队员守则，例如，舞蹈队的视频没有经过允许不能完整公布到网上，也不能外传；我们的服装也不能随便外借。我跟我的队员们说，虽然我们跳得不是很专业，但是我们的服装真的是非常专业的，我们的服装从设计、定稿、定制、成型都是我一个人在做。我们的服装要切合舞蹈本身，至今我们的舞蹈服装已有100多套了。此外，我是军人出身，所以对她们的管理、训练也较为严格。曾经有人说想要多出点儿钱跳舞的时候站到前面，我说多出钱也不行，因为涉及我的作品，要保证质量，要按照我的要求。你的动作好你就可以站前面，动作做得差肯定得往后面站，动作完全不达标的你就不能上。还有就是我们演出几点钟到，大家一定要准时，我有一个原则就是不论是演出还是比赛，迟到了我们绝不等，少一个人就少一个人。

在舞蹈训练与编排方面，我们舞蹈队每周一、周五、周日的晚上是在舞蹈室训练，其他的时间我们就在北苑练习。刚开始的时候我给她们教舞蹈的基本功，之后就教她们民族舞。我们不是简单随性地跳，我的要求是比较严格的，要带有专业范儿，学什么风格的舞蹈，就跳什么风格的舞蹈。现在教她们的时候，我还要备课，我不备课，肯定教不了她们。不是你现场想怎么跳就怎么跳的，事先要构思，像我的《木棉花开》《红高粱》都是有舞蹈剧本的，都花了很大的精力。舞蹈剧本都是自己写，根据舞蹈剧本再找音乐，音乐要为主题服务，最后再来编排动作，一定要按照这个程序来编排。就拿《红高粱》这个舞蹈来说，我设计的剧本分为以下几个部分。第一部分：金秋季节，胶州平原"高粱熟了"，火红的高粱一望无际，微风吹来，摆动的红高粱宛如一个个亭亭玉立的少女，婀娜多姿。农民之女"九儿"钻进高粱地里，享受着丰收的喜悦，畅想着自己盖着红盖头、坐着大花轿嫁给年轻英俊的爱人，与丈夫相亲相爱，生儿育女，过着幸福的生活。第二部分：忽然日本鬼子的铁蹄肆意踏入了九儿的家乡。九儿梦想破灭，她和姐妹们遭受了敌人的暴行。九儿看着受苦受难的姐妹们，心中无比悲痛。她扶起姐妹，告诉大家只有奋起反抗，才能保卫家园。姐妹们擦干眼泪，抹去身上的血迹，决心跟着九儿共同抗击日本侵略者。第三部分：姐妹们在九儿的带领下与敌人展开了英勇的斗争。当手无寸铁的姐妹们面对武装到牙齿的穷凶极恶的敌人时，决定大队人马带着伤员和逃难的乡亲们撤退，九儿为掩护大家撤退，决定往乡亲们撤退的相反方向吸引敌人。姐妹们不舍，要九儿跟着一起撤退，九儿决然挥手，命令大家"撤"，自己却往相反的方向跑去。第四部分：九儿跟敌人战斗到最后一刻，用手中的火种点燃烈酒，与敌人同归于尽。九儿在烈火中永生。因此，按照舞蹈剧本的要求，音乐中就必须有马蹄声、敌人机枪扫射的声音、酒坛子爆炸的声音等。之前我询问过做这种音乐的价钱，按照我的要求，音乐制作至少需要花10万元。因为要找人写谱还要找乐队来演奏，所以费用很高。后来没办法，我就在网上收集电视剧中的各种音乐，慢慢剪辑。剪完以后，我就跟一个队员一起，我指导她，让她截到哪一节、在哪个位置插入，结果这个音乐搞了一年多才搞好，之后才编动作。我一般晚上训练完回家，就在我的小房间里打开电脑自己琢磨动作，第二天再去舞蹈室试动作，然后再教她们。

收获与成就——"墙内开花墙外香"

虽然我们舞蹈队是一支社区文艺队，却"墙内开花墙外香"。2014年，我们代表天园街参加（广州市）天河区的广场舞比赛，获得了银奖。2015年，受中国国际中老年文化交流促进会的邀请，我们舞蹈队赴台湾地区参加"2015年夏季中老年国际文化艺术展演——两岸文化艺术交流活动"，凭借舞蹈《碧波孔雀》斩获金奖，整个团队还获得了"最佳创意奖"。这些都是大家努力的结果，在这个过程中我也很开心，能为社区文化建设做出一点儿自己的贡献。像我们这批过去从部队文工团出来的，现在六十好几都退休了，都还在搞社区文化建设。过去在部队的时候，大家都是一粒革命的种子。虽然离开了部队，但是你要把部队的优良作风带到地方，要影响你周围的人。我们现在致力于丰富社区文化生活，社区活动开展好了，那些歪门邪道的活动就不能存活了呀。所以我就跟我的队员们讲，在我有生之年尽可能地给你们留下我自己编排的保留节目，只要你们想学，我就一直教，直到我跳不动为止。

健康与习惯——"身体轻盈、手脚温暖"

女性进入更年期以后，整体外形跟年轻时相比会出现很大的落差，女性脸部皮肤、胸、腰、臀部都会出现松弛、下垂的现象。还有就是女性的括约肌也会松弛，尤其是在大笑、咳嗽的时候会因为括约肌松弛出现漏尿的情况。除了漏尿，我还经常失眠、眩晕，还有"三高"的问题。我58岁重新开始跳舞，进行基本功训练，现在我出去别人都猜不到我的年龄。因为我精神状态很好，胸臀保持得很挺拔，腰部纤细，更不会出现漏尿的情况。当时刚开始跳的时候还没有拉筋，后来训练的时候我就带着她们压腿踢腿，不然就很明显的血管老化。人老了筋也会缩短，所以老年人也要补钙片，晒太阳啊注意保健。毕竟在医学院待了10年也懂得一些养生、医学知识，就是要多锻炼，进行一些正规的、专业的芭蕾舞训练，压腿、踢腿、拉筋让血管通畅，失眠、眩晕、"三高"也会改善。我现在就很明显地有这种感觉，每天能拉筋就很舒服，睡眠都很好，没出现过眩晕，"三高"也没有了。我坚持跳舞之后生病都少了，现在感冒都不吃药，喝点儿热水睡一觉就好了。到我们这个年龄，跳舞会让你控制自己的体重，你不会让自己长胖，那么你的腰椎各方面就会保持得好一点，膝盖也不会承受那么多的重量。再一个就是内脏没有那么多的脂肪就健康，有时候为了保持体形，我会适当地控制自己吃东西，不可能去胡吃海塞。

我每天晚上跳完舞回家都会喝很多水，喝水有益于老年人血浓度降低。但是我喝很多水也不会有半夜起床夜尿的习惯，有也就一次，不会频繁地起夜。此外，跳舞的时候我特别喜欢镜中的自己，我能感觉到跳舞时自己身体的律动，以及舞蹈带给我身体的变化。通过舞蹈锻炼，我的身材一直保持得很好。另外，跳舞给我最大的身体感受就是"飞"起来的感觉，跳舞的时候身体肌肉由内劲控制着，肩下沉，后背立直，整个脊椎到头部都是挺拔的，头上会感觉顶着一个东西往上冲，尾椎骨也往上提，身体就立得很高，明显感觉整个身体是"飞"起来的，身子很轻盈。

现在我也时常会梦到海水往上升，自己踩在水面上漂，或者是后腿踢得很高，这跟我年轻跳舞的时候是一样的感觉。退休后，跳舞给我最大的感受就是身体很健康，"三高"情况都不曾出现过，也不会出现眩晕，更不会像年轻时那样冬天手脚冰凉，现在我的手脚都是暖的。此外，在跳舞的过程中我会感到很愉悦，心胸开阔，不会因为一些是是非非而弄得自己很不开心，所有的烦恼一扫而空，痛并快乐着，累并快乐着。

退休后每天的早上、晚上，我都坚持锻炼，早上踢腿、压腿；每周一、周五、周日的晚上在舞蹈室教她们跳舞，周二、周三、周四和周六的晚上就在北苑对她们的练习进行指导，从没间断过。自从我们家的"新生命"到来以后，我的生活也发生了变化。在我亲家没来之前的那一年里，我早上就没出去锻炼过。原来我们每天早上都在这里压腿踢腿，经常练还是不一样，腿和腰的功夫挺好。现在缩回去不少，一年多了都没怎么练。不放心保姆，我就一个人带（外孙）。我的家庭谈不上成功，55岁离的婚，我丈夫不愿意到这来想待在老家，双方都照顾不了，干脆让他在家再找一个。我就跟我女儿，我就一个孩子，我不跟我女儿怎么行，我现在不帮她不行，带外孙虽然辛苦，但我这个人不怕付出。我就跟我女儿说，保姆都有休息日，我都没有休息日。舞蹈室训练的那几个晚上，我女儿晚上必须回来看孩子，不然我就走不了。女儿的工作很忙，如果她回不来的话我就去不了，我就让舞蹈室的助理帮我负责，她们就自己练习、复习。不过我女儿都会尽量赶回来，让我那几个晚上可以出去锻炼，如果能去的话我一般都是提前一点儿过去拉拉筋、压压腿。由于2017年都没怎么练，筋明显地缩回去了不少，只能等宝宝上幼儿园我再来练。不过2019年过完年以后亲家来了，我们就轻松点儿了。但是早上我还是锻炼不了，每天早上8点多我就推车带外孙出去散步，9点到10点我跟阿姨带宝宝在地上练习走路。10点多我们回去，外孙就喝奶睡了。中午12点吃完午饭后我们会带他到家附近的游乐场去玩，下午3点就回去睡觉，5点多他奶奶就来接手，我就把饭菜准备好，7点多就给宝宝喂饭洗澡，晚上8点以后我就可以安心地锻炼了。

现在我还要每天想办法抻抻筋、拉拉腿，虽然达不到原来的效果但是腿最起码要灵活。毕竟年龄大了，腿脚没有那么灵活了，不练的话就更不行了。我是觉得不练舞蹈的话就会生疏。之前我不练踢腿、压腿，早上起来我整个手是紧的，就很僵，有时候指头就会麻。当时我不知道是什么问题，就去医院看，医生就说人老了以后都会这样。我就知道我的血管开始老化了，所以我就尽量抽时间压腿、踢腿、拉筋，之后这个症状就消失了。

跳舞是我心中的"芳华"

舞蹈是我一生的挚爱，它不仅是我对"芳华"之年的回忆，也是我老年生活的精神支柱。舞蹈会伴随我终生，一直到我跳不动为止，只要能动，我肯定要一直跳下去。我觉得舞蹈对我影响很大。首先，在精神层面上，舞蹈使我精神愉悦。说实话我有什么烦恼、不开心的事情，只要听到音乐、翩翩起舞，之后什么不开心的事情都会忘记。还有不管我多累，哪怕我今天工作很辛苦，但是一到舞蹈室，我立马很精神。其次，舞蹈可以让我保持健康的身体，使身体舒展。刚开始跳广场舞的时候，我们还没有压腿、拉筋、踢腿等基本功的练习，但是这些基本功对我们老年人来说尤其重要，拉筋可以让我们保持血管的弹性与通畅，不然血管就会出现明显的老化现象。我们家族有心血管病史，我爸爸脑血栓，我奶奶心脏病去世，所以我们家族的血管都比较细，为了让它通畅就更要拉筋。

跳舞除了锻炼身体还可以健脑。像我们舞蹈队的小熊，她带了 3 年的孩子，孩子上幼儿园以后就来到我们的舞蹈队，我就教她《茉莉花》的舞蹈动作，上午刚教完，下午她就忘了，她自己都说为什么我会变成这个样子，不知道为什么会忘记。人老了以后大脑也是要锻炼的，要不断接受新的动作，你不能老跳一个动作，所以我就会教她们不同风格的舞蹈动作，通过不断接受新的动作来刺激大脑，增强老年人的记忆力。此外，随着我们年龄的增长，平衡能力也会变差，跳舞也可以让我们保持平衡，有些人一转圈就晕了，我就教她们眼睛盯着一个点旋转，练多了平衡能力就会变好，掌握平衡也是抗老化的一种方法。

　　我觉得最重要的一点是，跳舞可以使我的生活充实，结交很多舞友。我觉得结交很多人这一点很重要。我们舞蹈队经常出去表演、比赛，这样就会认识很多的人。像我们舞蹈队，大家就经常一起出去泡温泉、旅游，我们泡温泉的时候，经常做舞蹈动作。我们的生活丰富多彩，不会像其他老年人无聊了就去打麻将，我们有空了就来练舞。现在好多老年人退休以后闷在家里不出来，就患上了心理疾病，一点儿小事就让他们忧愁、焦虑。而我觉得自己的性格很开朗，我的食欲、睡眠都很好，平时身体、精神各方面也都很好。人是群居动物，人退休后要跟大家在一起，不能老是待在家里，走出去跟大家在一起，心情才会开朗，天天在家里会闷出病来。我身边就有很多这样的人，好多人退休以后在家里就成了焦虑症，儿女的一些事情放不下，也不愿意出门甚至不愿意与别人交流。

　　一个人要保持对新生事物的兴趣，这也很重要，没接触过的东西要热爱，要去学。像我现在退休后也是，比方说印度舞、阿拉伯舞我们原来没学过，但是如果有视频有资料的话，我就会在我的小屋里自学，然后再教她们。我一直在学习的路上……年龄洗不掉我心中的"芳华"。

第二部分　分析与讨论

　　有千千万万个像王老师这样的老年女性和"红珊瑚"这样的中老年人舞蹈队散落在我国城市社区中，她们是全民健身浪潮中的主力军。但是，在健身过程中，她们也受到来自社会的年龄歧视，以及社会传统文化对老年妇女刻板印象的束缚。在现实社会中，老年妇女的"老年身份"和"性别身份"使她们处于双重弱势地位。老年妇女的弱势地位体现在社会生活的很多方面，如社会对老年妇女形象的负面认识与偏见、家人的排斥与疏离等。随着生育政策的开放，老年妇女晚来重负（照顾孙辈的职责），加剧了其被社会隔离的现状，这对老年妇女的身心健康也产生了严重的威胁。老年妇女参与体育活动是缓解她们的"老年身份"和"性别身份"所带来的种种障碍、矛盾的重要手段，也是其延缓衰老、获得健康体魄、解构被歧视的现状与刻板印象、实现角色身份转换、促进自我认同、实现生命价值的重要体现，更是健康老龄化对老年妇女老有所为、老有所乐的期许。

一 "健康老龄化"——晚年生活的首要之本

随着年龄的增长，老年妇女进入了生命历程的晚年阶段，身体机能衰退、社会适应力下降，加之社会对她们的偏见，很容易对老年妇女的健康产生影响。健康老龄化是老年妇女晚年生活质量的基础，它是指从生命全过程的角度，对所有影响健康的因素进行综合、系统地干预，营造有利于老年健康的社会支持和生活环境，以延长健康预期寿命，维护老年人的健康功能，提高老年人的健康水平[①]。健康老龄化主要包括身体健康、心理健康两个方面，这对于妇女退休后的老年生命质量、生活满意度的提高起到了重要的作用。

随着年龄的增长，老年妇女的身体机能出现不同程度的老化

---

① 党俊武：《中国城乡老年人生活状况调查报告（2018）》，社会科学文献出版社，2018，第21页。

与衰退，健康也呈现劣势的状态。由于女性特殊的生理特征，老年妇女停经后，雌激素水平降低所引起的骨骼变化和骨质疏松、关节疼痛以及内分泌失调等，使得老年妇女患慢性疾病的概率随之增加[①]。生理机能的下降，使老年妇女的身体出现不适感，高血压、高血脂、糖尿病在老年妇女群体尤为多见，这些慢性疾病对于老年妇女而言就是慢性杀手，会严重影响她们的老年生活，甚至会影响她们的生活质量。在王老师身上出现最明显的特征是泌尿系统的退化，由于"括约肌松弛进而导致在大笑、咳嗽的时候经常出现漏尿的情况"，此外"'三高'、眩晕、失眠"也经常困扰着她。王老师是舞蹈专业出身，"在医学院待了10年也懂得一些养生、医学知识"，深知要预防心血管疾病，改善漏尿、"三高"、眩晕以及失眠等问题就必须要"进行一些正规的、专业的芭蕾舞训练"。为此，王老师就开始进行芭蕾舞基本功训练，经过一段时间的压腿、拉筋、踢腿等，王老师漏尿的毛病得到了有效地解决。更为明显的是，王老师的身体机能得到了提高，"三高"、眩晕、失眠等问题得到了改善，身体一直保持着健康的状态。老年妇女身体健康是其能够进行独立生活的重要保障。

心理健康是指个人在思想、感受和行为上都能适当地协调，能接纳自己，与人和谐相处，能很好地适应社会[②]。当前，老年人普遍存在孤独、抑郁、焦虑等心理问题，这些心理问题也对他们的身体健康、生活质量、日常活动参与产生了影响。更为严重

---

① 梅陈玉婵、齐铱，徐玲：《老人学》，五南图书出版股份有限公司，2006，第135~157页。

② 黄富顺：《高龄学习》，五南图书出版股份有限公司，2004，第95~97页。

的是，老年人心理健康问题也成为实现健康老龄化目标的重要威胁。对于像王老师这样的城市退休老年妇女而言，单位对于退休前的她们来说是生活场域的重要部分，她们的大部分日常交往都在这个场域中进行，业缘关系已成为她们日常生活中不可或缺的一部分，使她们产生了强烈的依赖感。退休后，她们的社会空间缩小，生活场域由单位转向家庭，业缘关系处于断裂的状态，这对于刚退休的老年妇女而言是无所适从的，很容易产生各种心理问题。王老师刚退休的时候，也"特别不适应"，以前上班的时候很忙碌但觉得很充实，退休后时间充裕却不知道要干些什么。每天生活的空间以家庭为主，女儿上班不在家没人陪伴，她就会觉得很"无聊"、很"孤独"，随之而来的是负面情绪的增多，很多心理问题接踵而至。她身边有很多存在这些负面情绪的老年妇女，因为自身心理调节能力差，自我认知不足，出现了退休后"不愿意出门甚至不愿意与别人交流"的情况。王老师为了改变自身孤独、无聊等现状，在退休后重拾热爱的舞蹈，通过带领社区成员跳舞，她的生活场域由家转向了社区，甚至扩展出更为广阔的交往空间。生活空间的扩大化不仅弥补了王老师断裂的业缘关系，让她找到了志同道合的趣缘伙伴，而且社会网络的扩大给她退休后的生活增加了趣味，平时大家一起出去聚会、逛街、外出旅游，她的生活变得很充实。甚至她平时有什么烦恼、不开心的事情也有了倾诉的对象，遇到困难时也有这帮姐妹们的帮助与支持。更为重要的是，王老师在教她们跳舞的过程中找到了自我存在的价值，"大家都很关心、尊重我，我在舞蹈队威信也很高"，舒缓了退休后社会地位的缺位。以上种种，说明了健身活动对于退休后老年妇女疏解业缘关系断裂、生活空间缩小所造成的心理健康问题起到了重要的作用。健身活动不仅可以扩大老年妇女的生活空间，增加老年妇女的社会资源存量，更为重要的是，社会网络的扩展促进了老年妇女的社会交往，使她们跳出了孤独、寂寞、抑郁等不良情绪的圈子，心理健康问题也就迎刃而解了。由此可见，健身活动对于老年妇女保持心理健康起到了重要作用。

身心健康是老年妇女实现健康、快乐的晚年生活的首要条件，没有了健康，生活也无从谈起。体育锻炼是老年妇女实现健康老龄化的途径之一，通过积极参与各种体育活动，老年妇女不仅可以改善神经系统和新陈代谢，提高认知功能，维持身体机能水平，增加下肢肌肉力量，还可以有效改善虚弱的体质，调节抑郁症状，从而提高其日常活动能力，使其在生活中保持独立。此外，老年妇女通过参与健身活动还可以扩大社会网络，通过与不同社会网络成员的交往，消除消极情绪，破除被社会隔离的状态，更好地适应社会生活，形成健康的生活方式，生活质量、生活满意度也会随之提高。

二　社区健身组织的创建——对老年妇女刻板印象与歧视的消解

老化是每个人都会经历的过程，在全球范围内老年人总是与大量的消极特点如衰弱、疾病、残障、缺乏活力、依赖性强等联系在一起，人们习惯把社会上日益增多的老年人看作耗竭资源的负担，由此对老年人产生了消极的刻板印象与老年歧视。老年歧视（ageism）是指社会大众对老年人的一种无理的负面塑型（stereotypes）和差别对待（discrimination），这种以年龄为划分依据而对老年人产生歧视的情况普遍存在于当前的社会中①。缺少代际接触、缺乏有关老化和老年人的知识是人们对老化和老年人歧视的主要原因②。中国的社会结构受到现代化、市场化的影响，生活方式的变迁使老年妇女在家庭资源分配中的主体性和权威地位受到威胁。由于缺乏有效保障老年妇女利益的机制，老年妇女家庭地位的失守进一步延伸为其社会地位的降低甚至被边缘化。在现代社会里，老年歧视日益加重，老年歧视所暗含的针对老年妇女的偏见、污名化和消极刻板印象遍布社会生活的方方面面，她们被社会边缘化并受到社会排挤，得不到公平的对待和发展的机会③。"广场舞泼粪""扔水弹""放藏獒"等一些事件的发生都表明，由于社会资源不充足，社区支持不够，再加上人们对老年妇女本身存在歧视，使得老年妇女在参加体育锻炼的过程中受到各方阻碍，老年歧视会对老年妇女的个人行为、心理健康状况、生活方式等方面产生影响。

城市社区健身组织的建立与运作对于缓解老年妇女歧视和刻板印象起到了重要作用。王老师所在的社区，在她刚入住的时候，几乎没有适合老年人健身活动的场地、设施，她表示"那个圆心广场也是我们唯一可以锻炼的地方"，但圆心广场是社区的交通主干道，她只能在早、晚 7～9 点进行锻炼，碰上天气不好

---

① 何洁云、阮曾媛琪：《迈向新世纪——社会工作理论与实践新趋势》，八方文化企业公司，1999，第 202～203 页。

② 吴帆：《代际冲突与融合：老年歧视群体差异性分析与政策思考》，《广东社会科学》2013 年第 5 期，第 218～226 页。

③ 易勇、风少杭：《老年歧视与老年社会工作》，《中国老年学杂志》2005 年第 4 期，第 471～473 页。

她们就得停止锻炼。此外，广场舞音乐扰民的问题，也使她受到了其他社区居民的投诉、监督。通过社区举办的一次活动，王老师带领的舞蹈队跳了一支气势磅礴的舞蹈，在社区里一举成名。由此引发了社区老年居民参与健身活动的共鸣，更引起了社区居委会等对社区文体活动的重视，他们对老年人健身活动参与诉求、老年人参与健身活动存在的场地设施缺乏的供需矛盾进行了了解，并在社区中重新规划、安排了健身场地和器材，缓解了社区中老年人想要参与健身活动而不能参与的诉求。正因为有王老师带领的红珊瑚舞蹈队这样的健身组织，让社区居委会意识到老年群体锻炼的重要性以及资源的稀缺性，最终使老年妇女健身活动的诉求引起了各方重视。从环境支持层面来看，社区环境的支持对于社区居民积极参与体育锻炼活动至关重要。环境为社区居民参与体育活动提供维持、刺激和支持三大功能，并且环境支持与居民的生活满意度具有高度相关性[1]。通过这样的支持，老年妇女进入体育锻炼场所的便利性增加了，她们的体育锻炼意识也增强了。可以说，城市社区健身组织在一定程度上缓解了健身资源分配的问题，也在一定程度上缓解了社会冲突。

　　除此之外，城市社区健身组织还是老年妇女发挥"余热"、实现价值的空间。类似于红珊瑚舞蹈队这样的老年健身组织在城市、社区发展中发挥了很大的作用，健身组织给老年妇女发挥"余热"提供了场所。像王老师她们那个年代的老年人，心中始

---

①　Takemi Sugiyama and Catharine Ward Thompson, "Environmental Support for Outdoor Activities and Older People's Quality of Life", *Journal of Housing for the Elderly*, 3 – 4 (2005): 167 – 185.

终坚守着集体主义价值观，心系国家、心系人民，不论在哪儿都想为国家、为人民做出自己的一点儿贡献。王老师常说，她成立红珊瑚舞蹈队的初心在于"在党的领导下，不断地弘扬正能量，宣传我们幸福的新生活"。正是在这种价值观的引领下，红珊瑚舞蹈队给社区居民带来了丰富的业余生活，也常以舞蹈的形式向社区居民宣传国家的方针政策、弘扬社会的正能量来促进社区的文化建设，营造健康、积极向上的社区环境，让坏的、不良的社区风气消失殆尽。同时，她们也与社区居民建立了和谐的关系，向社区居民展现了老年人参与健身活动的精神面貌，带动了身边很多不同年龄的居民参与到健身锻炼的队伍中，这也使得王老师所在的社区文体活动开展得如火如荼。老年妇女健身组织在构建和谐、健康的社区环境方面做出了自己的贡献。这些，社区居民都看在眼里，从而改变了他们对老年妇女"污名化"的印象，更尊重与认同她们为社区所做的努力。老年妇女健身活动的价值也由此得到了体现，进一步解构了老年妇女"污名化"的刻板印象。

三 角色转换——老年妇女自我认同的实现

老年妇女退休后，她们在社会和家庭中的身份与角色发生了变化，也经历着各种资源的消耗。"老而无用"的落差感在老年妇女群体中很容易滋生。退休者的角色使得城市老年妇女群体以业缘为基础的人际关系网络丧失了继续维系的基础，处于断裂的状态，老年妇女的群体意识和归属感逐渐消失，她们甚至对自我价值产生了怀疑。像王老师这样的职业女性，在工作岗位上忙碌了一辈子，受到了大家的爱戴和尊敬，同时也收获了一定的社会地位。然而随着退休，她的职业角色退出了社会的大舞台，随之而来的是社会地位的下降，这对于像王老师这样的老年妇女而言极易产生心理落差感，退休会让她们觉得自己无用、无事可做，由此也会产生一些不良的情绪。

老年妇女从职场再次回归家庭，传统的女性"照顾"角色使她们不得不又承担起照顾孙辈的责任。王老师虽然退休后享受了一段比较自由的时间，可以追求自己的兴趣爱好，但是当家里有了一个"新生命"之后，她还是放弃了自己的健身时间，自觉承担起了照顾外孙的责任，"在我亲家没来之前的那一年里，我早上就没出去锻炼过。原来我们每天早上都在这里压腿踢腿"。虽然"隔代"抚育的争论一直都存在，但是在当下的中国社会，老年妇女仍是带孩子的"主力军"。在自我追求与附加"责任"之间，老年妇女内心会产生冲突和矛盾。如果拒绝带孩子，会遭到来自家庭和社会的不理解甚至谴责，但是带孩子就会占用很多自己的时间，打乱本来的生活规律，在一定程度上也会影响她们的健康状况。王老师虽然没有正面说，但是从她的话语中我们还是感受到了她的无奈："我现在不帮她不行，……保姆都有休息日，我都没有休息日。"

对于老年妇女而言，体育活动是她们自我身份调适与重建主体自我认同的重要场域①。老年妇女在健身活动中的社会网络互动是构建自我认同的基本条件，社会网络互动是增进群体相互了解，培养归属感、情感认同和满足心理需求的重要途径。通过参

---

① 米莉：《认同、归属与愉悦：代群视野下广场舞女性的自我调适与主体建构》，《妇女研究论丛》2016年第2期，第62~70页。

与健身活动并创建红珊瑚舞蹈队，王老师又重新找到了自我存在的价值。王老师 15 岁时入伍参军，军艺生涯不仅让她学会了凡事必须要吃苦耐劳并打牢了她的舞蹈基本功，还给她打下了一生热爱舞蹈的深深烙印，使舞蹈成为她心中的太阳与梦想。退伍后，王老师一直忙于工作、照顾家庭而很少跳舞，但她也尽量从事与舞蹈相关的工作。随着事业的不断攀升，王老师便将喜爱的舞蹈埋藏在自己的内心深处，很少去触碰它。直到退休，王老师才重拾她一生挚爱的舞蹈，训练、跳舞的过程仿佛让她找回了在军队中练基本功的感觉。在王老师编创的舞蹈和舞剧中，我们也可以看到她年轻时代的印记，从《红珊瑚》到《木棉花开》，从《歌唱祖国》到《红高粱》，在舞蹈中王老师将时空从"过去"延伸到了"当下"，逐渐找回了自己的"芳华"。

王老师在自己创建的红珊瑚舞蹈队中担任"教师"角色，实现了从退休者到其他角色的身份转换。王老师对红珊瑚舞蹈队倾注了自己所有的心血，什么事情都亲力亲为，这也与她的从军生涯密切相关。王老师常说："大家都是一粒革命的种子。虽然离开了部队，但是你要把部队的优良作风带到地方，要影响你周围的人。"因此，王老师以此为准绳，免费地、无偿地教社区居民跳舞。不仅如此，王老师还经常给队员编舞、设计服装、找音乐、剪辑音乐，什么事情都努力做到最好，她只想把最好的舞蹈作品完整地、毫无保留地教给大家。王老师也时刻保持着对新生事物的兴趣，没接触过的东西都很愿意去学，像印度舞、阿拉伯舞，她从来没学过，但她会上网找视频资源进行学习，私下也会备好课以便将新学的舞蹈教给大家。王老师从退休者到舞蹈教师角色的转换对其自我认同产生了重要影响，使她重新找到了自我存在的价值，就像蜡烛一样无私地燃烧着自己，倾其全部致力于热爱的舞蹈事业。王老师用自己编排的作品带领队员们参加不同级别的比赛，获得的各种大奖让她收获了成就感与满足感，她不仅受到了队员们的尊敬、信任，她的作品也受到了专业的认可，王老师在退休后的舞蹈生涯中实现了自我价值，在生命历程的后期发挥着余热。从某种意义上来说，健身活动为老年妇女提供了一个重建自我认同与个体生命价值的生活场域。她们在锻炼过程中得到了其他成员的尊重与认可，角色身份的转换有效地缓解了她们在生活中遭遇的精神压力，进一步促进了她们的身份认同并催生出生命的激情与意义。

四　运动的身体——实现对自我的关注与赋权

研究表明，体育活动是一种改变女性身体形象的最有力的身体实践。身体实践可以使女性身体摆脱生物原因所带来的被压制的经历，使女性身体形象、自我意识真正变得强大[1]。体育活动不仅可以使女性拥有健康、强壮的体魄，还可以唤醒女性对自我身体和权力的关注，使她们能从体育活动中获得身体的体验和赋权[2]。

一方面，健身活动的参与增加了老年妇女对健康、形象、需求、社会交往的自我关注。自我关注是注意指向自己，集中于内部知觉的事件，表现为对身体活动变化信息的关注，也表现出对

---

[1] 熊欢：《女性主义视角下的运动身体理论》，《北京体育大学学报》2013年第7期，第30~35页。

[2] 熊欢：《"自由"的选择与身体的"赋权"——论体育对女性休闲困境的消解》，《体育科学》2014年第4期，第11~17页。

个体当前和过去身体行为的觉知，从而对个体当前所从事的活动和表现出的形象产生更多的认知①。自我关注主要表现在以下几个方面。第一，对自我内在健康的重视。城市退休老年妇女相较于农村老年妇女，教育水平、经济水平较高，有一定的社会地位，自我健康意识较高，获取健康知识的途径较多。就像王老师一样，她们深知健身活动能给自己的身体带来怎样的益处，怎样进行锻炼才能有效地保持身体健康、提高身体机能、延缓衰老。由此，她们时常关注自己的身体，以自己的身体健康为重心，不论健身活动受到多大的阻碍都会想方设法地参与其中，这体现了老年妇女对内在健康的关注。第二，对身体的外观和审美的关注。每个年龄段的女性都会关注自己的身体外观，这不仅仅是消费符号对女性的影响，更是女性对自我身体外在美的追求。对于城市退休老年妇女来说，进入更年期以后，她们的整体外形会发生较大的变化，胸、腰、臀部都会出现松弛、下垂、肥胖的问题，但她们不会因为年龄而放弃对美的追求。就像王老师一样，在锻炼的过程中，她时刻关注着自己的身体形象，"到我们这个年龄，跳舞会让你控制自己的体重，你不会让自己长胖"。她不仅坚持锻炼，还从饮食上进行调节，"有时候为了保持体形，我会适当地控制自己吃东西，不可能去胡吃海塞"。这些举措使得王老师在这个年纪仍旧保持着挺拔的身姿，这也实现了社会对女性气质的期许与其自我追求的平衡，让她变得更健康、更自信、更美丽。老年妇女对内在身体健康、外在身体审美的关注体现了

①　高培霞：《自我关注与情绪》，《首都师范大学学报》（社会科学版）2006 年第 2 期，第 120 ~ 124 页。

她们对自己身体的主宰，更体现了她们对健康身体的追寻。

　　另一方面，健身活动是老年妇女身体赋权的体现，也是老年妇女在健身活动中对自我身体的掌控。对身体的赋权源于主体如何体验自己的身体，对身体进行有效的控制，从而主导自己的身体。梅洛－庞蒂认为，身体是主体性和自觉意识的场所，经由身体体验这一中介实现，体验赋予自身以厚度、真实性和意义，使个体能够扩展自身运动的质与量来实施能动作用①。老年妇女在体育运动中可以展现出积极、主动、有力的形象，有助于其体验自我身体的存在。正如王老师所言，在跳舞的过程中她才会感到"很愉悦，心胸开阔……所有的烦恼一扫而空"。练基本功时的踢腿、压腿等会让她联想到年轻时在部队的种种美好，开心、没有烦恼是王老师在健身活动中情感诉求和心理驱动的标志，也使她产生了积极、愉悦的身体体验。此外，王老师在跳舞的过程中有"飞"起来的感觉，这都源于她在跳舞时始终用身体内劲对肌肉进行控制，"肩下沉，后背立直……头上会感觉顶着一个东西往上冲，尾椎骨也往上提……明显感觉整个身体是'飞'起来的，身子很轻盈"。"'飞'起来""轻盈"的感觉让王老师的身体主体性得到了释放与满足，更让她自觉意识到身体可以被自我所控制。总的来说，身体"开心""愉悦""'飞'起来""轻盈"的感觉不仅让老年妇女体验到身体强健有力，更让老年妇女的具身性身体获得了愉悦的权利，使身体处于一个完全放松的状态，最终感受到身体的主体性，从而获得了对自我身体、健康有效地掌

---

① Maurice Merleau-Ponty, *The Phenomenology of Perception* (London: Routledge, 1962), pp. 229 – 234.

控与赋权。

结　语

　　老年妇女的身份标签使她们处于老年身份和性别身份的双重弱势地位。老年妇女可以通过参与社区健身组织来解构社会、家庭对她们的刻板印象和老年歧视；可以通过积极地参与体育活动，与社会网络中的人群进行互动与交往，使自身尽快融入社会这个集体中，以角色转换进行自我身份的调适，重建主体身份认同，从而完成对意义世界的主体性构建；可以通过运动的身体延缓衰老、获得健康的体魄，同时提高自我心理效能，消除不良情绪，破除社会隔离的状态，形成健康的生活方式，提高生活质量和生活满意度，最终实现健康老龄化对老年妇女老有所为、老有所乐的期望，在晚年生活中成为具有主体性生命价值的存在，展露她们的"芳华"。

第六章 "扮靓"乡村文化生活的广场舞

——一位农村妇女的健身经历

化名：木木

年龄：26 岁

学历：小学

职业：农民/工地临时工人

婚育状况：已婚，育有两儿一女

健身背景：木木从小喜爱跳舞，儿时跟着电视学跳舞，2004 年接触广场舞后便参与其中并坚持至今。这期间，她经历了辍学、工作、结婚、生育、操持家务，虽然承受着生活带来的种种考验，但她从未放弃跳舞。2018 年 8 月，木木加入了当地的一支健身舞蹈队①，农忙、工作之余与舞蹈队成员一起跳舞、表演、聚会。有时随舞蹈队参加公益活动，比如到敬老院慰问演出、进行"扫黄打非"宣传、关爱留守儿童等。通过参与这些活动，她在接触新事物的同时进一步增加了生活阅历，丰富了文化生活。

---

① 按照访谈对象的要求，文中的人物均使用化名，具体居住地点、健身舞蹈队名称亦为化名。

农村妇女作为农村人口的重要组成部分，在整个农村社区生活中发挥着不可忽视的作用。她们在农忙时耕作，农闲时工作，还需兼顾家务、养育子女、照料家人，是每个农村家庭中都不可或缺的成员，关系着整个农村社会结构的稳定。她们的受教育程度普遍较低，社会交往单一，经济能力有限，缺少发声平台。家庭是农村妇女的主要活动场所，其他社会场所鲜有她们的身影。因此，农村妇女群体对社会所做的贡献，以及她们自身的利益常常会被社会大众忽视。她们的生活经历、生活方式与生活态度，以及对健康、美和幸福生活的追求也常常被大众娱乐媒体过度包装甚至丑化。在本章中，木木的健身故事或许可以展现当前我国农村妇女生活的鲜活图景和真实的一角。

第一部分　口述故事

求人不如求己——艰苦生活积累的经验

我一直觉得"左手不托右手，求人不如求己"。我的生活现状使我必须坚强，经历了这么多，我依然乐观坚强。俗话说，穷人家的小孩早当家。我出生在广东佛山南海西樵。2004年小学毕业便辍学在家，然后出门打工。18岁就结婚了，随丈夫到广东清远生活，在农村务农、照顾老人、生养了三个小孩。直到最小的儿子也开始上幼儿园了，我便随老公到当地县城的工地上班。

小时候生活艰苦，我八九岁的时候就懂事了。以前家里没有煤气灶，我就和妈妈一起上山挑柴挑草，回家烧饭做菜。虽然穷，但童年还是好开心。2004年小学毕业，那时候我跟父母、哥哥说我想去舞蹈学校，但是当时家里穷，没钱送我上舞蹈学校，所以我就生气不去上学了，不管家人怎么劝我，我都没再上学。现在我一点儿后悔的心都没有，因为以前家里穷，学费都付不起。其实我不是生气才不上学，只是我不想父母太辛苦了。

虽然没上学，但还好我有哥哥当我的家庭老师。我大哥大我10岁，他读到初三毕业。辍学之后，趁着父母白天在西樵那边上班，我就和我姨妈的小孩去街上捡破烂。我们几个一起拿个麻袋去捡瓶子卖，每天都能挣10多块钱。之后我们几个就把钱分了，买东西吃，晚上就会到广场上跳舞。想想以前真是自由自在的，好开心。我父母和我的大哥都说我好像一只燕子一样，想飞去哪儿就飞去哪儿。

一直到结婚之前我都生活在佛山，差不多十五六岁的时候我在佛山那边打工上班，然后就认识了我老公。我老公大我9岁，他很疼我，也很贴心。18岁那年，结婚后我就跟着他搬到清远这边来了。结婚后，生活完全不一样了，要顾家，有压力了。村里面几乎没有和我年纪差不多的人，年轻人都出去打工了。我嫁过来，就要在家里做农活、做家务、照顾小孩和老人，几乎没有什么时间可以去跳舞。

我有两个儿子一个女儿。我19岁的时候，也就是2012年，我大儿子出生，隔一年二女儿出生，小儿子是2015年出生的。大儿子、二女儿现在都能自己冲凉了，他爷爷弄好冲凉水给他们，他们就自己洗了。我最小的儿子去年9月才开始上幼儿园。我从结婚到有自己的小孩，三个孩子都是我一个人带的，最小的儿子是2岁半才让爷爷带的，算算我也才20岁出头就一个人拉扯三个孩子，真的是压力大过山。现在大儿子刚上一年级，两个小的上幼儿园，每学期学费两个小孩就要 8000 元，我只能拼命上班了。我就跟着老公到县城的工地上班。我干的是货梯司机，就是平常需要往上面运东西，有人上下的时候，我来控制那个开关。我白天上班，晚上不用上班，偶尔还需要加班，没有休息日。以前农忙的时候，大家都一起干活，现在我要在工地上班，没有时间回去帮忙了。我 2018 年底才搬到县城这边来住，之前都住在乡下，去工地上下工需要骑 20 多分钟的摩托车。之后为了方便三个小孩上学，我们就在县城租了房子。现在租的房子，300 块钱一个月，租的是老公舅妈娘家的房子，四室一厅，要不然小孩们也住不下，自己人没有收足租金。

我一个人拉扯三个小孩长大，现在在工地工作，没办法呀，家庭条件让我必须能吃苦，穷人家的小孩早当家。但是我心态还是不错的，每个人有每个人做事、做人的想法，大家都不一样。每个人的人生路不管好不好走，都必须自己走，没人帮的。一个人要顺其自然，知足就好，想太多也没用，反而心会累。相信吃过的苦到现在都是经历，都会让以后过得更好，先苦后甜。

跳舞——艰苦生活中的一抹亮色

我从小就喜欢跳舞。11 岁的时候，我小学毕业没有读书，在西樵那边就开始跳舞了。那时南海西樵山下有一个碧玉广场，现在没有了，都成了高楼大厦。父母在那边上班，我就在那边自由自在地跳舞。一开始我们跳的是广场舞，那时候跳的不是健身舞，是专门从广州请来的舞蹈老师教的恰恰。后来那个老师看到我学得还不错，就叫我到前面跟着她跳。跳了半年时间，老师就叫我和她一起带舞，她说一个人带舞好累的。之前吧，就是看到电视里面有人跳舞，我也会跟着边学边跳，广州那边的老师过来带广场舞，我才算开始正式学了。

结婚之后，在家里带小孩的时候也没有时间和机会出去跳舞。村里面几乎没有和我年纪差不多的人，都是一些留守的老人。我们这边家里面的男人都是出去打工的，没有人和我一起跳舞，我和那些留守老人也玩不到一起去，村里面也没有那种大的空场地来跳舞。刚嫁过来我对村里也不熟悉，加上孩子离不开人，还要在家里做农活、做家务，所以基本上就不跳了。有时候为了过一下舞瘾，就只能按着之前的记忆，下载一些在西樵那边跳舞的音乐，然后跟着音乐凭着记忆的动作跳咯。那时候，有空闲时间跳跳舞，真的很放松。在家里带孩子累死了，幸亏还能够跳舞出出汗，让我缓解缓解，要不然我都不知道那个时候的我应该怎么办。

现在孩子都上学了，我跟着老公出来在县城工地做事。2018年6月，有一天晚上，我老公骑着摩托车带我下工回家，我看到县城那个广场上有人在跳舞，我就停下来在那里看。当时我一眼就看到了云姐带领的歌舞队，因为他们的音乐比较好听，跳的人也挺多的，舞蹈动作也比较好看，我就过去跟着跳。认识云姐后，我就加入了她的歌舞队，跟着大家一起跳健身舞、广场舞。因为我以前跳过，所以学起来不是很困难，我一听到那个音乐，就很容易跟上节奏跳，我的节奏感还可以。

我之前还住在乡下的时候，没办法的嘛，村里都是留守老人，既没有跳舞的地方，也没有人和我一起跳，一个人跳的时候觉得挺没劲的。加入歌舞队之后，从家去舞场，骑摩托车要20多分钟，但我也一场不落地跟着跳舞。那时候刚入队，每晚都想跳，下雨了也跳，刚开始感觉像上瘾一样。梅雨季节，我就天天盼着天晴能出去跳舞，你问问云姐就知道了，我们还打个雨伞跳，下着雨跳舞那种感觉真的好 high。很多人看到开始下雨就跑了，基本上人都跑完了，只剩我们五六个带舞的还在跳。虽然每天工作已经非常辛苦了，但就是喜欢啊，所以跳舞对我来说是风雨无阻的。跳舞的时候我很开心，有跳舞的地方、有音乐、有队友，大家可以一起跳舞就觉得所有的累都消失了。相比之前，除了上班就是家庭，要不就是自己一个人跳，现在我更开心、更满足了。我感觉生活更有意义了，就像找到了可以呼吸的地方。

2018 年底，小孩要到县城里上幼儿园，所以我们就搬到了镇上，不用回到乡下的家了。租了房子之后，去舞场几分钟就到了。以前在乡下，晚上去广场上跳舞都好晚才回家，现在我下班回家就吃饭，小孩爷爷帮他们冲好凉等我下班回去吃饭。在家里基本不用我做什么家务事，就是洗下碗筷、打扫卫生，工作、娱乐、生活都能照顾到，我自己也感觉生活好充实，晚上还可以去跳舞放松心情，所以我差不多天天晚上都去跳舞。我现在很少不开心，每天都过得挺好的，老公也对我很好。有时候上班遇到什么不开心的事，就下了班晚上去跳舞，跳完舞回来，什么不顺心的事都好像没有发生过一样。跳舞是我每天很期待做的一件事情，是我享受生活的一种方式。

现在我每天就是上班，工作还是很轻松的。每天做好自己的事情，不仅可以补贴家用，而且也不用那么无聊，不用天天闲在家里，年轻人就是要多动嘛。我买了一个小音响，工地这边其实挺吵的，我就把手机上的音乐通过蓝牙传到音响上听，这样声音大一些，然后我基本上放的音乐都是舞队的音乐，云姐有时候会让我先学。我在上班的时候不能跳，就先听听音乐，熟悉一下节拍，晚上回去再学，这样快一点儿。我很喜欢《38度6》那个音乐的舞蹈，跳起来好 high，音乐也很劲爆。我们跳过好多舞，我自己也在学，享受健康。我有时候在工地这边没人的时候也会打开音乐跟着跳。去年过年快放假的时候没有什么人，我就经常在岗位上跳，天气冷的时候我经常跳舞热身，跳几个舞就觉得热了。我跳的舞都是队长选的。有时候跳不了，但是音乐还是会放起来，听听音乐，不会觉得枯燥，听听要学的舞的音乐，我有时候自己都能想出节奏来，我们跳舞的人都喜欢听歌。

加入舞队——找到自己的组织

我来舞队的时间并不是很长。因为有基础，学得很快，不到两个月我就跟着大家一起上台表演了。我入队第一次上台，就跳了《我们不一样》。我是舞队里面年纪最小的一个。我们的舞队现在共有92名队员，其中91个女的、1个男的。那个男队员是上班一族，是政府公务员。我相信以后男队员会越来越多的，因为广场舞现在发展得越来越好了，有男士来我没有什么看法的，人多才热闹嘛。女队员有的是老师，有的在厂里上班，农村户口的人比较多，占了很大一部分。我们舞队没有什么考核标准，只要你愿意来就可以进，但是出去表演的话就需要有一定的实力了，必须排的舞都跳会，通过考核才可以外出表演。

既然需要表演，那么就需要时间来进行排练，需要有人来联系。这些基本上都是云姐在张罗，她来联系并组织。我们平常训练的时间都集中在晚上，有表演的时候，会提前组织人员一起彩排，云姐就会临时建立一个微信群，把要表演的人都拉进去，然后在里面另外通知表演时要跳的舞、表演的时间地点等事项。我们这些白天要上班的，只能参加晚上的演出，白天都是不用上班的阿姨们去演出。云姐他们下乡演出时就叫我们早点儿去舞场带别人跳。我们出去表演有公益演出，也有些会给演出费，我觉得做自己喜欢的事还可以挣到钱真的是一件让人很满足的事情。我们平常聚餐就是用的演出费，我觉得很有意思呢。偶尔有些队员不用上场表演，她们就会在下面帮我们拍视频然后保存分享。

演出和平常在广场上跳舞是不一样的，出去演出还要提前排练，然后有时间才能去演出，但是去广场跳舞就不一样啦，我基本上每天晚上都会去。现在工作的话，上半年比较忙，所以上半年较少去表演。舞队那边，元宵节演出完，我跟云姐请了半年的假，下半年不忙才能去排练、演出呀，工作要紧，挣钱要紧。云姐打算今年出四五个舞，打算排的舞有《38度6》《欧拉拉》《热情的沙漠》这些，我们到时候跟着舞队去表演的时候跳。

晚上在广场上自由跳舞的时候，我基本上都会站在第一排，但是去演出的时候，我就不想站第一排。广场上跳舞的人好多的，很热闹，会的人就站在第一排，不会的人就跟着站在后面跳。我基本上都是站在第一排的，带一下舞。但是演出站前排觉得压力大，云姐曾经推荐我站前排，可是我不想站前排，我不怎么喜欢站前排，站前排一点儿都不能跳错，在后面有时候走了神、跳错点儿也没事。以前小的时候我就喜欢站前排，感觉好上镜头，觉得是对自己的一种肯定，站在前排跳的时候更有信心，觉得很有意思，跳的也更加起劲，但现在没这样的想法了。我也不知道为什么现在不想站前排了，云姐劝了我几次，我都没答应她，她说你年轻，又比他们会跳，干吗不到前排来？我说让老队长上前排吧，其实对我来说站不站前排无所谓，只要自己觉得开心就好，大家一起跳舞嘛，主要是开心咯。我跳舞演出不是想出什么风头，能站上舞台表演，让别人能看到自己的舞姿，就很满足了。在舞场跳时，云姐和老师要是还没来，我就在前排跳，其他人就站我后面，可能大家觉得我跳的还可以吧。

我们跳的都是有活力的健身舞，是在糖豆软件上选的。云姐选新舞发到群里之前她会先发私信给我，让我先学，我下班有空就先看几次视频，然后再跟着视频跳。她选的舞其实很简单的，看了每个动作有几个节拍，然后听着节奏，很快就会了。每个人有每个人的学法，大家的学法不一样。我刚学跳舞时也不懂什么叫节拍，后来老师精心教我，我才慢慢地领悟到什么是节拍，怎样跟着节拍跳，然后慢慢地才学得快起来了。要是当初在西樵没有跟着那个老师学，我也找不到适合自己的学习方法，现在想想，真的很感谢那个老师。

我现在看我们舞队里面的人跳舞，有些人跳舞的方法就不对，我感觉有些人节拍还没弄清楚就听音乐节奏，所以大家一起跳时她跟不上。我能看出来，但是呢，我不会去说别人，我也没和云姐说过。云姐也会慢慢教大家动作，主要是因为有老师和队长会和她们说的，轮不到我说。我说别人，反而会被别人议论的，毕竟自己入队不久，还是做好自己的事情吧。

其实，我们大家一个队都很开心，经常开玩笑，很少发生争吵。云姐那个人的性格比较开朗，在她的带领下，大家在队里也是说说笑笑的。我们下雨天不能跳舞，偶尔就会去聚餐，在云姐家里聚餐。有时候不聚餐，就去唱唱歌，这样玩一下。明天晚上舞队又要聚餐了哟，我们经常聚餐的，是 AA 制，大家也愿意跟着一起玩，很热闹的。我们也会拍很多视频、很多照片留作纪念，我朋友圈里面都有。这样聚一下，培养一下感情，就像云姐说的那样啊，我们是一个舞队，要多交流、多交往，团结在一起，一起玩，我们舞队才会越来越好。如果我们去演出的话，演出完，还是有饭吃的。有时候，还有歌唱啊。因为乡下每个地方条件都不一样，有的地方条件好一些，我们就有饭吃、有歌唱；有的地方条件差一些，但还是有饭吃，我觉得已经很好了。舞队有时候会跟着文化馆一起搞各种各样的文化活动。

在舞队发生了很多事，我印象比较深刻的是我第一次上舞台表演。我才排练三晚，云姐就推我上舞台，说我可以去表演。我站在那个舞台上，当时真的好紧张，看到台下好多人，还担心自己跳得不好。但是过后大家都说我第一次上舞台就跳得那么漂亮，这对我是很大的鼓舞。她们把拍的视频给我看了，我也觉得自己好漂亮呢，那个背景也配得很好。云姐和老师们给了我一个最佳新人奖，我好开心，也好兴奋。全队新入队的人，就我一个人拿到了这个奖，有些老队员说，她们跳了10多年都没有拿过奖，我来了才不久就给我拿了。我很不好意思，我觉得奖不奖无所谓，只要能和他们一起开心地跳舞就行。现在我们舞队比我刚入队的时候庞大多了，才不到一年，就有好多新成员加入。大家都很好，而且现在带舞的人都有五六个了，越来越壮大了，但是再庞大，我暂时还是年龄最小的，哈哈哈哈，我得一个一个地叫她们姐。

我老公和我婆家的人也不反对我跳舞。我老公说跳舞对身体有益无害，和他拍拖的时候，我也会去跳舞，所以我跳舞家里人还是很支持的。现在不用我怎么管小孩，我老公只是叫我去跳舞别太晚回家，怕我有危险。我都没有自己单独跳舞的视频，有机会自己来个独舞。云姐用那个苹果 ipad，拍的抖音，有时候也会分享出来给大家看。我都没有时间搞这个，手机也没有那么棒，拍不了自己跳独舞。等小孩都开始住校了，时间多起来了，我再挣钱换一个好手机，到时候愿意怎么玩就怎么玩。

自从去舞队跳舞，我的心情比在家带小孩的时候好很多，烦恼也少了。现在我就是上班，下了班就去跳舞。现在小孩开始生活能够自理了，我也轻松了好多，感觉自己也年轻了很多。我现在跟着云姐参加了很多公益活动，看到了很多比我更困难的人，所以有时候想想觉得自己还是比较幸运的。我把好多以前带小孩时穿的衣服拿到文化馆捐了出去，做一些自己力所能及的事情。我不是很清楚政府都有哪些福利，但是我感觉到我们这边各种各样的活动都开展得很不错，氛围很好。我逐渐在舞蹈队中找到了自己的位置，也找到了对生活的信心。

保持身材——跳舞的额外收获

我还是很注重自己的身材的。我看电视里那些女演员都好瘦，穿衣服也好看。还有我们平常看到的那些广场舞的视频，那些老师身材也好，都比我要瘦很多。还有网上会有那种女生"要么瘦，要么死"的口号，还有说什么"女人就该对自己狠一些"。当然我们也会受到影响，现在我们队友聊天也会谈起"咦？你好像瘦了，你哪里胖了"。我不喜欢胖的自己，胖了穿衣服不好看，运动起来也吃力。别人说我瘦了，我会很开心。

饮食和运动，是我控制体重的办法。这也是我在手机上看到后跟大家交流，自己尝试后总结的经验。减肥是没有捷径的，必

须自己动起来才可以。在舞队跳舞的时候，我的体重一直维持在
105～108 斤。跳舞出汗很好的，我不喜欢自己太胖。但过了年我
就长到了 115 斤，过年期间长的肉，我得在年后多跳跳舞，然后
减掉。我平常也会控制自己的饮食，会少吃多餐，但是过年吃太
多肉了，长胖了好多。过年期间没怎么跳舞运动，现在过完年
了，开始工作了，我也恢复了运动。平常就多喝开水，多吃素
菜，少吃肉，可以吃牛肉，不能吃猪肉，因为猪肉脂肪高，然后
再结合跳舞。跳舞可以让身体出汗，要是身体不出汗，再怎么减
都没有用，出了汗很快就能瘦下来啦。跳舞是比较好的进行全身
运动的方法，我对跑步没有兴趣。这段时间是下雨天，不能到广
场上跳舞。我不加班的时候都是在家学跳新舞，看着手机学，先
学节拍，后学动作。

其实我小时候形体不是很好，有些驼背，我哥哥就按照土方
法教我，帮我纠正。只要能坚持，就能有效果，不过需要很长时
间。那时候我每天差不多都会靠墙站 20～30 分钟，后脑勺一定
要贴着墙，每天站两次。当我坚持不下来的时候，我哥哥就会一
直鼓励我，慢慢地我就纠正过来了。我现在驼背看着一点儿都不
明显，好了很多。跳舞当然对形体更加有帮助了，而且没有那个
土方法那么苦，既可以塑形，又很开心。我在跳舞视频中看到自
己，觉得自己的身姿还是很挺拔的。我们农村妇女基本很少会去
刻意地塑形，也很少人有控制饮食和运动塑形的意识。但我一直
对自己外形的要求还是比较严格的，比如我比较注意自己的胖
瘦，也会有控制饮食的意识，有时间我也会去做护肤。我觉得这
与我喜欢跳舞是有关系的，跳舞就是一种美的表达，为了把舞跳
得美，身材和外形就要保持得美美的。但我一般不会化妆，那个

太麻烦，我也不好意思化妆去工地上班。我对自己外形的要求就是看起来舒服就行，跳起舞来身体轻盈。我受不了健身网红那种身材，那么细的腰、那么凸的屁股，我觉得不好看。

先苦后甜——生活态度和未来期望

每个女人迟早都要生儿育女的。我觉得城里那些女人30多岁生孩子有些晚了，虽然说没生育之前是自由自在的，但35岁结婚生小孩已经属于高龄产妇了，女人35岁以上生小孩危险很大，想顺产都不敢。其实女人最好是在30岁以下、20岁以上的年龄生儿育女。我这几个小孩都是顺产的，顺产对妈妈和小孩都好，在农村也没有那么讲究，觉得怀孕了那就生吧，怎么也是一条生命。怀孕前我也没有做什么准备，知道怀孕了就会在饮食上注意一些，农活也很少干了，就在家里做一下家务，做一点儿比较轻松的事。男女要是不结婚，哪里会有下一代？传宗接代，新生命还是值得期待的。如果现在的年龄不想结婚，那么每个人都有老的一天。以前父母养我们的时候比现在还艰难，他们都能把我们养大成人，现在比起以前好太多了。我个人觉得我结婚生子还不算太早，因为儿女关是每个人迟早都要过的。早过早享福，别人做几年奶奶了，自己的小孩还在上学，这简直不能比！确实不同的人会有不同的经历，我现在经历了，就等着以后做奶奶的好日子来，先苦后甜。但愿日子会过得越来越好。

对三个小孩的期望，怎么说呢，对儿子肯定望子成龙的呀！只要他能读书、他想读书，肯定再苦再累都要让他读下去。对于女儿，也一样咯，望女成凤嘛！做父母的只能随他们，他们想读，我们肯定一路支持到底的。我的三个孩子中，女儿最像我。

都说女儿是妈妈的贴心小棉袄，我现在真的有这种体会。我有时在房间里跳舞她就跟着我跳，她乱跳的。我也没想着说去培养她这一块，我自己的梦想我自己实现就好，小孩自己喜欢才行，做父母的不能要求他们做不想做的事。我女儿才5岁，还不知道她喜欢什么、爱好什么，我老公希望她长大做护士或者医生。我女儿现在上幼儿园，老师教过她什么，她回来会告诉我们老师今天教她的内容，比如说，会写自己的名字，会写哥哥、弟弟的名字。我觉得才5岁的小孩能做到这些已经算很好了。我不想要求我女儿什么，让她自己选，以后的事以后再说吧，只是希望小孩在长大过程中别学坏就知足了。一切顺其自然，让小孩慢慢去体会生活。我经常叫我家公（小孩的爷爷）在家放警察捉贼的电视剧给小孩看的，小孩看多了就会懂得什么是好、什么是坏。通过看电视还是可以学到很多有用的东西的。

虽然对女人来说，结婚生子是生活的重心，但我觉得一个人如果没有爱好和兴趣，生活就没有乐趣，真的和傻瓜没区别了。虽然（生活）这么难，但是我一直在坚持自己的兴趣爱好，尽管有些现在还不能实现。比如，我还想去学学钢管舞。有一次在电视上看到有人跳钢管舞，我觉得这个舞很好看。钢管舞跳起来很好看，好漂亮的，我就很想学。但是家里现在也不是很有余钱，也没有找到哪里可以学。不过也没有什么啦，我现在的生活还是可以的，至少每天都可以跳跳舞，做自己喜欢的事情，放松心情，比以前好很多啦。

我有两个梦想，第一个是能真正站上大舞台演出，第二个就是能拥有属于我们夫妻俩的房子，期望三个小孩平安长大。现在看来，第一个梦想很难实现了，还好现在能和云姐一起开心地上舞台演出，虽然是下乡演出，但是我还是很开心。我小时候想去舞蹈学校，就是想实现上舞台的梦想。现在我已经成家，想法就不一样了。结婚要顾家，要照顾老人还有小孩。以前想着上舞蹈学校学了跳舞，就有机会到全国的大舞台去表演，现在想想觉得好幼稚。我之前看电视上有那个广场舞比赛，不知道怎么才能让我现在所在的舞队也上大舞台。现在自己已经为人母了，好多事情都受到了限制。我一直都没有经过专业的培训，如果可以的话，我也想去接受一下专业的培训。2018 年 12 月，我原本有个机会参加健身社会指导员培训，但因为与工作时间冲突，便放弃了。第二个梦想，现在正在努力挣钱实现。我想在县城里买房子。现在房子好贵哦，打算买个三室一厅，都要五六十万元，还不包括装修。加上装修，就算装修得比较简单，估计也得要个七十来万元了吧。目前也是计划着，等三个小孩都上小学了就开始准备存钱供房，先付了首付，简单装修后住进去，然后一点儿一点儿地还，只能这么来了。其实三个小孩就算是上了小学也挺花钱的，一供就是三个孩子，加上供房，家里还有老人需要照顾。我们也就只是在工地工作，种种农田，也没有其他的经济来源，只能靠劳力，而且这些还是建立在大家身体都好的基础上，所以感觉压力山大呀，压力大过山。苦自己才知道，别人也体会不到。你看我好，我看你好，每个家庭都有自己难念的经，不是自己经历的就无法感同身受。

我对自己现在的生活状态还是十分满意的。三个小孩都健康地长大上学了，我在工地可以和丈夫一起工作，下班之后就近到广场上和朋友们一起跳舞。现在的生活都是之前吃的苦换来的。虽然也有一些小心愿没法实现，但是我很知足，以后日子会越来越好的。

访谈结束后，笔者依然关注着木木的生活状态，偶尔会在微信上聊天了解近况，关注点赞她的朋友圈。笔者发现，此次访谈似乎打开了木木的情感开关，她自信了许多，朋友圈更新比以往更频繁了，自拍变多了，在工地上班之余她还做起了副业——卖土特产。与此同时，她还提升了个人工作技能：2019年7月，木木到广州学习，考取了建筑工地方面的资格证书。诚如她在采访中所谈到的，无论生活中发生了什么，她都会以乐观坚强的姿态去面对。

第二部分　分析与讨论

随着中国社会的全面发展，农村地区的经济水平有所提升，生活方式亦发生了巨大改变，越来越多的农村群众将关注点从如何生存转向如何生活，从解决温饱转变为保持健康。随之而来的是广大农村居民体育参与的需求也日益高涨，他们开始积极投身于健身事业中。本章通过对一名生活在广东清远地区的农村妇女的多次访谈，以口述的形式将其健身活动参与过程呈现出来，并从中挖掘出农村妇女健身活动独有的特色。

一　个体需求与结构制约——农村妇女健身的影响因素

通过木木的故事，我们可以看出影响她参与健身活动的因素有很多，无论是正向的还是反向的，都在一定程度上对她参与健身活动的积极性产生了影响。这些影响因素，也或多或少映射出当前我国农村女性在健身活动参与过程中所面临的问题。

首先是不可抗拒的自然因素。广东地区每年上半年阴雨天气居多，而可供跳舞的广场在室外，这在很大程度上限制了农村女性的健身活动。木木提及只要梅雨季节，她就会"天天盼着天晴能出去跳舞"。如果县城能为她们提供室内的锻炼场所，就不会有"看天锻炼"的情况了。

其次是时间因素。木木生育了三个小孩，如今在工地上班，工作、家庭和娱乐很难同时合理兼顾。2018年12月，她原本有机会参加健身社会指导员培训，但因为与工作时间冲突，她便放弃了。当家庭需求与个体需求发生冲突时，她还是会先满足家庭需求，而放弃自己的爱好："舞队那边，元宵节演出完，我跟云姐请了半年的假，下半年不忙才能去排练、演出呀，工作要紧，挣钱要紧。"短短的几句话，便道出了她生活中的诸多无奈。

再次是经济水平，同样影响着农村妇女健身活动的参与程度。由于家庭贫穷，木木在11岁小学毕业后便辍学在家。她虽然喜欢跳舞，但家里没有足够的资金支持她进入专业舞蹈学校学习与培训。通过访谈我们发现，木木在学习跳舞时，她的学习方法基本上是根据经验来总结，并没有系统地学习过。虽然现在有了自己的家，自己也挣钱，但在考量家庭花销时，她还是把自己的兴趣爱好放到了孩子和房子之后。所以虽然她有去学钢管舞的想法，但是在权衡一番之后，她还是放弃了自己的兴趣。可见，经济收入是限制农村妇女实现自我（爱好）追求的原因之一。

又次，目前我国农村地区大部分青壮年涌向城市寻找工作，从而导致农村在人口结构上以留守老人和孩子居多，因而缺乏健身同伴以及缺少健身氛围，这也是制约农村妇女健身参与的主要因素。作为母亲，木木直到小儿子上学之前，一直待在乡下，身边没有共同爱好的人，也没有良好的健身氛围。由于缺少同伴，她只能凭借在佛山跳舞的记忆，利用闲暇时间在家里跳舞放松。随着孩子们渐渐长大，在家人的支持下，她加入了广场舞队，她可以安心地去场地上健身。因为有舞队朋友的支持，她才能更好地融入舞队，并成为舞队的骨干成员，经常外出表演。可见，对于农村妇女来说，家人的精神物质支持也是提高她们健身活动参与积极性的关键一环。

最后，在众多的影响因素中，个人因素显得至关重要。从木木的健身故事中，我们可以看出她是一个心态上乐观、知足，行为上自强、奋斗的新时代女性。木木对生活的态度和对未来的规划都十分清晰。在困境中，她"一直觉得'左手不托右手，求人不如求己'"，在逆境中"苦中作乐"，坚持自己的爱好。在未搬到县城之前，她可以每天骑20多分钟的摩托车到县城跳舞。短短26年，她经历了辍学、工作、结婚、生育、再工作。在此期间，她没有放弃，也没有抱怨生活，而是尽最大的努力来改变现状：到工地上和丈夫一起工作，为三个小孩读书上学方便在县城租房居住，并计划在县城买一套三室一厅的房子。生活中的艰辛多多少少在她的脸庞上有所呈现，其实她才26岁，但是她的成熟度远远超过了大部分的同龄女性。这也是当前农村妇女的群像映射，即被动成熟。

从上文的分析中可知，影响农村妇女参与健身活动的因素颇多，包括自然因素、时间因素、经济水平、同伴效应、健身氛围、家人支持和个人态度。自然天气的限制反映出场地设施对农村妇女参与健身活动的重要性；时间难以同时合理兼顾，表明在农村地区女性仍需花费大量时间活跃在家庭内部，而男性鲜少在家庭内部贡献时间；经济水平不足反映出在大环境下，当前农村妇女缺乏学习机会与经费支撑；缺乏同伴从另一个角度说明了当前农村地区人口结构趋向单一，而健身氛围缺失表明整个农村社会的健身意识不足；如果说家人的支持是农村妇女进行健身活动强有力的后盾，那么个人因素便是核心驱动力。简而言之，如果外部因素缺失，内部因素如何主动也无法施展；但是内部懈怠，无论外部因素如何完备，依然是"竹篮打水一场空"。

二 身体管理——农村妇女对身材的追求

当今大众传媒发达，特别是自媒体快速崛起，成为人们业余生活的中心内容。抖音、快手等网络平台和网络红人的快速蹿红，也深刻地影响着农村妇女的审美。她们也开始注重身材，在意自己的长相，对皮肤投资。木木便是如此，她会在意电视剧中女演员的身材如何苗条，会浏览手机中类似倡导女性"要么瘦、要么死"的相关新闻，也会读一些扭曲宣扬"女人就该对自己狠一点"的"毒鸡汤"。偶尔和队友在一起聊天的时候，她们也会谈起"咦？你好像瘦了，你哪里胖了"，似乎这已经成为她们聊天时经常谈及的话题，成了一种打招呼的方式。在众多信息的充斥下，木木对身材十分在意，如她所说的："我不喜欢胖的自己"。她也将对自己身材的要求实践在行动上，通过控制饮食和运动来达到减轻体重的目的，励志将过年期间长的肉在过完年后短期内减下来。同样的，她不光追求瘦，也会注重自己的形体，她小的时候曾在哥哥的指导下通过靠墙站立来改善驼背。她的这些行为方式，不仅是对自己身材的管理，也是对媒体传播的大众喜闻乐见的女性形象的映射。

木木对身材的追求和管理，与当下农村环境的整体氛围还是有所不同的。虽然农村女性都或多或少关注身材的胖瘦，但就木木的观察，她们"基本很少会去刻意地塑形，也很少人有控制饮食和运动塑形的意识"。木木之所以有这种身材管理的意识，与她跳舞的经历是分不开的。她强调"为了把舞跳得美，身材和外形就要保持得美美的"。但和城市一些健身女性以"身体外形"为目标的审美不同的是，木木在跳舞（运动）过程中的自我审美更多的是在动作本身，而不是看中外表。但她也意识到了体型、身材与舞蹈之间的联系。在跳舞过程中，她渐渐地产生了身材管理的意识。

目前，大众媒介仍是一个以男性话语权为主的庞大空间，女性置身其中，往往缺乏话语权。众所周知，在当今社会，男性普遍认同的女性形象大抵都是肤白貌美、胸大腰细腿长、婀娜多姿的。我们可以看到，无论是在影视剧、时尚杂志中，还是在广告中，女性形象仍然是在男性审美下被物化、商品化了的，那些受欢迎的女性角色，大多长相标致、身材姣好。长此以往，在男性审美主导的媒介传播的影响下，公众便认同了这种女性身材审美，从而具有同样审美的人口基数越来越大，这些对身材的追求也根深蒂固于当代女性的头脑中，同样影响着农村妇女的审美意识和自我身体管理的观念与行为。但是和城市女性健身爱好者相比，她们更多采用的是"顺其自然"的态度，不会太强调一定要通过健身达到身体的某种"成就",也不会刻意追求练出"马甲线""蜜桃臀",或者说在健身过程中,还没有那种对身体(能力、形态)的追求。从木木及她所在的健身舞队来看,她们更多追求和享受的是健身运动本身带来的身心愉悦和自我认同。因为和城市不同,在农村乡镇,虽然可以接收到外界对女性身体审美的信息,但是整体社会对女性外表的要求没有在城市那么"严格"和"苛刻",女性良好的外表并不能为她们带来更好的工作机会(工作多为体力劳动),也不一定会带来一个好的婚姻(婚姻更看重的是过日子和生育的能力),反而如果打扮得过于"出众",会遭到"流言蜚语"。或许木木她们这种健身心态和追求更能把女性从"理想身体"的规训中解放出来,真正因为自己的爱好而参与全民健身。

三 打破刻板印象——运动赋予农村妇女的新形象与健康观

改革开放以来,中国经济得到了突飞猛进的发展。近年来,国家更加注重"三农"的发展,大部分农村地区的面貌已今非昔比,但是说起农村妇女,公众脑海中浮现的形象大多还是"面朝黄土背朝天"、文化程度低、皮肤粗糙、缺乏卫生健康知识等。这些形象便是公众对农村妇女的刻板印象,是公众对农村妇女这一群体的特征所做的归纳、概括的总和,并固定于人们的头脑中。但是根据卜卫的说法,"刻板印象是指人们对某个社会群体形成的过分简单化的、滞后于现实变化的以及概括性的看法"[1]。

---

① 卜卫:《媒介与性别》,江苏人民出版社,2001,第16页。

因此，对于农村妇女的刻板印象是滞后于现实变化的，并不是如今农村妇女形象的真实反映。这些对农村妇女的看法，并不一定有事实依据。木木便不完全符合这种农村妇女的"刻板印象"。

从木木的生活选择，我们可以看出她仍然是把婚姻、家庭和孩子放在首位的。在刚步入婚姻，刚来到一个新的地方（老公的老家）扎根下来的那段时间里，她依然按照农村妇女的生活轨迹，在家相夫教子，做农活种地，或者做一些精细的手工活。但是，当最小的孩子也上了幼儿园，她完成了女性主要的生育任务之后，她还是希望能走出乡下的封闭空间。虽然从表面上看，她是为了减轻家里的负担才和丈夫一起到县城建筑工地上做货梯司机的，但从她的话语中我们可以得知，她出来工作的主要原因是内心不安于农村日复一日、无聊和空虚的生活。去县城工作给她带来了新的生活机会——发现了跳舞的场所和组织。她生活的维度和内容由此得到了拓展，曾经被束缚在"土地"上的农村妇女获得了新的角色。木木在舞蹈健身的过程中，积极地融入了社会公共空间。在领舞时，她充当着"模范"的角色；在慈善表演中，她扮演着"爱心"传递者的角色；在与团队成员的交往过程中，她既活泼又理性（如不会为排位之类的事情和队员相争），打破了以往公众心中农村妇女的消极形象。

并不像大众传媒所描述的——农村妇女卫生健康状况差、没有健康意识，木木也有自己的健康观。从她的话语中我们可以看到，她认为跳舞是最好的运动方式，她会通过饮食和运动来管理自己的身材："跳舞可以让身体出汗……出了汗很快就能瘦下来啦。跳舞是比较好的进行全身运动的方法，我对跑步没有兴趣。"在同她的交流中，她说了很多类似的话，我们可以感受到她对跳舞的热爱，她认为通过跳舞这项健身活动，她可以放松心情、保持身材、享受健康的生活，更重要的是让她"感觉生活更有意义了，就像找到了可以呼吸的地方"。她并不认为做农活可以锻炼身体，做农活只是身体活动，只会加重身体的负担，而不是健身活动。在农村带孩子务农期间，闲暇时间她都会跳舞来放松；在工地上班时，她也会利用工作的空隙时间在脑海中比画舞蹈动作。只要天气允许，没有搬到县城之前，她都会骑20多分钟的摩托车到县城的广场上跳舞；她在县城租房之后，跳舞更是几乎场场不落。在饮食控制方面，她也采取了相对科学的方法，而这些方法，主要是通过网络、电视获得的，她平常也会和舞队的舞友聊天交流心得，久而久之便总结出了适合自己的方法："平常就多喝开水，多吃素菜，少吃肉，可以吃牛肉，不能吃猪肉，因为猪肉脂肪高。"由此可见，她对健康的看法以及她追求健康的方式，也破除了公众对"农村妇女认为身体活动便是健身活动"的误解。

结　语

随着中国经济的高速发展，农村女性逐渐走出农村迈向社会寻求自己的位置，获得社会认同。发达的科技，网络的全面覆盖，使得农村女性足不出户也可遍观世界，她们的健身观念也逐渐在发生改变。相信随着社会的融合，随着农村－城市二元结构壁垒的打破，农村女性会突破加诸其身的"刻板印象"。娱乐健身不仅是城市的生活方式，也应该（可以）成为农村女性文化生活的一部分。健身运动在农村妇女群体中的开展和推广，是帮助农村妇女走出"三重""四少""五偏"困境①的途径之一，虽然它无法从制度上根除束缚农村妇女个体发展的结构性因素，但是至少可以赋能农村女性，使她们积极应对生活中的困难，在促进身心健康、拓展人际交往、增加知识积累和创造精神寄托等方面发挥一定的作用。

---

① "三重"即体力劳动重、抚养任务重、精神负担重。"四少"即社会活动少、世面见得少、经济开销少、夫妻见面机会少。"五偏"指年龄偏大、受教育程度偏低、教育子女能力偏差、与老人关系偏差、身体及心理状况偏差。

第七章　拥抱城市生活

——一位新生代女性农民工对刻板印象的身体改写

化名： 阿玲

年龄： 32 岁

学历： 初中

职业： 文员

婚育状况： 再婚，育有一儿一女

健身背景： 阿玲是山东人，2010 年跟着未婚夫从山东老家来到深圳，她先后干过酒店服务员，做过销售，最后托夫家的关系，阿玲得到了一份在办公室做文员的工作。受周围环境和朋友的影响，阿玲开始陆续参加一些体育活动。后来因生养小孩，阿玲暂停了运动。2014 年，阿玲和前夫离婚。离婚后阿玲的时间一下子多了起来，同时，为摆脱离婚带来的负面情绪，阿玲选择再一次投入运动之中。2018 年，再婚后的阿玲生下了小儿子，为了恢复身材，阿玲特意去办了张健身卡，每周不定期打卡健身。

随着 1987 年 3 月"深圳经济特区首届劳务交流大会"的开幕，无数内地青年带着梦想和激情，告别家乡，踏上南下的列车，浩浩荡荡的打工潮由此拉开序幕。"打工妹"这个特殊群体由此出现。进入 21 世纪，80 后、90 后、00 后的"打工妹"也开始进入城市谱写她们的人生乐章。我们对这个群体可以说既熟悉又陌生。我们城市生活的方方面面都离不开这个群体，但我们似乎无法真正"触及"她们的生活，走进她们的内心，因为她们在主流城市生活中似乎是透明的，是被"消声"的，这也成为她们在城市中获得"贫困""被动""消极""压抑""无力"等刻板印象的根源。在城市人眼中，"健身""运动"这种积极向上的健康行为与消极的、贫困的打工妹形象很难联系在一起。但当我们走进阿玲的运动故事，或许会看到她们在城市中自我书写的另一篇章。

第一部分　口述故事

阿玲是我认识的打工妹中为数不多的几个热爱运动且能坚持运动的人。在微信朋友圈中，经常会看到她晒出的运动靓照：有爬山的、骑自行车的、打羽毛球的，更多的是在跑步。汗水和灿烂的笑容让人隔着屏幕都能感觉到她的青春与活力！当知道我想请她分享她的健身故事时，阿玲二话不说就答应了下来。见面那天，天气阴冷。阿玲穿着一件橘色短款羽绒服、一条亮黑色紧身打底裤出现在我面前，时尚靓丽的打扮没有一点儿大众传媒所描绘的打工妹的影子！阿玲的眉毛和眼线都是精心描过的，嘴唇上涂了一层淡淡的粉色唇彩，马尾高高地束在脑后，看上去神采奕奕。寒暄过后，阿玲谈起了她的健身之路。

深圳打开了我的"运动"之窗

你让我说我的体育故事，其实我自己都忘了我是怎么开始运动的了（大笑）！我想一下，最开始接触体育，应该就是读书的时候上体育课吧。不过，那时候老师也没教啥，好像就教一些广播操什么的，然后让我们跑跑步，或者让我们自由活动。不过，老师偶尔也会拿些跳绳啊、篮球啊什么的给我们玩，就这样，没什么别的了。我性格很像男孩子，从小就喜欢跑跑跳跳的，所以那个时候我最喜欢的课就是体育课了！但是从学校出来之后吧，好像就没有再运动了。一是没时间。我当时初中一毕业就去我们那儿一个工厂上班了，后来又找了份服务员的工作，再后来又跟着我哥一起创业，开奶茶店什么的，忙得要死，没有时间去搞别的。还有就是老家也没这个条件和气氛，大家每天好像都只是做事，就算休息了，也就是逛逛街，在家看看电视啥的，参加体育运动的人真的太少了，我在老家好像都没见过！不过最近这几年好了很多，很多阿姨啊、大妈啊都开始跳广场舞了，我们村都有，我妈没生病之前每天都在那儿跳，以前真没有。

真正参加体育运动，应该是来深圳之后了。我当时是跟着我前夫来的深圳。刚来深圳的时候，我找了一份服务员的工作。那里上班很忙，基本上没什么时间出去。我们上班基本上都是站着，中午和晚上的高峰期，我们还要来来回回地走，下班累都累死了，也没那个精力了。还有就是那个时候我刚刚来深圳，地方不太熟，也不敢乱跑。

服务员没做几个月，我就改做销售了，在华强北那里卖电线。做销售很累，压力也很大，因为我们的工资和业绩是挂钩的。销售上班的时间也很长，从早到晚，一天都得在店里守着，等下班回到宿舍，天都黑了，哪有时间出去啊！华强北旁边不是有个中心公园吗？隔那么近，可我一次都没去过。早上上班的时候会看到很多人在那儿跑步啊、跳舞啊，但那个时候真就没去过，因为没时间啊！

后来呢，我前夫的表姐帮我找到现在这份工，我就过来这边上班了。当文员呢，工作比较轻松，工资虽然不高，但是吧，时间相对就多很多，朝九晚五的，也很少加班，国家节假日那些也都有。

来了这边之后吧，上班是比以前轻松些了，但是日子也跟以前差不多，每天也就是上班、下班、回宿舍，时间长了真的是很无聊啊！那个时候宿舍没电视，手机又不能上网，回到宿舍就是和同事聊天，或者去旁边的村里逛逛，要不就睡觉，感觉就像坐牢一样，真是闷死了！有一次，有一个经常来我们单位办事的人听到我们说很无聊，就告诉我们说附近有个公园，建议我们去那里玩玩。然后我和我同事下班后就去了。那个公园不远，走路才十几二十分钟的样子。去了之后吧，哇！那个感觉就是，真是太好了！那个公园是新建的，好大！环境好好！树啊，草啊，花啊的。公园还有专门的绿道，跑步的、踩自行车的人很多，还有踢足球的、跳舞的、放风筝的，好热闹！那里还有很多那种免费的锻炼身体的器材，很多人在那儿玩。反正那次过去，真是让我太喜欢了！来深圳之后吧，我很少出去玩的，虽说来了蛮长时间，但是对周边其实还是很不熟悉的。去了那个公园之后，我就在想，附近有这么好的环境，不利用太不划算了，我以后要经常来才行。从那之后，我去的次数慢慢就多了，有时候是去散步，有时候是跑步，然后有时间也会约上同事去打下羽毛球之类的，去出点儿汗。

运动增加了我生活中的色彩

我刚开始参加运动的时候，其实没有什么特别的目的。那个时候纯粹就是不想天天待在单位这么一个地方，然后想让自己的生活不那么无聊。待在一个地方久了我觉得很压抑啊，有时候碰到一些烦人的事情就感觉自己透不过来气。然后去公园跑跑步或打打球，会释放很多压力，可以发泄一些东西，比如心里的不愉快，就感觉整个人舒服了很多，自己的心情也好了很多。我的一些同事会觉得，上了一天班还去跑步挺累的，但我不这么认为，虽然说上班真的是很辛苦、很烦，但是我觉得，比起她们一下班就闷在屋里瞎聊、瞎晃什么的，去参加一下体育活动，真的能给生活增加一些色彩吧！你看我们一天到晚都待在单位，上完班就回宿舍，来回就是那两个地方，人都发霉了！像我去公园跑步，我可以顺便看看风景、透透气，还可以不用对着那些天天看到的人啊、事啊，也就没那么烦了，感觉很自由，心情很放松，日子过得挺充实的那种感觉。

现在很多人都不想动。确实，上了一天班真的很累。但是我还是很享受运动的过程和出汗的感觉。就是每次出完汗，全身都会很轻松，心情也会很好！就好像出汗能让我的精神更焕发一样。每次我工作累了，下班后，人累得一点儿力气都没有了，去跑步，反而越跑越有精神，跑完之后，就像换了个人一样，把上班的压力也好，不愉快也好，全部都发泄出来了，就是身心都感觉很舒畅，得到了一个释放的感觉。还有啊，因为我喜欢跑步嘛，所以我给自己买了一身跑步专用的那种运动背心跟短裤，还有运动鞋。我穿上之后，感觉整个人，还没出去跑，就开始有光彩照人的那种感觉了。然后，去公园跑步，好几圈下来，满身都是汗，当别人看到你身上都是汗水的时候，感觉挺羡慕你的，就那种眼光，我也觉得自己挺让人羡慕的。我觉得这点挺好，挺享受的。

跑步让我的体型更完美

对于运动项目，我没有说特别喜欢的或特别不喜欢的，都还可以接受。但是呢，我经常参加的运动就是跑步和打羽毛球。之所以选择这两项，是因为它们首先比较简单，再一个是不会太花钱。像打羽毛球，就需要买球拍、球，都是属于我们这些中低消费人群能够消费得起的。跑步吧，我就在我们单位附近的那个公园跑，一分钱也不用花。但是因为打羽毛球要有伴，有时候风太大了也不好打，所以我比较多的还是跑步。跑步我觉得是最自由、最容易的一项运动，你看啊，跑步不用伴吧，不像打羽毛球，没伴就打不了，跑步是有没有伴都可以跑。然后时间上也很自由，想什么时候去就什么时候去。有劲呢就多跑几圈，累了呢就少跑两圈，自己想怎么样就怎么样。跑步也没什么技术含量，不像羽毛球，你打得不好别人就不想和你打了，这跑步就不存在你跑得不好吧?!

那个时候我基本上每周要跑两到三次，每次我都要跑半个小时以上。因为半个小时以上，人体的脂肪才开始燃烧。你也知道啦，我那个时候还是有点儿胖的。我个子本来就比较高，体重一重吧，整个人看起来就很壮，块头很大。有时候看到别人穿一些很漂亮的衣服，自己也很想买来穿一下，可是塞不进去啊。就算是塞进去了，看起来也很怪，就怎么看怎么土，穿不出那种味道来。人家那些瘦瘦的、腰细细的，穿上就很有那个气质。所以我当时就想跑步减减肥，让自己瘦一点儿，让自己的体型看起来更完美一些。当时我是坚持跑了大半年吧，然后晚上也不怎么吃东西，体重从140斤降到了130斤左右，轻了差不多10斤。当时瘦到130斤吧，其实我的体重还是挺重的，但是就是整个人的身形变好看了，肉变紧了，精神状态也好了很多，当时很多人都说我像变了个人似的，就和刚来（深圳）的时候像是两个人。然后照镜子吧，我看着自己也顺眼很多，穿衣服什么的也自信了，那个时候心里真的还是挺开心的（笑）。

健康的身体是我完成"深圳梦"的本钱

减肥是一方面，但其实我参加体育运动最主要的目的还是让身体更健康。运动，像我去跑跑步啊什么的，真的给我带来了健康的身体。你看深圳的天气忽冷忽热的，我来这么久了几乎没怎么生过病，我想这与我参加体育运动是密不可分的。不都说嘛，身体是革命的本钱，身体好一切才有可能！真是这样的！不然，你挣了再多的钱都没用。你看现在看个医生多贵啊，都去不起医院。像我同事，上次得了个肠胃炎，去了一趟医院，好几个月的工资就没了。像我们这种打工的，真的是不敢生病啊！虽然说单位也给我们交了社保吧，但是我们不是深圳户口啊，这中间的差别还真是挺大的。很多东西都不能报销，都要自己出钱。所以说啊，没钱呢就得把身体锻炼好，身体好我认为就是挣钱了！别出来几年，钱没挣多少，把身体还给搭在里面了，是不？那就亏大发了！再说了，我在深圳这个地方无亲无故的，我也要对我自己负责任呀。我觉得只有我的身体好了，家里人才会放心，我才会努力啊，去拼命地工作，去完成我在深圳的梦想。我觉得这个比什么都重要。

运动让我战胜"负面"的自己

2013 年的时候，我生了大女儿。当时没有人帮我带孩子，我都是自己带，所以运动这块基本上就停了。再后来呢，我离婚了，孩子判给了他（前夫），我时间又多了起来。还有，就是主要吧，当时离婚那件事对我打击蛮大的，就是感觉整个人被掏空了一样，天天晕晕的，不知道自己都在干些什么，做什么都提不起精神。那段时间心情很差，自己经常不知道怎么就哭了。我当时还住在我们之前租的房子里，他和孩子都搬走了，我下班一回去，看着空空的房子，我就坐那儿哭，状态很不好。时间长了，我朋友她们都开始担心我，怕我想不开，所以有什么活动吧都叫上我。有一次，她们叫我去体育馆打羽毛球，我就去了。那天我们打了一个小时，然后觉得不过瘾又去加了一小时，我出了身大汗，衣服都湿透了，我好久都没出过那么多汗了，那天我回到家洗完澡就睡了，那一觉是我离婚后睡得最好的一觉。第二天早上醒来，全身酸痛，特别是那个手啊，抬起来都很费劲，但是我精神很好哦！之前因为天天失眠嘛，所以每天都是晕晕的，但是那天精神真的好好！很清醒！就是好久都没有那种感觉了！真的是太感谢那次打球了！后来我们又去打了很多次，每次打完后就回家冲凉睡觉，什么也不想！也就是从那个时候起吧，我慢慢地又开始运动了。

除了打羽毛球，我还跑步。我本来就喜欢跑步，然后跑步又很方便。因为我当时住的地方不远就有一个公园，走过去十几分钟，所以我每天下班后就去那里跑步。不像之前只跑半个小时，我是一直跑一直跑，跑不动了就走路，然后又接着跑，跑到实在跑不动了，我才回家。反正那个时候就是想把自己搞累，不要想那么多。所以我基本上每天都去跑步。慢慢地，我就感觉自己一些不好的情绪啊、想法啊没有之前那么多了，心态也好了很多。

其实有时候真的挺感谢运动的！让我走过那段日子，不然还真不知道我自己会变成什么样子呢！我觉得参加体育运动真是会让人变得乐观一点儿、豁达一点儿的。特别是每次大汗淋漓的时候，我就感觉那些不好的情绪都被汗洗掉了一样，很舒服、很安心。从那之后吧，我都有坚持运动，不说天天去，反正有时间了都会去。去习惯了吧，有时候不去反倒像少了点儿什么，就觉得很不舒服。

运动点燃了我对生活的希望

刚离婚那段时间，我真是心如死灰。但后来吧，家里人劝啊，朋友劝啊，自己慢慢也想开了。我毕竟还年轻啊，我离婚的时候才20多岁，30岁都不到，我难道不嫁了啊?! 我肯定还是要结婚过日子的啊！但我之前不是生了我女儿嘛，生完后也没怎么注意，体重就一直停在150斤左右。加上之前心情不好，经常失眠，我脸色也不太好，蜡黄蜡黄的。有一次，我不小心看到镜子里面的自己，天啊！你知道吗，我自己都被吓了一大跳！当时又胖，然后穿的那个衣服又很随便，皮肤也黄黄的、暗暗的，整个人真的是，就跟个大妈一样！那个时候我就在想，我怎么成这样了？以前说不上很漂亮吧，但也算是拿得出手的吧！怎么结个婚、生个孩子就成这个样子了呢？那个样子我自己都不喜欢，你说，别人怎么可能看得上我呢，对不对？本来像我这种离过婚的就不太好找了，还不注意下形象，到时候就真找不到。所以后来我不是又去跑步了嘛。我想想，我好像坚持跑了差不多有一年的时间，减了20多斤哦，当时才一百二十几、一百三十斤了，就跟我生孩子之前差不多了。瘦了吧，人看着也精神了，穿衣服也能穿出来了。好多朋友都说我看起来都不像是结过婚、生过孩子的人。因为有了一些自信，我也勇敢地迈出了一步，希望能获得新的感情、新的生活。后来，别人介绍我认识了我现在的老公，再后来我们就结了婚，生了儿子，我又在深圳拥有了一个完整的家。

顶住"压力"，走进健身房

我儿子现在1岁半。因为有了以前的经验，给他断奶后我就有意识地立刻进行了产后恢复。我本来就是易胖体质，怀孕生孩子之后，我的体重又回到了150多斤，之前好不容易减下来的肉又回去了，真的是很绝望啊！所以啊，儿子一断奶，我就去运动了。这次我在健身房办了一张卡，选择去健身房吧，主要是因为我现在住的地方旁边没有可以进行户外运动的地方。我现在住在一个城中村里，村里只有一个小广场，每天都有好多人，而且那个地方被一群阿姨给占了，她们每天晚上就在那儿跳舞，像我们这些人根本就没地方可以运动。所以那个健身房开了之后我就去办卡了。当时他们正在搞活动，价格也比较优惠。其实在这之前我就有想过去健身房，因为我有朋友在健身房练习，她说健身房有教练指导，像我这种产后有什么腹直肌分离啊、腰痛啊，去那里练比较有针对性，也比较安全，所以我就去了。

当时开卡的时候，我老公还说了我一顿，说我乱花钱，我没理他。反正又不要他出钱，我自己掏钱。真的！他觉得把钱花在这些地方就是浪费，但是我觉得，钱是很重要，但也不是特别重要，和健康的身体比起来，那点儿钱根本就不算什么。你看，现在随随便便去次医院都要花好几百元是不？何况这钱还是我自己挣的。再说了，我又不像别人打牌啊、买很贵的化妆品啊，我就这点儿爱好了，难道还要丢掉啊?! 不管他，这个主我还是做得了的！

我现在每周要去两到三次健身房，去那儿一般是先到跑步机上跑一会儿，然后踩下动感单车，有时间的话就再练下那些器械。说真的，没去健身房之前，我真的不知道还有那么多健身的东西呢，有好多东西一开始我都不知道是干什么的，都第一次见，也不会用。但我又不好意思去问别人，怕别人笑我。可是我想玩啊，所以我就偷偷地看，看别人怎么弄，就学着做。然后去的多了，跟那里的教练也熟了，有时就会问一下他们那些器械有什么用，是怎么玩的，他们也会教我。现在慢慢地我也会用那些器械了，像那种练背的、练手臂的都会练一下，我觉得这种比较有针对性的练习还是比较有效的。你看我手臂之前很粗的，特别是大臂，那个肉松松的，很难看。然后练了那个哑铃后，你看，我这里的肉紧了很多呢！都有点儿小肌肉了。还有那个动感单车也很过瘾的。健身房每天晚上都有一节课，就是有教练带着我们踩，放着音乐，很大声的，然后越踩越快。刚开始，我一节课都上不完，踩个几分钟就不行了，累得要死，就是腿发软，那个腿啊，从车子上面下来都是抖的，走路都觉得轻飘飘的，走不稳。后来我就天天去，天天坚持，就是今天多踩一分钟，明天多踩两分钟这样，慢慢坚持，现在基本上可以跟着教练踩完一节课了。尽管很累，但是看到自己身上大颗大颗的汗珠，心里又很开心。有时候踩完去照镜子，看着自己脸红红的，皮肤滑滑的，然后满头大汗，看着那个汗一直往下流，我就在想，我又瘦点儿了，心里那个满足啊（大笑）！然后我就又来劲了！

未知的将来

现在我们夫妻俩都在这边上班，孩子送回老家让他爷爷奶奶带着，所以有时间去健身房锻炼一下，以后就说不准了。我想要继续运动的，因为这些年，好像也习惯了，几天不动，身上真的还有点儿不舒服。还有，就是希望运动给自己带来一个健康的身体。自从我妈病了之后，我真的越来越觉得健康重要了，所以说我还是想继续运动的。不过呢，有些东西，不是说我想怎么样就怎么样的。你看我们啊，一没个房子在这儿，二没个稳定的工作在这儿，老板不要了，我们随时都要卷铺盖回家的。如果哪天回老家了，我这运动可能就要停了。你也知道，老家那些地方，打麻将的人很多，运动的人太少了。而且我们家在农村，也没什么地方可以运动，我总不能到田埂上去跑步吧！再说，家里也没那个氛围。如果我在家天天穿个运动背心去跑步，别人会以为我是神经病的，说都要被说死的。还有啊，别说回老家了，就算我儿子现在是我自己带的话，我也参加不了运动了，天天带他哪有时间啊。所以啊，现在能动就动吧，以后就不去想它了，顺其自然吧。

第二部分　分析与讨论

新生代女性农民工是一个特殊的女性群体。之所以特殊，是因为她们拥有着"农民"和"女性"的双重身份。作为"农民"，受城乡二元体制的影响，她们无法拥有与市民一样的社会资源和发展机会，也无法享有与之完全平等的待遇和尊重，她们只能游离在城市社会的边缘。而作为"女性"，乡—城流动意味着她们从传统父权制社会进入到一个父权和资本共存甚至是合谋的社会①。

新生代女性农民工在体育运动中的体验和感受在一定程度上反映了这一群体在城市社会中的位置与处境，同时也体现出她们想要改变现状，更好地适应城市社会及其要求的一种努力。在参加体育活动的过程中，新生代女性农民工通过对自己身体的关注、改造、掌控、呈现及挖掘，在一定程度上改变了自己的城市生活和自我发展状况。

一　健康的身体——安身立业之本

通过阿玲的故事，我们可以发现她参加体育运动的意义首先体现在对"健康的身体"的关注上。这里所说的"健康的身体"，既包含了身体生理层面的健康，也包含着心理和精神层面的健康。

---

① 马冬玲：《流动女性的身份认同研究综述》，《浙江学刊》2009年第9期，第220~224页。

健康的身体（生理层面）关乎人们的生命质量，对每个人来说都很重要。对新生代女性农民工而言，拥有良好的健康状况有着更为特殊的意义。首先，作为雇佣劳动者，维持一个良好的身体健康状况和较好的劳动能力是她们获得劳动收入，在城市生存和发展的基本条件①。其次，对于拥有"城市梦"的新生代女性农民工来说，健康状况在很大程度上影响着她们的城市融入意愿和融入程度，关系着她们能否最终留在城市。可以说，健康的身体关系着新生代女性农民工的现在与未来，决定了她们的"城市梦"能否最终实现。正是认识到了这一点，认识到了"身体是革命的本钱，身体好一切才有可能"，身为女工的阿玲才投入到运动之中，并通过长期的坚持努力维持着自身的健康，为自己在城市中的生产生活奠定了基础。

心理和精神的健康状况不仅关乎新生代女性农民工的成长与发展，还影响着她们对城市生活的适应与融入。大量研究显示，新生代女性农民工的精神健康水平远低于全国正常人的健康水平②。究其原因，一是新生代女性农民工对生活有着较高的期望，而现实生活中低下的经济地位、窘迫的生活导致其梦想与现实之间存在巨大的差距。面对残酷的现实，她们感到迷茫失落，备受压抑。二是对于大部分年轻女孩来说，进城务工是她们人生中第一次远离家乡和亲人，面对陌生的环境和城市社会中淡漠、疏远的人际关系，她们时常感到孤独和寂寞。三是新生代女性农民工

---

① 陆文聪、李元龙：《农民工健康权益问题的理论分析：基于环境公平的视角》，《中国人口科学》2009 年第 3 期，第 13～20 页。

② 闫凤武：《齐齐哈尔市新生代农民工心理健康状况调查》，《中国健康心理学杂志》2011 年第 8 期，第 937～939 页。

都已到了谈婚论嫁的年龄，而结婚生子不仅是个人的问题，也是家庭的问题。尽管身在城市，但其乡土观念仍起支配作用，由于社会阅历浅、年轻且心理不够成熟，她们更容易产生心理问题。四是城市生活节奏快、竞争激烈，而女性特有的细腻感性的心理特点，导致她们容易产生抑郁、焦虑、烦闷等不良情绪。如何排遣这些负面情绪，以较好的精神状态投入到工作和生活中去，成为阿玲这样的新生代女性农民工不可回避的问题。参加体育活动所带来的独特的释放感、畅快感与满足感帮助她们缓减了压力，调节和排遣了负面情绪，构建了积极的生活态度。同时，她们通过参加体育活动，提升了自我效能感，提高了生活满意度，增强了心理抗挫能力，降低了社会疏离感。参加体育活动所形成的积极的心理资本不但增加了新生代女性农民工的自信，还有助于她们通过自我激励来战胜挫折，乐观地面对城市生活中的困难与挑战。

二　苗条的身体——城市身份的认同与实践

新生代女性农民工通过体育锻炼对自己的身体进行形塑的经历，也是她们寻求城市身份认同的过程。作为"农民"，农村社会的乡土气息不仅深深地扎根于新生代女性农民工的思想意识和价值观念中，也外显于她们的身体特征和身体气质上。对于女性农民工来说，土气的外表是她们在城市社会备受歧视的主要根源。要想免受歧视，获得一种受尊重的城市身份，就必须塑造一个崭新的自我形象，以获取新的身份认同。要想成为一个城市人，首先就要看起来像个城市人。因此，从乡村到城市，新生代女性农民工需要做的第一步就是掩饰或改变乡下的"土气"，学得城市人的"洋气"。"与土气的或乡村的身体相比，'洋气'或城市的身体最重要的特征就是'以瘦为美'。"① 而通过体育锻炼对自己的身体进行形塑，努力向着"苗条""有气质"的城市身体靠近，不仅是新生代女性农民工适应城市生活的重要内容，也是她们寻求身份认同的重要途径之一。

在阿玲的叙述中，她参加体育运动的目的之一就是减肥，让自己的身材更完美。20世纪80年代之后，人们开始日渐关注身体，特别是年轻的女性。在大众传媒的进一步推动下，"以瘦为美"成为城市时尚的审美潮流，苗条、性感、年轻成为城市女性身体呈现的要义。而在仍以人力和畜力耕作的农村，劳动力是一个家庭经济收入的关键因素。因此，在乡村文化中，健壮的女性身体更有价值，也更美。来到城市以后，如何改变乡村的身体，打造一个城市的身体，并按照城市的审美来装饰它，成为新生代女性农民工身体塑造的主要目标，而苗条的身材无疑是其中的重要内容②。

通过参加体育活动，阿玲接受并实践着城市"以瘦为美"的审美观，她希望通过体育运动让她的身体向着"纤瘦""苗条""有气质"的城市身体靠近，为她进一步实践城市女性时尚的着装方式奠定基础。阿玲对身体的塑造固然有对现代女性美的渴望，即对大众媒体不断想象并呈现出来的现代女性美的向往，但同时，对城市审美文化的主动顺应也在一定程度上反映了她内在

---

① 朱虹：《身体资本与打工妹的城市适应》，《社会》2008年第6期，第163页。

② 朱虹：《身体资本与打工妹的城市适应》，《社会》2008年第6期，第153~175页。

的身份认同。

乡—城流动给阿玲这样的新生代女性农民工带来了心理上的身份认同危机，她们对自己是城市人还是农村人，对自己的未来前景等问题感到迷茫、困惑。阿玲担忧："老板不要了，我们随时都要卷铺盖回家的。如果哪天回老家了，我这运动可能就要停了。"对城市生活的向往让她们渴望留在城市做一个城市人，因此她们不得不对自己的身体进行形塑，希望通过体育运动等手段来强化身体城市性的一面，以此肯定自己的身份认同，正如阿玲所说的："整个人的身形变好看了，肉变紧了，精神状态也好了很多……和刚来（深圳）的时候像是两个人……我看着自己也顺眼很多。"这样一来，身体就不仅是个人"拥有"的实体（entity），它也是一个行动系统，一种实践模式……同其他形态的社会实践相比，身体作为一种最为简单的社会身份的扮演技术，也成了打工妹获得对城市的身份认同的最直接的生活实践[①]。

三　能动的身体——自我认同的建构

新生代女性农民工参加体育运动的过程也是她们发展自我、建构自我认同的过程。上文提到，在城市生活中，新生代女性农民工常会有自卑感、边缘感、孤独无助感和不公平感等负面的心理体验，这限制了她们的积极自我认同。体育作为带给人自我满足的一种社会活动，它不仅让新生代女性农民工体验到了自由、选择、愉悦的感觉，同时还发展了她们独立的主体意识和自我能

---

① 朱虹：《身体资本与打工妹的城市适应》，《社会》2008 年第 6 期，第 153 ～ 175 页。

力，帮助她们建立了一种积极的自我认同。

首先，作为女性，无论是在家庭结构和婚姻关系中，还是在生产领域中，新生代女性农民工常常被置于次要的地位，无法成为真正的主体。体育活动帮助她们摆脱了社会角色的限制，使她们得以全身心地投入到以自我为中心的运动中来。在这里，"为自己"是她们参与体育活动的主要目的，无论参与动机是什么，其最终目的都是满足自身的利益需求，而不是满足他人的需求。这一点很好地体现了新生代女性农民工在体育活动中的主体性。

其次，体育活动所具有的自主选择的特点，让她们有机会成为自己行动的掌控人。相比其他的休闲方式，体育运动的形式、内容更为灵活和多元，参与者可以根据自身身体状况、兴趣爱好而自由选择不同的项目和参与形式①。如阿玲喜欢跑步，她就买了套专门的跑步服装去跑步；喜欢动感单车，就每天去上课打卡；喜欢健身器械，索性就办张健身卡。对自己所进行的体育活动的掌控，使她们感觉到自己至少能控制生活中的一个方面，从而获得了一种独立、自主的感觉。

最后，在生产领域中，新生代女性农民工的身体多被构建成一种被动的、无力的、被驯服的、被压抑的形象，与这种身体形象相对应的则是她们自卑、边缘、无奈的消极认同。通过参加体育活动，新生代女性农民工不仅改变了这种身体形象，使自己呈现一种积极主动、有力量的身体形象，更为重要的是，她们在运动的过程中感受到了自我的存在，找到了自我认同感："我穿上

---

① 熊欢：《"自由"的选择与身体的"赋权"——论体育对女性休闲困境的消解》，《体育科学》2014年第4期，第11~17页。

（跑步服装）之后，感觉整个人，还没出去跑，就开始有光彩照人的那种感觉了。然后，去公园跑步，好几圈下来，满身都是汗，当别人看到你身上都是汗水的时候，感觉挺羡慕你的，就那种眼光，我也觉得自己挺让人羡慕的。"

受城乡差别和性别差异的双重限制，新生代女性农民工很难从日常工作和生活中获得积极的身体体验或心理体验。而体育运动作为一项有"回报"的活动，不仅给新生代女性农民工带来了愉悦、释放的身体体验，还给她们带来了心理上的成就感和满足感。这种积极的身心体验为新生代女性农民工建构了一种自主、自尊、自信、自强的个人认同感。

四　运动的身体——对刻板印象的挑战与改写

新生代女性农民工参加体育运动的经历也是对自身刻板印象进行挑战与改写的过程。刻板印象指的是人们对某一群体成员相对固定的观念或期望所构成的认知结构或社会认知模式，其核心是一看到某个群体，人们就会自发地联想到这一群体的某些特质①。作为一种消极的刻板印象，被"污名化"是新生代女性农民工群体自进城开始就要面临的问题。在市民眼中，作为"农民工"的她们是"外来者"，是没文化、不文明的。她们的姿态、语言、行为等被认为是"土气"的，甚至她们的身体都被认为是肮脏粗笨的，思想则是落后愚昧的。更为重要的是，女工的性别身份还让她们成为媒体猎奇、负面报道的对象之一，这使她们蒙

---

① 郑健、刘力：《大学生对农民工的刻板印象内容与结构》，《青年研究》2012年第4期，第35～44页。

受着道德上的污名。"污名"的存在，一方面使女性农民工在心理上备受歧视，另一方面也加剧了城市社会对她们的排斥，使她们难以获得相应的尊重。

面对主流社会所塑造的负面形象，新生代女性农民工通过不同途径对抗并改善其消极的刻板印象。其中，参加体育活动就是她们抗争的途径之一。

首先，体育运动为新生代女性农民工提供了一个自我表达的平台。心理学家指出，自我表露是应对"污名"和改变刻板印象的最佳策略。面对城市社会强加的各种"污名"，处在社会边缘的女性农民工们往往缺乏表达的渠道。而体育运动以其广泛的包容性和参与性，为她们提供了一个展现自我、表达自我的重要平台。通过参加体育运动这种积极健康的社会活动，新生代女性农民工展示了她们和城市同龄人一样阳光、乐观、青春、时尚的形象，撕掉了土气、边缘、弱势的群体标签。这种积极的自我表露，促使公众从全新的角度重新认识这一群体。而信息的多元与丰富对于纠正公众认知的偏差，以及从源头上消除刻板印象也起到了重要作用①。

其次，参加体育活动有利于重构新生代女性农民工的身份意涵，可以降低刻板印象对她们的威胁。长期以来，"打工妹"被建构为新生代女性农民工主要的甚至是唯一的身份。这一身份定位所突出的是主流社会对于这一群体贫穷无知、土气愚笨的消极刻板印象。通过参加体育活动，新生代女性农民工丰富并重构了

---

① 唐胜英：《以体育活动促进新生代"乡—城移民"的社会融入：挑战与变革》，博士学位论文，北京体育大学，2015。

自己的身份意涵。如阿玲在公园跑步或在健身房健身的时候，她不仅是一名打工妹，还是一位跑步爱好者、健身者和消费者。体育参与所营造的这些新身份有意地忽略了新生代女性农民工生活中消极、窘迫、边缘的一面，突出的是她们积极健康且容易为主流社会所接受的一面，从而降低了刻板印象对她们的威胁。

总而言之，通过参加体育活动，新生代女性农民工以一种积极、健康、城市化的生活方式，一种充满活力和朝气的身体形象，自觉抵抗并改写着社会所塑造的弱势、边缘、贫苦的"打工妹"的刻板印象，为这一群体赋予了青春阳光、乐观向上的气质。

五　可移动的身体——社会空间的建构

新生代女性农民工在城市公共空间（如公园广场）、消费空间（如羽毛球馆、健身房等）参加体育运动的过程也是她们拓展自身社会空间的过程。

首先，参加体育运动使新生代女性农民工的生活空间由原来狭小、压抑的居住空间和工作空间，拓展到公园广场、健身房这样的城市公共空间和消费空间。受经济、交通、社交网络等多方面的影响，新生代女性农民工长期处于从工作场所到集体宿舍或出租房的"两点一线"的生活之中。在这种封闭的空间中，她们尽管身在城市，却与城市社会相隔离，生活状态孤岛化。去公园、健身房等地方参加体育活动让她们有机会走出压抑的工作场所和狭小、拥挤的集体宿舍，使她们可以暂时逃离逼仄的生活空间，摆脱沉闷、枯燥、无聊的生活，享受难得的身心放松。

其次，在公园广场这样的城市公共空间中参加体育运动为新生代女性农民工提供了一个社会参与的平台。作为地域文化的重要载体，公园是一座城市社会生活文明程度的重要体现，也是展示市民生活的一个窗口。在这里，既有市民自发进行的各种活动，也有如公益宣传、展览、比赛等有组织的大型集会。最为重要的是，作为一个开放的公共空间，不同社会身份的人们得以在这里相聚，大家和谐相处、自由交流。对于阿玲这样的新生代女性农民工来说，去公园参加体育活动让她们有机会置身于城市社会之中，通过观察与聆听，真切地领略城市生活的丰富，了解生活在她们周围的人们的情况。比起待在出租屋或集体宿舍，这是一种积极有益的体验。这些体验让她们感受到了城市的文化和生活气息，增进了她们对城市和市民的了解，并促使她们与周围的环境和他人建立联系。这些联系刚开始可能是微弱的，却会增加她们对城市的认识，使她们对城市由最初的完全陌生到逐渐熟悉，再到认同和接纳。

最后，在健身房、羽毛球馆等消费空间中参加体育运动，可以帮助新生代女性农民工建构一种更加平等、自由、受尊重的社会身份。随着城市化进程的加快，我国已经进入了一个消费的时代。消费文化对新生代女性农民工社会空间和社会身份的构建产生了巨大影响。在很长一段时间里，女性农民工在城市的活动空间仅限于自己狭小的居住地和工作场所，而消费时代下城市商业空间的扩展，为她们构建了一个更广阔的社会空间。在这里，她们体验着时尚的生活方式，享受着打工生活中"有声有色"的一部分。在社会身份方面，消费时代中对社会成员"消费者"角色的强调，使她们有机会去追求一种更加平等、自由、有价值、受尊重的社会身份①。而羽毛球馆、健身房这样的消费空间就是她们建构这种社会身份的载体。首先，在这些消费空间中进行体育锻炼让她们体验到了打工之外的城市生活，并获得了在城市奋斗的成就感和自我存在感；其次，通过消费，新生代女性农民工弱化了自己与市民之间的隔阂和差异，拉近了与市民的心理距离，提升了自己的社会地位。

总而言之，新生代女性农民工通过体育活动在不同空间场所对自身社会空间的构建，不仅表现在地理空间的拓展上，还表现在她们对社会关系和文化心理空间等多方面的建构上②。通过在这些地理空间中参加体育活动，她们得以冲破原先逼仄、狭小的生活空间，进入更为广阔的城市公共空间和商业空间；得以参与广泛的社会活动，感知和体验城市生活；还得以建构一种更加平等、自由、受尊重的社会身份，以改变她们在城市中的"边缘"地位。

结　语

综上所述，受社会结构与制度安排的影响，新生代女性农民工在城市社会中面临着诸多方面的沉重压力。通过参加体育运动这种积极的个人策略，新生代女性农民工在不可超越的宏观社会结构的夹缝之中，建构着自己的城市生活世界。通过参加体育运动，新生代女性农民工收获了健康的身体，构建了具有城市化和

---

① 余晓敏、潘毅：《消费社会与"新生代打工妹"主体性再造》，《社会学研究》2008 年第 3 期，第 143~171 页。

② 唐芝、熊欢：《体育促进新生代女性农民工城市社会融入的质性研究》，《体育学刊》2018 年第 2 期，第 34~38 页。

现代化特征的积极的身份认同，发展了主体意识和掌控能力，拓展了社会空间，并在一定程度上摆脱了主流社会对于打工妹形象的刻板认识。这一切，归根结底是新生代女性农民工为了更好地适应城市生活，最终达到"成为城市人"的目标所做出的努力。这些努力可能是微弱的，但至少，表现出了她们主动适应城市生活的积极态度。事实上，不管她们最终能否真正扎根城市，适应城市社会，成为城市人，她们在体育运动参与过程中所呈现的积极、独立的个体行为与自主意识，都是这一群体最直接、最本真、最精彩的自我书写。

第八章　舞蹈中的彩虹人生

——一位双性恋女性的运动身体经验

化名：莱尼

年龄：23 岁

学历：硕士研究生在读

职业：学生

婚育状况：未婚未育

健身背景：三四岁时便在家人开设的舞蹈房里学习民族舞和古典舞，高中开始跳街舞和啦啦操，大学期间每周都会安排时间跳舞，参加街舞和啦啦操的比赛和演出。

　　社会大众对非异性恋群体持有一定的偏见和歧视，认为他们在"性"方面的"异常"也意味着他们在其他方面表现怪异。即使如今越来越多的平权运动崛起和平等观念的宣扬，大部分人也只会认为这是一种"政治正确"，而不是"真理"。社会大众认为，非异性恋群体扰乱了固定的性别模式，这种刻板印象固定在他们的身份标签下，使他们与"不正常"画上了等号。这种对等关系一旦形成，非异性恋群体注定是被边缘化的群体，这造成了他们的需求、话语、体验、价值被忽视，甚至受到道德上的谴责和批判，这使他们难以融入真实社会并感到痛苦。社会意识的转变是一个漫长的过程，活在当下的生命不能等着环境的改变，他们需要积极地整合自我与社会来改善处境。本章叙述了一位情感体验更多偏向于同性恋的女性双性恋者的运动经历，探讨了她的运动身体经验是如何帮助她短暂地摆脱异性恋规范的束缚，并重建大众对这一群体的印象的。

第一部分　口述故事

莱尼是个漂亮又能干的女生，她五官标致，皮肤白皙，干净的中长发随意地披在肩上，有时会利索地扎成小马尾或小丸子。她跳街舞的时候是典型的叛逆帅气少女的样子，跳啦啦操的时候又是阳光美少女的模样。她也会穿旗袍，有着成熟女人的气质。她的性别气质在不同的运动中、在不同的场景下自如地转换着，散发着青春的生命力。

我爱跳舞是天性使然

我小时候就是那种特别好动的小孩，会跟着别人跳舞。我妈妈和小姨开了一间舞蹈房，教中国舞。我三四岁的时候被我妈妈放到舞蹈房里跟我小姨学跳舞，一直持续学到初中。中国舞包括民族舞和古典舞，这两种我都学了。小时候，我的柔韧性很好，民族舞对我来说没什么压力。古典舞我跳得不是太好，因为比较柔美，我练起来有点儿费劲。后来初中学业压力太大了，我便中断了跳舞。

我是真的很爱跳舞，无论什么舞种我都很想尝试。我爱听节奏感强的音乐，所以街舞和我很契合。读高中时我背着爸妈偷偷在学校参加了街舞社，学 hiphop。我的第一个街舞老师是从街舞工作室请到学校来教我们的，一周一次。这个老师不光教动作，还和我们讲街舞的文化。她告诉我们街舞并不是什么街头小混混的文化，也不是什么不光彩的事情，相反它是一种艺术，有很多热爱它的人为此努力。当然了，她也跟我们说要平衡跳舞和学习，不要顾此失彼。这个老师一直带我到高二，高三我因为学业停止了跳舞。她算是我的街舞启蒙老师了。后来高三毕业，我去外面的街舞工作室上课，上了一个月。可能因为我性格很开朗吧，老师都挺喜欢我的，上课时会把我带在边上一起练。

我还跳过啦啦操。高二的时候我们学校第一次参加啦啦操比赛，由于当时没有学生练过，我们整个舞社的人都被拉去学啦啦操，学校的老师教我们，带我们参加比赛，我也是在那个时候开始接触啦啦操的。一起练舞的还是那群同伴，只是舞种不一样，还是练得蛮开心的。大家都有舞蹈底子，记动作也快。高中我们去天津比赛，一群高中生坐飞机去一个又陌生又遥远的地方，觉得特别好玩。我们白天比赛，晚上出去玩，一路上打打闹闹。因此对我来说，啦啦操不单单是一个舞蹈，它承载了我很多美好的回忆和同学情谊。和街舞一样，我到现在都还练着啦啦操。

高三准备高考的时候，因为怕升学压力大，我就捡起了中国舞参加艺术特长生考试。这个考试是在高考前去要报的学校参加笔试和面试。我妈妈当时给我请了一个大学的舞蹈老师，学的是现代舞，一支老师自己原创的舞。大概练了两三个月，一周上一次课。我没有花很多时间去练，我不会为了练舞耽误文化课的学习。老师说我动作记得很快，学得挺好的，最后考试也考得不错。上了大学我继续参加舞蹈社，街舞和啦啦操都会练。爸妈是不大喜欢街舞和啦啦操的，因为怕耽误我学习。但看我很喜欢，而且也不是性感的舞蹈，不会穿暴露的衣服，他们也就没有太过于反对。小时候我还想考舞蹈学校来着，可是爸妈觉得跳舞兼顾不了学业，压力太大也就算了。我在父母面前一直不是叛逆的小孩，一般来说父母的意见我都会听。

我读本科的时候，每周一、三、四的晚上会排练和训练，是练街舞还是啦啦操就要看情况分配时间。街舞基本上是每周都练，啦啦操是有比赛和表演才练。街舞是在学校和外面演出和比赛，平时周末的白天或者晚上会有演出。2018年12月比赛练了一支舞，五个人跳，赛前一个月开始练，一周练两到三次。没有比赛安排的时候，我们练舞是日常上课，一节课学30秒片段。而啦啦操的比赛是代表院系参加的，有需要才会安排训练。

我本科的时候会为了练舞，在开学前一个月回到学校。我心情不好的时候其实不大会跳舞，我不喜欢用运动发泄，可能是平时运动量就很大，难过的时候再跳舞会腻。我跳舞的时候都是很开心的，不带负面情绪。我不跳舞的时候如果看到一些跳舞视频会心痒痒，很想自己试着跳一跳。我跳舞的时间挺多的，我不大爱学习，所有考试都靠期末突击解决。我也教过啦啦操和中国舞。教啦啦操是体育学院的朋友给我介绍的，是教小朋友，他们都没有基础。如果以后工作了，我选择的娱乐方式应该还是跳舞，会报个跳舞班，挤时间出来。我大概是离不开跳舞的了。

跳舞总会遇到一些小困难

大一刚进舞蹈社的时候，我们要办专场演出，在学校每天会训练到很晚。这种团队舞蹈大家都很团结，要练一起练，不会计较太多。如果动作练不齐，那就一起抠、一起练，不会在乎时间。我跳两遍就会的那些动作，如果队里还要同时一起抠，我就会有点儿不耐烦。但是为了团队的协调整齐，我一般还是会跟着跳的。如果我练起来费力的，会跳很多遍，直到满意为止。实在跳不好，其实也没什么。能一起跳舞是件开心的事，大家不会计较那么多。舞蹈社的人也挺多的，会搞团建，大家一起出去玩，但不是每个人关系都好，只有小部分人玩得好，私下会常聚。

跳舞的编排是个大工程。街舞的编排有原创的，也有找视频学的。有些比赛不强调原创，那我们会找老师或者找视频扒现成的舞蹈。我记得我们之前去参加大学生舞蹈节，要一个原创的剧目，我们就请了一个中央民族大学的舞蹈老师来给我们编傣族舞，带了我们半年。我们毕竟不是舞蹈专业的学生，老师不会那么严格，所以带我们跳舞时的教学风格比较随性接地气，方式多样，不单单练基本功和柔韧性，也教我们放松。训练完了，她还跟我们一起吃饭喝酒。

如果比赛要求原创，我们队里两个跳得最好的队员会负责编舞、找音乐。平时我们也会多看视频，才知道什么动作好看。编好后大家一起跳，如果跳得不好看，还得改。我们街舞队参加比赛的有20来人，不同舞种还有好多人，所以排舞还是很难的，让每个人都做好更难。最后做出来是很有成就感的事情。之前我们排舞参加比赛，有30～40所高校参加，最后我们获得了北京市高校的一等奖。

对于比赛，我们会有野心，比如希望取得怎么样的成绩，以此为目标努力练。但是我们不太会有大方向的目标，比如我的舞蹈造诣要到什么地步。2018 年 11 月的街舞比赛，有个动作是脖子绕圈，肩膀也绕圈，两个动作是呈反方向同时动。一开始编完，大家跳了一遍，除了我和我对象，他们都会那个动作。社长把我拎出来，说一定要教会我，一直给我抠动作，教了十几二十分钟还是教不会，便让我去厕所对着镜子练。后来实在学不来，我就糊弄着跳了，大概有个样子就行了。现在想想这事儿还是觉得好笑，也不是多大的事儿，不会一直想着一定要跳会这个动作。跳舞嘛，开心就好啦，我的功利心不强。

至于啦啦操，那个时候我们学院里没有，是一个师姐一手建立的队伍，她拉了身边的同学和一些有舞蹈基础的同学加入，还有很多人几乎是零基础。为了参加校内的比赛，我们每天练到凌晨两三点、三四点，练了两个多月。与我们同时竞争的还有舞蹈系和体育系，她们都比我们基础好。我们比难度和柔美度肯定比不上他们，但是我们靠力度、整齐和编排取胜，最后拿了第一名。这个过程持续的时间长，付出了很多，我挺难忘的。师姐那个时候负责整个编排，给我们扒动作，认真负责，一点点带着我们练，我对这个团队也很有感情，会跟着她一起想动作和队形，我想为这个团队付出更多。

啦啦操的动作相对街舞更加简单，整齐度要求更高，因此会经常反复练。一般比赛和表演的话是 10 ~ 14 人，练的时候有 18人。因为现在师姐毕业了，啦啦操都是我带着练，所以我会更加耐心地教她们并鼓励她们。如果她们一直练不好，我也会反思自己该怎么做更好。我们一般都是在学校比赛，很少去外面参加比赛。

不同的舞种之间差别还是挺大的。古典舞需要柔韧性，街舞和啦啦操偏力量型。古典舞一个动作要做好需要练很久，街舞和啦啦操的动作对我来说不难，但是练协调性和整齐度有一定的难度，毕竟这两个是在团队合作中完成的，不能只考虑到自己。可能正因为这样，同伴关系对我们来说很重要。同伴之间的纽带联系越紧密，我们会越默契，对舞蹈的把控就会更好，情绪上也更加积极。因此对我而言，跳舞并不是一个人努力就有用的，只有我们互相借力、互相信任，跳舞才能变成我们始终热爱的事情。

我的舞蹈"可盐""可甜"

我最早学街舞就是从 hiphop 学起。这种类型的街舞是属于力量型的，属于男生练的舞，跳起来很帅。别的种类的街舞动作我也会学，都能跳下来，但是我跳 Jazz 很不行。我只会做一些动作，没有上过课、学过完整的舞蹈。Jazz 里的甩头啊、做 wave 啊，这种性感的动作我做了会害羞，我就不好好做，打马虎眼。我同学看到我做这些动作也会觉得我倒胃口，他们会说我"好娘"啊。我跳的啦啦操也是偏力量型的动作，不会做高难度的、性感的动作。一些性感的动作如果不是强迫我跳，我是不会好好跳的，感觉太不好意思了，很害羞，就大概做个样子。

我跳街舞的时候，很爱做一些帅帅的小动作，就是小表情，让我看起来特别有味道。我是知道自己做什么样的表情好看，会在跳舞的时候配合做这些小表情。比如眨个眼、抹下嘴、歪嘴笑，看起来很拽。我跳啦啦操的时候，只能用阳光健康和积极向上的笑容，我同学说看我跳啦啦操也觉得好娘啊，说幸好我还会跳街舞，不然太受不了了。他们还是更适应我帅的样子。过年的时候，我妈逼着我穿旗袍拍了一张照片，发到朋友圈都炸开锅了。我其实并不抗拒穿裙子，如果有场合需要穿我会穿，跳啦啦操就是穿小短裙，自己日常不会穿的，但我平时也会化浓妆。我在舞蹈中可以多样化地塑造自己，可盐、可甜、可帅、可美。

舞蹈的皮骨，舞蹈的血

我的审美挺偏街舞的。我一直喜欢穿宽松的衣服——运动服、卫衣和工装裤。我觉得那种类型的衣服才是最适合我的。我初中想过剪短发，就是男生头，但是我妈不让，最短剪过一次蘑菇头，所以我一直都是长头发，还蛮长的。我再没想过剪短发了，一是因为可能不好看，二是我妈不喜欢，我还是很听妈妈的话的。我在感情里虽然是偏男性的一方，但是我不会刻意让自己看起来偏男性。其实我觉得找长得像男生的女生谈恋爱和找男生谈恋爱没差别。我不喜欢那样，我觉得我是什么样就是什么样。谁说"帅"一定要是男性呢，长头发的女生也可以帅啊。

我的性格一直是开朗、活泼又好动，喜欢听节奏性强的音乐。我的负能量并不多，不开心的话自己安静地待一会儿就好了。和我这个人做朋友会很好，我很爽朗，也不矫揉造作，周围的人都挺喜欢我的。也因为喜欢跳舞，我会被跳舞好的女生吸引。好看又会跳舞的女生在我心里很加分，对我特别有吸引力。街舞、民族舞、艺术体操这些都可以，拉丁舞不行，我不喜欢。平时我认识的朋友也多是跳舞的。跳舞好的男生我也会特别注意，但是不会往那方面想。我会欣赏他们，做朋友可以，就不会发展，就算有机会发展也会拒绝，刻意不发展。我以后可能会结婚，选择对象的话我应该会优先考虑会跳舞的男生吧。

我觉得平时跳跳舞可以保持身材匀称、肌肉紧致，但达不到那种大幅度减重的效果。胖的人跳舞可能会练得很柔软，但是没办法靠跳舞瘦，还是需要调整饮食和大幅度的剧烈运动。健身房里的舞蹈课程，在一定程度上可以减点儿重，但是本来就不胖的人是没办法在跳舞上获得大幅度的身材改善的。你看芭蕾舞蹈演员，她们的肌肉是很大的，肢体健壮，专业的才能达到这种效果，普通人不会练那么多，也不会达到这种效果。但是长期跳舞，确实让我身材看起来更好，很匀称。我最在意腹肌和手臂，我要是稍微偷懒一段时间不跳舞，我的腹肌就会被吃没。可能也是因为一直跳舞，我没胖过，也不会刻意节食，要是长肉了就管管嘴。要是真的想学街舞，男生一开始可以跳 hiphop 和 popping，女生可以练 Jazz。刚开始多练基本功，就算最简单的甩头动作，也要反复练，不要害羞，大胆练。

舞蹈是我的光环

舞蹈是我的一个闪光点，我很多美好的经历都和舞蹈相关。跳舞确实是很吸引人的，就像男生打篮球，很撩女孩子。同样，我跳舞的时候也很吸睛。不过我没有想着可以用跳舞来撩女孩子，我是真心喜欢跳舞，可是能被别人关注，我也会膨胀。我经常能收到女孩子给我送花、送玩具和零食。初高中的时候因为跳舞，我在学校还算是比较出名的，很多人会把我叫出教室给我送礼物，有的是想认识我，有的是喜欢我。我记得高中毕业的最后一天，甚至有个女生给我递了一张纸条，问我可以亲我一下吗，冲过来准备偷袭我，被我躲掉了。因为我一直有对象，她们也没办法做什么。而且我比较喜欢自己去追人，我不适应别人追我。大学没有固定的教室了，不会有什么叫出教室送花的情节，只有演出完一些同学来给我送花。我发现南方人和北方人还是差距很大的。我大学在北方，同学比较含蓄，不太会直接表达情感。高中在南方，她们都还挺直接开放的。

我以前跳舞的时候会想获得关注，期待可以吸引别人，所以收到夸奖和礼物的时候我还蛮开心的。之前谈恋爱的时候，会和朋友有过分的举动，会想撩人。对普通朋友不会过分亲密，如果她表现出可能对我有意思，我才会有什么行动。我曾经在有女朋友的情况下，还把舞蹈社里的女生都撩了一遍，相当于整个舞蹈社都被我"染指"了。我现在不会做这种事了，也不会动歪心思，因为我在上一段感情里摔惨了，所以我现在很自律，不想重蹈覆辙。

因"舞"与她结缘

我觉得我是双性恋，初中时跟男生在一起过。所以我对和男生在一起、结婚，没有抗拒。我一开始完全不知道自己喜欢女生，在初中的时候有个女生让我做她的对象，我抱着玩玩的心态和她在一起了，后来就觉得好像真的认真了，而且和女生在一起更开心，之后我一直和女生在一起。小的时候不会主动和别人说我喜欢女生，大家都是不自觉就在一起了。现在身边的人都清楚我喜欢女生。

刚开始知道自己喜欢女生的时候，我会觉得自己和周围的人不一样，然后我想去认识跟我一样的人。我觉得是从小的舞蹈经历让我喜欢女孩子胜于男孩子。我会去注意我认为和我一样的人，总觉得她们会明白我，能一起交流一些事情。到了后来，没有刻意去接触这个群体，但是莫名就会认识很多。我平时比较好动嘛，除了跳舞也会打打篮球什么的，也爱去人多的地方玩啊，也爱喝酒，可能是因为这样才能认识到各种各样的人。

我现在的女朋友是舞蹈系的，什么舞都跳，也跳街舞。我们是在街舞社认识的，经常出去聚餐就熟悉了。我以前不是太专一的人，正儿八经的女朋友谈过六个，高中的时候都是我的同班同学，只有最近两个是上了大学因为跳舞认识的。我并不是对所有女生都以想发展的眼光来看待的，也不是关注每个跳舞的女生。我对现在的女朋友是以非朋友的眼光看才去追的。她一开始不知道我喜欢女生，相处久了她才感觉到。我身边的朋友和我追过的女生，大部分都不是同性恋，是双性恋。她们不是蕾丝，严格来说，是只喜欢某个女生。我交往过的女朋友也只是喜欢过我一个女生而已。我现在的女朋友就是直的，她第一次和女生交往，所以还会有点儿避忌公开，只有小范围的人知道我们的事，大家也不会开我们的玩笑。

跟我熟的人都知道我是拉拉（lesbian），我也会发很隐晦的秀恩爱的朋友圈，或者分组可见，不会太刻意地跟别人提到这件事，但也不会抗拒别人知道。我是怕老师和家长知道我是拉拉，同学知道没问题，但不要背着我讨论这件事。其实不认识我的人，从外形是看不出我喜欢女生的。跳舞是个很好的"幌子"，我们就算天天在一块儿做很多事情，也不会让人"怀疑"。

我们街舞社里就只有我一个 lesbian，gay 倒是有不少，他们都是跳 Jazz 的。我们街舞社本来男的就少，gay 还多。去比赛的二十来个人里，就有三四个 gay。其实他们还算是很明显的，肉眼可见的 gay。大概是跳 Jazz 很明显吧，这种女生跳的舞本身就比较性感。而且他们只跳 Jazz，几乎不跳别的舞种。其中有一个是跟我一起跳啦啦操的同伴，如果他没有跳 Jazz，平时就这么看也看不出来，和其他人差不多。我没有跟他们说过我的事情，但是他们很八卦，会聊，而且也能看得出我喜欢女生，gay 大概都有这种识别能力。他们也经常当着我们的面讲荤段子，经常有人听不懂，就他们自己在笑。

我现在谈恋爱蛮开心的，但是我们都知道是走不远的，到一个时间节点就会分开，也许是研究生毕业？所以谈完现在这个女朋友，应该差不多了。我家庭压力很大，我妈是个传统的人，不会接受我和女生在一起的，所以我以后肯定会结婚。婚姻对我来说是人生到了某个阶段的必需品吧，不是情感向往。不过，我也动过一直和女生在一起的念头。我和上一个女朋友在一起两年，如果不是分手我真的打算和她这样过下去了。

我对男生应该还会有想法，但是目前为止没有碰到让我心动的男生。我喜欢比我厉害的男生，还没遇到吧。我现在谈的女生，大家都心知肚明不是奔着结婚去的，终究会分开，所以我们想得很开。但如果可以，我真的愿意一直和女生在一起。

第二部分 分析与讨论

一 身体经验与性别身份的建构/认同

"同性恋基因"并不是在最初就存储于我们体内的，很多人是在成长过程中受现实世界的影响才开始对自我发问，身份意识才初步形成的。关于性向的"小芽"，它总是受"经历"的风吹摆，再选择生长的方向。莱尼在初中阶段认为自己喜欢男孩，与异性交往是一个普适规律。直到 12 岁，她的角色意识开始觉醒，对于自己要成为一个什么样的人，才慢慢做出抉择。"我一开始完全不知道自己喜欢女生，在初中的时候有个女生让我做她的对象，我抱着玩玩的心态和她在一起了，后来就觉得好像真的认真了，而且和女生在一起更开心，之后我一直和女生在一起。"莱尼在和第一个女孩有了亲密关系后，发觉自己更喜欢女孩，女孩更能激发她的欲望。性身份不是天生获得和自然赋予的[1]，而是社会化的结果[2]。在莱尼意识到自己是个双性恋者后，她选择以同性恋者的身份生活到下一个人生阶段。莱尼认为，是自己从小的舞蹈经历让她喜欢女孩胜于男孩。神奇的是，莱尼从小学习中国舞，但她并没有在这段经历里成为一个"柔美"的异性恋者，她反而更关注女性的身体。随后，她在街舞里找到了自己的身份定位，她承认自己的"审美挺偏街舞的。我一直喜欢穿宽松的衣服——运动服、卫衣和工装裤"。她将这种身份完美契合进舞蹈中，如她"跳街舞的时候，很爱做一些帅帅的小动作，就是小表情"，比如"眨个眼、抹下嘴、歪嘴笑，看起来很拽"，这让她"看起来特别有味道"。于是，在同性恋关系中，她成了"偏男性"的一方。

在身份构建之前，人们往往难以肯定自我的性向，直到明确自我后，才会进行身份"整合"。科曼将整个发展过程分为五个阶段：前现身阶段、现身阶段、探索阶段、第一次人际关系阶

---

[1]　Jeffrey Weeks, *Against Nature*: *Essays on History*, *Sexuality and Identity* (London: Rivers Oram Press, 1991).

[2]　葛尔·罗宾等：《酷儿理论》，李银河译，文化艺术出版社，2003，第 112 页。

段、整合阶段。第一阶段，同性恋身份还很模糊，只是有同性恋意识，但不清楚如何建立这个身份。莱尼在最早接受和女孩恋爱的时候，并没有意识到自己的同性恋身份，只是以一种"玩玩"的心态，她意识到了这是同性恋行为，却不认为自己是双性恋者。第二阶段，能够清楚地理解、接受和承认自己，并能向他人表达自我身份。在相处一段时间后，莱尼发现自己和女孩在一起更开心，这种更愿意和同性在一起的想法让她意识到自己是个双性恋者。第三阶段，开始寻找和自己同性向的社群。她会刻意寻找这个群体，与她们相处让她更能确认和接受自己的身份。第四阶段，寻找伴侣。她在确认自己的身份后，有了寻找对象的需求，她希望建立情感关系。第五阶段，融入社会①。莱尼没有将自己完全放置在同性恋者的位置上，她在面对社会的时候打算以异性恋者身份出现，特别是面对家人时，她会妥协："我家庭压力很大，我妈是个传统的人，不会接受我和女生在一起的，所以我以后肯定会结婚。婚姻对我来说是人生到了某个阶段的必需品吧。"她能以"可盐""可甜"的外形完美地融入异性恋环境，甚至在其中隐藏自己的性向，也能吸引到"直女"。

个人其实是没有建立性身份的自由意志的，无论是面对压迫性权力结构时选择出柜还是成为一个酷儿②。人在创造个人身份时，权力结构、道德规范和现实会左右行为方式和交往方式的选择。选择行为方式时往往伴随着对受制权力的程度的考虑；所做

---

① 葛尔·罗宾等：《酷儿理论》，李银河译，文化艺术出版社，2003，第234页。
② Michel Foucault, *Discipline and Punish：The Birth of the Prison*（London：Vintage，2012）.

出的选择要在能力范围内且能够在现有道德规范下自处；选择的交往方式要能面对现实境况①。莱尼在自我身份建构上是充满无奈的，她从来没有主动选择身份的权力。一开始，是第一个女孩主动表达了在一起的期望，她是被动接受了这段经历，被动接受了同性恋或者双性恋者身份。从她构建身份开始，她也意识到了这个身份终有一天会瓦解，"我现在谈恋爱蛮开心的，但是我们都知道是走不远的"。在尚未有能力独自生活时，她选择了在道德和家庭压力触不到的地方以同性恋者身份生活。当有一天走出象牙塔，需要承受家庭压力和面对社会规范时，她选择放弃同性恋者身份，以异性恋者身份回归。"同性恋"和"异性恋"皆存在于莱尼的身体中，但是她却没有调动它们的权力，她甚至有酷儿的潜力，也只能掩盖。这里的"潜力"，是指对身体体验的可能性社会限制发起挑战的能力。莱尼是个多彩的人，她经历丰富，这造就了她身体和身份的多样性，但是她终究只能选择以一种颜色示人。

　　身体是流动的，从来不是固定的；身体是局部的和碎片的，从来都不完整②。而性、性别也不是稳定的，是开放的，可变的③。莱尼可以跳柔美的古典舞，可以跳动感的啦啦操，也可以跳帅气的街舞，在不同的舞蹈里她的身体是不一样的，她甚至会

---

① Jayne Caudwell, *Sport, Sexualities and Queer/Theory* (London: Routledge, 2006), p. 20.

② Jayne Caudwell, *Sport, Sexualities and Queer/Theory* (London: Routledge, 2006), p. 22.

③ Judith Butler, *Gender Trouble: Feminism and the Subversion of Identity* (London: Routledge, 2006), p. 179.

变成不一样的人。在古典舞和啦啦操里，她是规范的异性恋者模样，散发着社会标准下的女性气质。在街舞里，她展现的男性气质，更符合她的性格本身，或者说更符合她的自我身份认同。不同的身体，都是她。当她进入到异性恋空间里，她影响了很多异性恋者。这些异性恋者们在遇见她之前，可能从不会质疑自己的性向。性别是个体与他人一起或为他人制造的，他者是自我性别形成的一部分①。是否正如莱尼故事中所暗示的，人都有可能潜藏着双性恋的种子，只有部分人能在社会化的过程中触发它"萌芽"？

莱尼不会主动说明自己的同性恋者身份，但是丝毫不介意被除了长辈以外的人知道，这说明她不惧怕同性恋者身份。她在与一些异性恋者相处时，甚至可以毫不忌讳地表现自己的同性欲望，"把舞蹈社里的女生都撩了一遍，相当于整个舞蹈社都被我'染指'了"。在舞蹈室内的小范围空间里，她能公开自己的同性恋者身份。她的身份是不固定的，她的形象、气质更是多样的。在舞蹈场所里的她是具有所谓的特定空间酷儿化的潜力的混合主体（hybrid agent）②。她作为这样的主体，对话语产生了很大的影响，逐步影响身边的人接受甚至融入性少数群体，这是一种酷儿化的实践。

二 身体运动与性别气质的流动

Theberge 认为，对于从事体育运动的女性而言，女性化是一

---

① Judith Butler, *Gender Trouble Feminism and the Subversion of Identity* （London：Routledge，2006），p. 180.

② Heidi Eng，"Doing Sexuality in Sport"，*Journal of homosexuality* 1 - 2 （2008）：103 - 123.

种奇观①。身体是女性化过程的中心，并且作为穿着和装饰的对象在视觉上用来表示性别②。在跳啦啦操的时候，莱尼必须展现阳光健康的一面，这是因为啦啦操对女性气质的要求，与这一气质要求相匹配的服饰是紧身、露肉的小背心和小短裙。啦啦操一般是在男性球员比赛中场休息时表演的体育舞蹈，短裙配露齿笑容是为了与极强的男性气质形成强烈对比，在视觉上表示性别，突出两性差别，引导异性恋。莱尼意识到："我跳啦啦操的时候，只能用阳光健康和积极向上的笑容，我同学说看我跳啦啦操也觉得好娘啊。"此时的女性身体，被制成了符合规范的性别理想。

而 hiphop 作为一种动作偏向男性化的舞蹈，女性在跳它的时候必须展现出男性气概。莱尼在跳舞时表现出的气质正是女性的男性化一面。莱尼内在的中性气质，与跳 hiphop 时表现出的气质吻合，她在这场表演中是"本色出演"。她身边的朋友认可和接受这样的她，认为她更适合帅的样子，因此当莱尼以啦啦操规定的女性气质穿着出现去表演以及做出性感动作时，他们认为她"好娘"和"倒胃口"。而她自己可以接受这种角色定位，却难以做出与之相匹配的女性化动作。"娘"这个词是很敏感的，意味着大众接受她的身份是女同性恋者，形象是"男性化"的，与异性恋规定的女性气质完全相反。

莱尼一直喜欢穿工装裤和运动服一类偏男性的服装，想过剪

---

① Nancy Theberge, "Reflections on the Body in the Sociology of Sport", *Quest* 2 (1991): 123 – 134.

② Carrie Paechter, "Reconceptualizing the Gendered Body: Learning and Constructing Masculinities and Femininities in School", *Gender and education* 2 (2006): 121 – 135.

男生的发型。在她对自我气质和身份有了明确的认定后，她以此改变自己的身体。但是妈妈对于女性气质的定义，是必须长头发和穿裙子。妈妈会强迫莱尼穿旗袍，摆出娇柔的表情和姿态拍照。在妈妈的意识里，这样的身体才是女性的身体。而对于已经接受了莱尼的中性气质的朋友们来说，这样的莱尼很"反常"。这里存在两个刻板印象：一个是社会对于女性身体的刻板印象，认为女性应当穿裙子，表现温柔妩媚；另一个是对于情感中偏男性方的女同性恋者的刻板印象，认为其应当是男性化的。而莱尼所展现的女同性恋者的女性特质突破了大家对她的想象。

除了衣服、妆容和发型这类装饰性别的标志，身体还通过大小、形状和体积以及姿势来表达性别①。在街舞中，男性与女性的舞蹈根据动作姿势区分。力量型的动作是男性跳的舞蹈，性感的动作是女性跳的舞蹈。当男性跳女性的舞蹈时，人们会将他看作性少数群体。有男生跳 Jazz 的时候，大家自然而然就怀疑他们是 gay。但当女性跳男性舞蹈时，周围的环境会宽容许多。没有人因为莱尼跳 hiphop 就怀疑她的性取向，这是因为体育带有明显的性别特征。有学者指出，体育运动以男性空间、男性身体和男性统治地位为主，体育是男性气质施展的场所，体育文化保护和捍卫男性气质②。甚至有学者认为，体育的社会功能是巩固男性霸权主义的地位和男性气质优越的性别秩序，也体现了性别不

---

① Jayne Caudwell, *Sport, Sexualities and Queer/Theory* (London: Routledge, 2006), p. 146.

② Lois Bryson, "Challenges to the Male Hegemony in Sport", in M. Messner and D. Sabo eds., *Sport, Men and the Gender Order: Critical Feminist Perspectives* (Illinois: Human Kinetics, 1990), pp. 173–184.

平等①。女性在体育中因为需要而变得男性化是可以被理解的，而男性在体育中展现女性化则违反了男性"强壮"的形象，会受到非议。

在体育环境中，异性恋者的霸权地位可以被削弱②。一些体育活动会表现出很强烈的男性气质或女性气质，参与其中的运动员不需要展现自己的自然性别属性的气质，只需要尽力表现出与该项体育活动匹配的性别气质。在这种"角色扮演"中，同性恋者可以很好地融入运动并获取一个被认可的身份。因此，体育成为性少数群体的"避难所"。舞队里跳 Jazz 的男同性恋者们不仅不会受到排斥，还会被夸赞，是因为他们展现出的女性气质与 Jazz 的动作契合，舞蹈能够很好地被呈现出来，这对于身为女性的莱尼来说都无法做到。

莱尼在运动的过程中重塑身体和气质，不断完善性和性别的外在表达方式，不把特定的异性规范身体表演作为先决条件，具有更多的身体表达欲望。这也正说明了人的身体有更多的潜能和表现形式，不能受单一规范限定。而非异性恋群体突破异性恋规范的行为是在不断探索和尝试多样的身体可能性。需要引起思考的是，这种跳脱规范性的身体气质表达是否会存在优劣之分？如果有，是否有标准衡量？如果没有，那"男人婆"和"娘娘腔"也不应该受到嘲笑，应当鼓励更多元的身体出现以适配更多的能力。

----

① Pat Griffin, *Strong Women*, *Deep Closets*: *Lesbians and Homophobia in Sport* (Human Kinetics Publishers, 1998), p. 20.

② Heidi Eng, "Doing Sexuality in Sport", *Journal of homosexuality* 1 - 2 (2008): 103 - 123.

三 身体运动中的同性空间

女性的运动经历中贯穿着女性特质，它在女同性恋者的性别欲望内外发挥着作用[1]。莱尼和她的两任对象的相识和相恋都发生在舞蹈场所里，身边的舞蹈同伴也能接受她们，没有"恐同"现象。如果同性恋者身处的体育环境对同性恋者宽容，那么人们也可以发现很多在同性恋领域里富有吸引力的浪漫和性认同。同样的事情，却没有发生在同一个舞蹈室内的男同性恋者身上。这种仅存在于女同性恋者中的现象，被称为体育中的异托邦（heterotopia）[2]。莱尼一直都比较受欢迎，她和很多异性恋女性发生过一些"浪漫"的小故事，也得到了情感上的回应。

女同性恋者和男同性恋者稍有不同，女同性恋者具有一定的酷儿潜力，能够扰乱异性恋空间。年轻的女同性恋者们在同性向空间和异性恋空间中都是游刃有余的。男同性恋者很难"掰弯"直男，但是女同性恋者却很容易与异性恋者产生亲密关系。从莱尼的生活体验中可以发现，即使是以女性外形在异性恋空间中游走，她也很容易与异性恋者建立伴侣关系。她在异性恋环境中处于一个独特的位置，她的身体可以与同性有亲密接触，在情感上又处在男性位置。她对于异性恋女性来说是具有吸引力的，她可以在一段感情中充当男性伴侣，也更理解女性，交往模式依然是传统的异性恋式男女关系。她的身体是女性的，对于同性来说更

---

① Jayne Caudwell, *Sport, Sexualities and Queer/Theory* (London: Routledge, 2006), p. 146.

② Michel Foucault, "Of Other Spaces, Heterotopias", Translated by Jay Miskowiec, *Architecture, Mouvement, Continuité*, 5 (1984): 46–49.

易接近，也容易获取信任和安全感。莱尼能够进入到异性恋环境，并和多位异性恋者在性方面发生情感联系，说明她能通过一定的行为和话语影响他人对自我性向的认知。根据她的生活经验，不只是她，她身边的大多数人都会有类似的经历。这也印证了前文所说的性身份是受社会环境和经历影响的，性是不稳定的。

　　莱尼的运动经验是丰富饱满的，充满了颠覆性。无论在哪一个体育空间，她都掌握了话语权，她可以在运动和情感上影响异性恋群体。她在体育中以满足自我需要为出发点进行运动，在舞蹈场所中控制自己的身体，选择做什么样的动作和不做什么样的动作。她也拥有自己的空间，即使是性少数群体中的一员，她也没有被边缘化。

　　在舞蹈室内，性少数群体和异性恋群体都是团结的，怀着共同的目标为团队利益努力练舞，形象、语言、举止都无太大差异。从服饰上来看，大家都会穿着适合运动且符合街舞气质的服饰。莱尼清楚地知道不能有超越朋友关系的行为举止，更不会在跳舞的时候过多关注同性友人的身体。对于女同性恋者而言，她们不会公开谈论"性"。但与之相反的是，舞蹈室内的男同性恋者总是在异性恋队员面前开以"性"为话题的玩笑，语境与同性恋和性吸引力相关，他们不介意把自己的同性行为和气质在异性恋队友面前表现出来。在这里，同性恋者希望获得异性恋群体的认可，同性恋空间和异性恋空间可以完全融合，没有产生排斥和抵触，形成了一个平等空间。这也反映出多样化的性别空间不会影响集体的能力和效率，性的差异也不是造成群体冲突的根源。

结　语

　　莱尼有一段与众不同的舞蹈经历。她的舞蹈是通透的，她看明白了自己的身份、身体、欲望、性，甚至是往后的人生。她在不同舞种之间切换角色和动作，却始终坚持自己内在的气质。她比大多数同龄人更了解自己是什么样的人，这是因为她在这段舞蹈经历里获得了身份认同。但是离开了校园和运动场，她依然受困于异性恋文化的规范，她会为了融入家庭和社会回归到异性恋者的身份。在权力压迫下的身份选择是无奈的，而舞蹈给了她乐观面对身份转变的勇气。

　　莱尼的经历只是众多女同性恋者经历中的冰山一角。她的身体体验虽然不能代表这个群体，但是我们能够从她身上得到一些关于同性恋者身份建构、身体表达、空间性别多样化的启示。在目前异性恋规范难以被撼动的前提下，同性恋群体应当重视自己身心的体验，为自己的身体、性、身份找到合理的建构方式，选择一个能实现自我需求的平台，并不断完善对自我的认知，找到自我性身份和社会的平衡点。

主题三
孕育、身体与运动

　　孕育新的生命被认为是女性的"天职"，也被认为是女性身体的一个重要"使命"。在众多健身爱好者中，有不少女性的健身运动是与"孕育"息息相关的。主题三的健身故事突出了女性"孕育身体"与"运动身体"的交互影响。

第九章 在"肥胖"的身体与 "备孕"的身体之间

——一位城市二孩母亲健身 备孕的口述经历

化名： 娟姐

年龄： 35 岁

学历： 硕士研究生

职业： 投资公司高管

婚育状况： 已婚，育有一女（已经 8 岁），接受访谈时正怀着二孩

健身背景： 2017 年春，娟姐得知我国放开了生育二孩的政策，与家人商量后决定生育二孩。然而由于其随性的生活态度，缺乏对身材的有效管理，身体的肥胖（身高 163 厘米，体重 86 公斤）增加了受孕的难度以及分娩的危险，于是她毅然开始了健身减肥备孕之路。为保证健身安全及减重效果，娟姐购买了私人教练课程。健身频率为每周 3～4 次，每次 1 小时，健身时间一般为工作日晚上、周末下午。通过半年时间的健身，娟姐的体重降至 66 公斤，怀孕后暂停健身。

2015 年 12 月 27 日，全国人大常委会表决通过了人口与计划

生育法修正案，"全面二孩"政策于 2016 年 1 月 1 日起正式实施。继而，许多符合条件的女性都萌生了生二孩的想法，二孩备孕群体随之壮大起来。但在这个群体中，也不乏年龄稍大已经错过了最佳生育年龄，身体状态欠佳的个体。女性在 35 岁以后，自然生育力开始下降，高龄女性生孩子会有更多的风险，比如受孕难、易流产、出生缺陷高发、妊娠并发症多、难产率增高等。身体是一切的基础，没有良好的身体条件，高龄再孕是非常危险的，二孩备孕对于她们来说成了"异常艰巨的任务"。娟姐在健身备孕过程中所经历的种种身体和心理的"历练"，正是很多二孩母亲真实经历的缩影。

第一部分　口述故事

　　娟姐说家里刚换了套大房子，还是原来的小区，但面积要比原来大了不少。看样子，娟姐一家已经做好了迎接第二个孩子的准备。寒暄后仔细端详，在我印象中娟姐微尖的下巴已经圆润起来，腹部也展现出怀孕的迹象。此时的娟姐素面朝天，及腰的长发并不顺滑，整个人透露着丝丝疲惫，但她的脸上依然带着笑意。刚刚产检完的娟姐告诉我，医生说孩子长得很快，比正常情况快了将近一周，不过并无大碍，属于正常现象。坐在她身边，能够感受到她周围萦绕着一种幸福的气息，她的眼角一直带着笑意。待我们在茶几后面的沙发上坐定，娟姐聊起了她的健身经历。

从"幸福"到"发福"的中年人

　　我年轻的时候虽然没有说非常非常苗条，但也从没有人说过我胖。我结婚后不久就有了（大女儿）茜茜，她的到来带给我很多幸福的时刻，虽然确实也很累，经常睡眠不足，她偶尔也会惹我生气。而我老公是典型的"女儿奴"，特别宠她，总体来说我们的小日子过得也算不错，一家人做事情都比较随性。可是随性的生活就让人发胖吗？不知道从什么时候起，我和我老公不知不觉地就开始发福了，而且一发不可收拾。我听说过很多说法，有人说亚洲人就是这样，饮食结构不合理，摄入的糖类太多，很容易中年发福。还有人说很多中青年人，因为工作忙，容易过劳肥。我还专门上网搜了一下，过劳肥就是工作压力大、饮食不规律导致身体逐渐发胖。我觉得我两样都占了，再加上随性的生活态度，没有想过要刻意控制体重，越胖越懒，越懒又会越胖。

一直到 2017 年春天的时候，我得知国家放开了生育二孩的政策，我觉得我们目前的经济实力倒也可以承受，加之茜茜以后也需要有个亲人，与家人商量后我们决定要二孩。但我当时的体重已经达到了 172 斤，还有重度脂肪肝。不仅受孕有难度，而且听说太胖的话还会增加分娩的危险。我突然意识到虽然自己喜欢随性的生活，崇尚及时行乐，但已经不能再继续放纵下去了，必须要瘦下来才能顺利、安全地生育二孩。话说我老公更过分，已经胖得完全没型了，我俩都胖也就觉得谁也别嫌弃谁，但是得相应采取一些措施了。刚好那时候小区旁边开了一家健身房，而且价钱比较合适，据说他们的房租水电都是政府来负担，是给老百姓的实惠，我俩就都办了卡。健身房里男女老少，还挺热闹。我挺喜欢里面的氛围，但是我发现自己体重太重了，跑步机有点儿不太适合自己，器械又不懂应该怎么去练，胡乱练的话很容易受伤。于是，我便请了一位健身教练，肌肉很结实的型男，看起来还蛮专业的，而且他的客户比健身房里其他健身教练的客户都要多。有趣的是，我老公本来挺懒的，即使办了卡也来得少，但自从知道我找了健身教练之后，他基本每次都会和我一起来，说是要偷偷蹭我的课，但他基本只会从开始到结束霸占一台跑步机而已。

科学的训练助我减重

我妈知道我请健身教练这件事情后，还数落了我一顿。第一是对其必要性的怀疑，毕竟男女授受不亲；第二是对性价比的不满，费用稍稍有些高。我刚开始还耐心地解释给她听，小区这个健身房没有理想的女健身教练，而且请健身教练是非常普遍的事情，我请的这位教练是非常专业的，完全不用想太多，再说我已经是有夫之妇了。后来无论说了多少次，她还是觉得不能接受请健身教练这件事情，于是也就作罢，我也不再跟她一次次解释了，但还是继续接受教练的指导，因为确实看到了效果，感觉自己身上的肉紧实了，而不是像原来那么松松垮垮，一走一哆嗦，走不了两步就喘不过气来。

现在很多老一辈的人可能还是接受不了健身教练这个职业，我倒是觉得还是因为成长的环境和消费理念的不同，现代人生活的新需求导致了这样的新型供给。后来见我慢慢瘦下来了，我妈也就没再跟我提过她的意见。其实对我而言，健身有效果就好，不求其他，只求让我瘦下来，身体强壮一点儿。不管黑猫白猫，能抓住耗子就是好猫。而且我一直觉得，能花钱办成的事都是易事。

虽然现在我们已经不去健身房了，但是那段健身经历还是历历在目，确实很辛苦，每次从家到健身房我都很不情愿，但想想已经投入了那么多，也不好半途而废。等坚持锻炼完之后，回过头去看还是挺佩服自己的。我记得我刚开始和健身教练见面聊如何健身的时候，他非常明确地告诉我以我当前的情况不是很乐观，但也不是他见过最胖的，让我放平心态。另外，我是非常不适合跑步机的，体重太重容易受伤。于是，这位篮球二级运动员首先让我练习心肺功能，先把基础打好，然后再慢慢加大运动量。我一直非常赞同专业的人做专业的事，我觉得他很专业，也从心底愿意选择信任他，于是就非常听话地按照他的建议有条不紊地开始健身了。什么举腿啊、深蹲啊我都有练，其中我最喜欢练的就是卷腹，就待在那儿不用怎么太大动，练完非常舒服。

我所在的这个健身房比较小，就是社区的那种小型的健身房，也没有游泳池，没太多花样儿。不过基本的瑜伽、动感单车倒是有的。但是我对瑜伽不感冒，可能是性格原因，我还是比较坐不住，有点话痨那种，做瑜伽要静下来，这个对于我来说挺不容易的。而动感单车这个项目，是我的健身教练明令禁止我练的，他一直不支持我去练动感单车，说是好不容易长的肌肉，要是去练动感单车，肌肉就会慢慢没了。对于其中的原理，我倒也没细问，就全心全意信赖我的健身教练了。我觉得相信他的专业性，也是对他基本的尊重，要是他能多给我安排点儿卷腹的练习就更好了。

话说健身教练真是个不错的工作，风吹不着日晒不着，用自己的专业知识为顾客提供服务，而且看到顾客健身有了效果还会很有成就感，再加上收入不菲，简直完美。

坚定的信念给我收获

我之前听过一种说法，就是很多人购买了特别完备的健身装备，心理上就会觉得自己已经参与健身了，就比如我买了很多书屯在家里，就好像我已经把它们统统都读过一样。我虽然知道这些道理，但是不得不说我发现去健身房确确实实也是一种让我瘦下来的心理暗示。

在健身之前，我是下了很大决心的，因为现实的需要，我必须得瘦下来，而且为了生二孩，我也得尽量保持自己身体的强壮。其实有点儿临时抱佛脚的意思，但好在佛没有把我一脚踢开，多少还是有些效果的。我依然清楚地记得当时刚刚开始健身，早上起床时会浑身酸痛，抬腿走路都费劲，我跟教练抱怨，他说这是正常现象，只怪我之前基本就没怎么运动过，所以身体需要一段时间适应，这只是乳酸堆积的缘故，大部分人都会这样的，让我放心。

另外，我也一直坚信，像我这样之前基本不运动的人，一旦动起来多少都是会瘦一些的，而且我还有健身教练的指导，他能教会我更加快速并健康地减重。而且健身房的氛围也很好，来健身的人大部分都是小区的居民，大家比较和谐，每个人都很认真地健身，我想大家都是希望能通过健身获得更好的状态吧。我也是其中的一分子，希望通过健身遇到更好的自己。慢慢地，我发现，健身是一个积累的过程，比如，最开始的时候我很容易累，需要休息，到后面基本能坚持到一个小时，每个动作都能比原来更标准一些，做起来也更轻松一些，像是身体适应了那些动作的状态。这让我想起很多舞蹈演员，每天一有空就压压腿、劈劈叉，估计也是为了让身体达到保持这种状态的能力。健身房真是一个好地方，如果让我在家待着，我可能不过五分钟就到床上一摊，像一坨烂泥一样昏睡过去了。健身房就没有那么舒适的条件，累了也没地方去，教练还一直盯着，看着周围努力健身的同道中人，自己也就不好意思偷懒了。

健身唯一让我觉得有些遗憾的地方，就是没有太多的时间陪茜茜，每天晚饭我基本是在公司解决的，到家刚好半个小时，直接换好衣服就可以去健身房了，于是也就跟女儿打个照面就又出门了。不过茜茜也很乖，知道我是去锻炼，她也没有怎么粘我，对健身房也不好奇，她自己把时间安排得很好、很充实。每天她都自己练习古筝，也不用人催。我觉得这主要还是因为她的爱好都是自己选的，最开始想要学钢琴，但是我问了几个朋友，他们说钢琴很难练，而且时间长了会比较枯燥，容易半途而废，我就跟茜茜商量，要不要学学其他的乐器，后来去试学了一节课的古筝，她挺喜欢的，就决定学习古筝，现在她每天都还在坚持练琴呢。茜茜也教会了我很多东西，比如坚持。她每周只周六休息一天，周日安排得满满当当的，要学英语、民族舞，还要学古筝，在学校的时候老师会带着她们一起练习腰鼓，今年"五一"还要去上海参加腰鼓比赛呢。

回过头来说我，我虽然对教练还是比较满意的，但是对我来说，健身确实是一件有些枯燥的事情，不管教练怎么变换着花样，我都觉得"休息"的魅力更大，要知道我之前是能躺着就不坐着，能坐着就不站着的。每次看到女儿，我都提醒自己，要尽量成为一个正面的榜样，尽量"以身作则"，而不是"以身作贼"，这就更加坚定了我要瘦下来的信念。

待我慢慢瘦下来之后，感觉做什么都变得更轻松一些了，整个人的精气神跟原来比起来都要好了不少。我看到自己之前的照片都大呼，怎么会胖成那个样子呢，而且我是上身瘦、下身胖的体质，整个人看上去就像个大鸭梨。虽然精气神变好了，但我觉得健身对我的工作并没有什么直接的影响。毕竟平时在办公室一坐就是一天，也没有什么体力消耗。大量的脑力消耗还是会把人搞得很累，再加上健身消耗的体力，有时候整个人有点儿像泄了气的气球，身心俱疲。可是想想身上的肥肉，还是不能半途而废，再挺一阵儿吧。再到后来，我的健身教练开始给我安排一些比较难达到的任务了，就是我很难轻易达到，但是垫垫脚或者跳一跳能够达到的任务。比如我能做一分半的平板支撑，教练就给我安排两分钟。有时候坚持下来真的就是全凭毅力，大脑都已经不能思考了，身体也只是依靠着惯性在支撑着，但是等到完成任务的时候，就又能够感觉到非常明显的成就感。每次看着镜子里大汗淋漓的自己，我觉得身体里的毒素都已随着汗液排出体外，脂肪也被我暴力压制了。

人生"苦短"须尽欢

我的健身教练虽然给我制定了健身食谱，但是执行了没两天我就有点儿熬不住了，什么水煮蔬菜啊，我实在是咽不下去。现在想来，如果当时严格按照食谱吃饭可能会瘦更多，但同时我可能也会患上焦虑症。毕竟民以食为天，天天上班那么辛苦，健身那么疲劳，还吃不上一口像样的饭菜，人生该是何等的悲凉啊。

更何况，工作日的时候我只在家吃早餐，一般是水煮鸡蛋、咸菜和米粥，偶尔到公司楼下吃一次小笼包、豆腐脑，我对牛奶不怎么感冒。中午在公司食堂吃，四菜一汤还算可以。晚餐基本就是外卖了，我提前叫好外卖，然后吃完打道回府去健身。不过偶尔晚上健身结束回家后，我也会吃点儿水果、小点心，扛不住饿。在不吃晚饭这件事上，我老公就很厉害，开始健身以后，除了工作应酬我基本没见他吃过晚饭或者宵夜，而且据他说运动之后完全没有食欲。看来男人和女人的构造还是大不相同的，也或许是他的意志力更强一些？

我可能是对吃饭这件事有一种特别的情结，觉得如果连饭都吃不好，那活着还有什么美好的期待呢，不知道这算不算是低级趣味，但是每次吃美食就会特别心满意足，也次次都安慰自己，吃饱了才有力气思考。而思考对我来说是非常重要的事情，每天都得腾出专门的几分钟用来思考，想一想今天都做了哪些事情，有哪些失误，如果再给我一个机会我是否还会这么做呢等一些偏哲学的问题。说到哲学，我觉得每个人都有必要懂点儿哲学，不用说天天都想"人为什么活着"这么深奥的问题，而是需要把自己的想法升华一下。

我是一个很热爱生活的人，之所以这么说是因为我的的确确有很多爱好，比如侍弄侍弄花草、养养热带鱼、烹饪等都是我的兴趣爱好，但是单纯在健身房健身并不能成为我的爱好，换成游泳、放风筝这些倒可以，时不时带孩子一起去，但如果只是单纯的健身，到健身房跑跑步、练练器械、做做操，我觉得这并没有什么乐趣，倒不如和家人、朋友在一起爬爬山、逛逛街。

其实我对于健身这件事情本身并不感冒，我觉得健身就是一个相对能够快速达到身体良好状态的捷径，但是如果我们有时间的话，完全可以不走捷径啊，走走蜿蜒曲折的乡间小路，说不定还能看看风景。我很久之前就希望自己能够"入世再出世"，简单来说就是先积累些物质基础，最好能达到财务自由，然后就可以"隐居山林"了。这个隐居山林并不是真的要搬到山上去住，就是能够在一个亲近大自然的地方，有事没事可以散散步，呼吸呼吸新鲜空气，听听鸟鸣，闻闻花香。前不久在一个电视节目上看到杨丽萍的"豪宅"，让我好生羡慕，是个颐养天年的好地方。而这些愿望在城市都挺难实现的，得去"远方"寻找。现在不是很多人都在说"诗和远方"嘛，我也想以后去一个生活比较舒适的小乡村，日出而作日落而息，到时候可能"种豆南山下"才是我的佛系健身方式，而不是什么健身房了。

我总觉得健身房把健身方式固化了，不外乎就是些瑜伽、舞蹈、团操、器械等。实际上，我更倾向于室内和室外相结合的健身方式，我们可以选择的健身方式应该有很多才对。比如，登山、滑雪，甚至放风筝都可以算作健身的方式。我们年轻时全然没有什么健身房一说，不知道健身房是从什么时候开始风靡的，同时我也不知道这是好事还是坏事，不过"存在即合理"吧。

在我年轻的时候没有养成运动或者说健身的习惯，现在再重新养成这样的习惯真的是非常不容易。顶多跑跑步、打打羽毛球、踢踢毽子，其他的运动则心有余而力不足，从头开始学也是需要时间和精力的。其实我想过没事儿到楼下和大妈们一起跳跳广场舞，但是总觉得自己还没有到跳广场舞的年龄，简单来说就是还没有到被称为"大妈"的年龄，当然这并不是对这个词有歧视，只是觉得自己还可以参与点儿广场舞或者太极拳以外的运动。以前我还想过去抖空竹、抽陀螺或者去学学跆拳道，但也总是三分钟热度，再加上工作比较忙，也都一一作罢。

其实说到工作忙没时间锻炼这件事，还真是站不住脚的，比我忙的人多了，人家都能找到时间锻炼，我觉得说到底还是因为懒。不过，懒惰大概是人的天性吧，如果人不懒的话哪能有那么多高科技的东西发明或者开发出来呢，比如外卖 APP 这些。如果不是对健身功能的需要，人们但凡有点儿时间，当然用来休息了，谁还到处乱跑或者把自己安置到一个"不见天日"的健身房里面呢？不过说起来，健身房也算是一个可以社交的场所，只是我发现年龄越大就越不容易交朋友，现在经常联系的朋友都是之前认识的人，大部分都是认识了好多年的老友。

反过来想想，我说这些还是在为自己的懒惰找借口，世界上肯定还是有不懒的人存在着吧，就好像是每天早上被自己梦想叫醒的人，他们也许有更重要的事情去做，也就不存在什么懒惰不懒惰之说了。怪不得很多人说，还是得有点儿小目标，得有梦想去实现。我现在的梦想就是把孩子拉扯大，他们能幸福生活，然后我和我老公成为老伴儿去一个四季如春的地方颐养天年。在这一点上，我老公跟我的想法还是比较一致的，他好像也有点儿厌倦了朝九晚五的都市生活，渴望着闲云野鹤，不过那天的到来还需要很多年的时间。我们还有父母需要孝敬呢，倒是也可以带父母一起去过过闲云野鹤的生活。我之前听过很多人的梦想是周游世界，说来惭愧，我从来没有问过父母的梦想是什么，等有机会我得问问他们。看看我是不是能够帮到他们，毕竟人生苦短，想到就去做吧，说不定后面就没机会了。

时间迫使我"急功近利"

现在我已经是妥妥的人到中年了，上有老下有小，为了以后孩子压力不那么大，我们还是商量着要一个二孩。在被这些甜蜜的负担牵绊的时候，我好像也并没有那么多时间留给自己去幻想"诗和远方"了。人在这样的时候，也只好"急功近利"一些，如何用最短的时间达到要求才是我应该考虑的。就像当时我为了留住茜茜，虽然工作上有升迁的机会也并没有放弃成为妈妈，后来又因为种种原因来到现在这个公司，我发现时间过得太快了，茜茜都已经读小学二年级了，岁月催人老啊。

忘记是在哪本书上看到过，社会阶层越高的人会越注重自己的形象，他们的自我管理做得也越好，这个自我管理显然包含身材管理。我希望自己可以是女儿的引路人，如果能在某些方面成为她的榜样就更好了。毕竟女儿比我在她这个年龄的时候要优秀得多，开朗好学，热情友善，每次家长会上都是被表扬的对象。人的样貌是基因给的，我个人反正是不会尝试整容这样的事情，所以我们能改变的就是气质或者精神状态，这些通过健身应该是可以逐渐实现的。而我用来健身的时间又极其有限，所以只能依赖健身教练，让我投入的时间发挥最大的价值了，如此看来，一定程度内的急功近利也不是坏事。

在我女儿的世界里，从来不存在什么刻意健身。她每天都闲不住，精力极其旺盛。她在学校参加了腰鼓队，今年"五一"还要去上海参加比赛，只可惜学校不允许父母陪同，虽然不放心，但其他孩子也都是自己去，我也没办法只能按照学校的要求来。另外，周末茜茜还要去民族舞的兴趣班，虽然略显忙碌，但在我们看来，她好像从来也没觉得这是她的负担，反而好像是她的乐趣。毕竟我家还是很民主的，她的兴趣班全都是我们商量着选的。除了民族舞，她还在学英语和古筝，每天都不用我提醒或者督促，非常自觉地练琴，看来是真的喜欢。

至于她以后的发展，我不想做太多限制，因为她的人生路我不可能跟一辈子。我觉得唯一需要我来"宏观调控"的就是她不要走歪路，不要做坏事，其他就顺其自然，她想要做什么就可以去尝试、去探索。不过我心底是希望她能把现在学习的这些东西一直坚持下去，并从中得到乐趣，至少能养成一个陪伴她一辈子的爱好。我觉得是性格使然，茜茜喜欢跑跑跳跳，身体素质还不错，比较外向也爱交朋友，这让我很欣慰，我听说有不少孩子都有自闭症。另外，还是希望她能在保持课外兴趣的同时，也不要把文化课的学习放松，毕竟以后还是得面临短期内不会取消的"高考"，学习成绩在很多时候也是不得不关注的部分。

还有一个，我家老二虽然现在还在我肚子里，也不知道是茜茜的弟弟还是妹妹，我希望两个孩子能和平共处。以后能给老二的生活条件可能会更好一些，儿孙自有儿孙福吧。虽然现在时不时会想象他们闹别扭的场景，但血脉亲情还是无可替代的。等我和我老公百年之后，他们还能彼此做个伴，这就是我所期待的。细细想来，茜茜现在都陪伴我8年了，虽然她特别小的时候是我妈妈和婆婆帮忙照料的，但是我一直是牵挂着她的。在茜茜出生之前我是想自己带孩子的，但是客观条件不允许，我也别无他法。后来把她接到身边，每天看着她的成长和变化，感觉很幸福。

有一次不知道是同学还是老师跟她说了什么，她回来问我以后她可不可以去国外读书，我被问住了。从她开阔视野和以后的发展来看，去国外念念书倒也不是坏事，但是我好像有点儿舍不得好容易拉扯大的女儿就此离我而去，万一她被外国的傻小子骗了怎么办？万一她不回国了怎么办？以后是不是就聚少离多了？一大堆问题涌上心头。我慢慢消化女儿给我抛出的问题，她却好像没事人，仿佛忘记曾经问过我这个问题一样，也没有想听答案的意思。我思来想去，好像不是女儿离不开我，而是我离不开女儿。我也不能太自私，总想把她拴在自己身边，世界那么大，也得放她去看看。一棵树长到它想长的高度后，才知道哪里的空气适合它。后来，我再进一步想，她现在读小学，如果要出去读书的话，总得等高中或者大学吧。之前听郑渊洁的讲座说，送孩子出国读书最好还是高中毕业之后，等他们的价值观基本形成后再让他们出去看世界，不然可能会产生价值观层面的混乱。这样来看的话，我至少还有 7 年的时间陪伴她，可算松了一口气。

一直觉得孩子在某种意义上是我的老师，如果不是她，有些问题是我从来都不会考虑的。她是第一次做孩子，我也是第一次做妈妈，我们一起摸索成长之路。对我来说，生活和家人才是第一位的，工作事业可以往后排，只是个糊口的方式罢了。不过相对来说，职位越高的话，待遇也会更好些，所以我之前才下定决心读了个硕士，只为了能够更从容地糊口。这让我想起龙应台的一句话，原话我忘记了，大概意思就是，努力读书不是为了去做什么，而是为了以后能够有选择不去做什么的机会。

生活本是一场"渡劫"

人老了记忆力是不是都会减退，我之前看到过一句话，但是已经忘记是从哪儿看到的了，说人生在世，就是来渡劫的。也许不是九九八十一难那么精准，但确实一难接一难地永不停歇。从我发胖开始，我就必将遇到减肥的劫难，于是我开始健身。后来怀了二宝，我就又要不可避免地再次经历分娩的劫难，其实这都不算什么。现在对我来说，最难的可能是养育孩子这个劫难了，说是劫难，却也是一件非常幸福的事情。只不过好像怎么做都还有进步的空间，而且当下也不知道有些选择是不是明智的，大到读哪所学校，小到参加哪个兴趣班。再有就是维持一个良好的婚姻状态，每次和老公吵架我都觉得自己一定是瞎了眼才嫁给他，但是有的时候又觉得能遇见他是我的福气。人可能就是这样矛盾的动物吧，现在已经有孩子了，就更希望婚姻能够尽量稳定了。我也和老公谈过，他也非常尊重我教育孩子的方式，这让我很欣慰。我也时不时地看一些心理学的书，希望能和家人更充分地沟通，很多悲剧的产生都是因为没有充分沟通。有时候我也会让女儿教我弹弹古筝，和她一起练琴。我一直觉得为人父母是一场修炼，而这场修炼的时间非常有限，等以后女儿读大学住校了、工作了、结婚了，我和她只会渐行渐远。这样看来，我们能够朝夕相处的时间也只是十几年，再往后我就只能心有余而力不足了。她有自己的小世界，有了对她来说重要的人，那个时候我也得好好想想自己的生活了。也许那个时候，对我来说，分开也会是一场劫难了。

　　反过来想，我们虽然是来渡劫的，但是可以选择渡劫的方式和心态，这也是我每次遇到难事安慰自己的话。当我认识到自己已经不能再胖下去的时候，内心是非常焦虑的，再加上被工作上的疲劳压制，我发觉自己的身体状态实在是不佳。但是现在回过头来想，遇到劫难还是得勇敢面对，而不是逃避，更不是自顾自地焦虑。幸好我不是孤身一人，也幸好我的茜茜能把自己的时间安排好，我才能放心去健身、去减重。还有一件让我欣慰的事情，茜茜对即将到来的弟弟或者妹妹是非常期待的，我相信她一定会是一个好姐姐。不仅是因为她懂事，还在于我知道茜茜的善良，她对陌生人都很好。

最后，我想分享的是，健身虽然有时候会很枯燥，但坚持下去一般是能达到自己的预定目标的，前提是这个目标不要太离谱。但是我更希望自己不要再陷入必须要通过专门的健身才能维持身体健康的境遇，而是通过享受生活的方式来保持健康，比如，有时间多陪家人去徒步、打羽毛球之类的，通过这样的方式达到身体需要的锻炼量。另外，就是保持心情的愉快，要"心大一些"，凡事能看开，让自己不要随着时间而老去，而是用实际行动让自己实现"冻龄"。之前听过一句话，说人生最好还是不要活得太用力，有些事顺其自然蛮好的。

第二部分　分析与讨论

随着我国人口红利逐渐减弱，人口老龄化、临近超低生育率水平等问题越发凸显。2016 年 1 月 5 日，国家卫计委公布了《中共中央　国务院关于实施全面两孩政策　改革完善计划生育服务管理的决定》，提出对生育两个以内（含两个）孩子的情况不再需要审批，由家庭自主安排生育。继而很多家庭选择了生养二孩，但城市工作节奏快、压力大，孕育新生命对于这些家庭来说，也是一项艰巨的任务。对于很多城市女性来说，在"高龄""肥胖""亚健康"等问题的包围下，她们不仅需要充分考虑自身的年龄及身体状况，判断是否能够顺利怀孕、分娩二孩，还需要考虑采取哪些措施可以降低生育二孩对于身体的负面影响和分娩风险。

一 缘起：健康的身体——医学对女性身体的训诫

在后结构主义的诠释下，运动健身不再仅仅是一种身体的表达，更是一种对身体的规训和戒律①。城市二孩备孕女性职工参与健身的目的很大程度上在于对健康的身体的需求。早在西方维多利亚时代，女子的体育教育便在医学的支持下得到大力倡导，这基于医生们"母强子健"的论证，而并非出于女性自身的利益②。从维多利亚时代起，医学的话语权便已经开始塑造和控制着女性身体在体育中的表现。此外，19世纪盛行的达尔文主义的"国民效能"与"民族健康"运动，主张女性有责任使自己保持健康的身体，这样有助于生育、哺育。在此背景下，很多教育学家也开始提倡女性应该参加体育活动，但是参加的目的、形式、内容仍然受到医学所固有的性别意识形态的影响③。而在当代，医学对于城市二孩备孕女性身体的训诫尤甚。首先，对于城市女性，较大的工作强度及压力、不合理的饮食结构及习惯等均会导致其身体肥胖，进而产生由肥胖所带来的一系列不良的身体问题而影响生育，如高血压、脂肪肝等，娟姐在健身之前就患有严重

---

① 熊欢：《女性主义视角下的运动身体理论》，《北京体育大学学报》2013年第7期，第30~35页。
② 熊欢：《身体、社会与体育——西方社会学理论视角下的体育》，当代中国出版社，2011。
③ 熊欢：《女性主义视角下的运动身体理论》，《北京体育大学学报》2013年第7期，第30~35页。

的脂肪肝。其次，科学认为，肥胖会带给备孕女性诸多生理、病理性改变，对后期的分娩进程造成负面影响。医学的解释是肥胖通过影响人体激素水平，可能引发多囊卵巢综合征，造成内分泌失调，从而造成不孕不育。多囊卵巢综合征还会引起血脂高、血糖高，增大女性患子宫内膜癌的概率。最后，医学认为年龄是优生优育的一个关键指标，孕育二孩的女性往往是年龄超过 35 岁的高龄产妇，她们的身体机能随着年龄的增长而逐渐减弱，不仅产道会变硬，子宫的收缩力和阴道的伸张力也会大不如前。

娟姐本来过着幸福的生活，幸福的后果就是发福，而这种"发福"的身体在医学－健康科学的体系下就是"不合格"的身体，是需要矫正的，这是女性孕育必须要承担的身体责任。所以在医学－健康科学的知识权力下，娟姐只能妥协，"把自己安置到一个'不见天日'的健身房里面"，"累了也没地方去，教练还一直盯着，看着周围努力健身的同道中人，自己也就不好意思偷懒了"。在这种封闭、全景式的监控下，她"快捷地"获得了一个"符合科学规范"的身体，以完成孕育的功能。虽然娟姐认识并接受了"只有通过充分的锻炼和身体调理才有机会顺利地孕育新生命"这个观念并付诸实践，但在娟姐的主观感受中，这个过程是外界施压的结果，并不是内心真正喜欢并接受的身体过程，所以她会常常说"累""很辛苦""想偷懒"。她更喜欢以娱乐为主的"旅行""爬山""打羽毛球"这类身体活动，对健身"并不感冒"，并深刻地认识到健身"急功近利"的特点。因为身体的肥胖而遭到医学的"训诫"，为了获得"健康"，娟姐也只能投入其中，是以近乎自我"惩罚"的方式积极配合，完成备孕的目标。

二 进程：运动的身体——二孩备孕女性促进身体健康的重要方式

对于城市二孩备孕女性来说，伴随她们的往往是"高龄""肥胖""亚健康"等问题，在难以改变现有的工作状态和生活环境的背景下，有意识地参与运动往往是她们增进身体健康水平的首选。一般来说，身体健康可分为身体机能健康和身体形态健康两个方面。对于备孕女性来说，身体形态健康可以被视为身体机能健康的外在表现形式，也是增强其孕育信心的重要影响因素。

对于城市女性来说，家庭和工作场所是她们生活中最重要的两大场域。城市二孩备孕女性的年龄往往已达到35岁，多数已经在事业上有所成绩，或处于升迁的关键时期。当她们决定要孕育二孩的时候，就意味着她们将要放弃眼前的升迁机会，并且即将面临暂时从工作场所这个场域中抽离出来以完成第二次孕育的过程。

当她们做出这个艰难的决定时，不仅付出了时间和精力的代价，也增加了工作升迁的沉没成本，故而她们对于优生的渴望更加迫切。为了在二次孕育后依然能够保持相对健康的身体状态，她们开始有意识地提升自己身体机能的健康程度。这种意识的出现标志着女性开始关注对于自我身体的把控，同时也是女性自我意识觉醒的重要体现。正如伍尔夫所说的，一个人一旦具有了自我意识，也就拥有了独立人格，继而也就不再浑浑噩噩、虚度年华了，而会拥有适度的充实感和幸福感[1]。备孕女性开始有意识

---

[1] 弗吉尼亚·伍尔夫：《伍尔夫读书随笔》，刘文荣译，文汇出版社，2006，第94页。

地参与体育运动，提升对自己身体的关注度，渴望在无法改变客观环境的状态下，通过运动促进身体机能健康，试图通过身体实践来解构和重建由传统的生物学所建构起来的"高龄"女性的身体。

消费观念是个体对消费行为的价值认知，它决定了消费行为的方向和特点。崇俭黜奢作为中华民族的传统价值观，实质上也是千百年来中国传统文化的积淀。但随着经济的发展、社会观念的转变，及时行乐、讲究个性、追求品味的消费观念逐渐蔓延开来。以健康、活力为标识的运动的身体形象也成为大众热烈追求的目标。运动的身体成为一种消费符号，其所传达的身体信息不仅是健康、活力的身体形象，同时也是划分不同阶层和身份差异的重要标识，故而也吸引了更多"消费体育"的动力①。而随着城市女性职工队伍的不断壮大，其在社会生活中所占比重与作用也越来越大，她们在追求物质生活水平的同时，也对生活质量提出了更高一层的要求，在健身方面的消费也逐渐增加②。拓展体育消费领域对改善国民生活质量、建立现代生活方式和科学的消费方式意义重大。由于成长环境和消费观念的不同，现代人生活的新需求导致了新型供给的产生，如私人健身教练，他们充分发挥自己的专业特长，为客户提供安全、有效的健身指导，高效改善客户的身体形态。

---

① 熊欢：《女性主义视角下的运动身体理论》，《北京体育大学学报》2013 年第 7 期，第 30 ~ 35 页。
② 白一岑：《城市职业女性健身消费结构及其影响因素研究》，《中国市场》2018 年第 32 期，第 127 ~ 128 页。

而娟姐的母亲认为"费用稍稍有些高",并不支持娟姐接受健身教练的指导,这一现象体现了两代人的身份差异及不同的消费观念。中产(白领)阶层妇女多为受过良好教育(大专以上)的脑力劳动者或决策者,职业包括公务员、经理、私营企业主、高级专业技术人员等,其思想相对比较开放,易于接受新兴事物[①]。娟姐作为具有较高文化素质的工薪阶层女性,具有相对优越的物质条件,生活上比较自信,消费观念较为务实,可以归属为中产阶层。而其母亲则属于典型的失业(无业)妇女,是20世纪90年代下岗大潮中"被回归家庭"的中老年妇女中的一员。不同的阶层使她们持有不同的消费观念,这也导致了其生活状态的差异。

此外,娟姐所代表的一批工薪阶层高知女性,作为市场经济的推进者,在激烈的市场竞争中承受着极大的工作压力,她们被迫在工作和生活中寻找自我的平衡。虽然有研究显示,职场女性和全职主妇女性在体育活动时间分配上的差别并不显著,但是个人主观社会经济地位较高的女性在满足自我体育锻炼的诉求上更倾向于向外界寻求支持,而主观社会经济地位偏低的女性多是选择内向支持,通常会选择经济和时间成本较低的方式来进行健身[②]。从此类健身方式改善参与者身体形态的效率来看,往往很难与在专业指导下进行的健身相媲美。

---

① 熊欢:《中国城市女性体育参与分层现象的质性研究》,《体育科学》2012年第2期,第28~38页。

② 闫静、王焕、熊欢:《全面二孩背景下二孩母亲体育活动的动机和限制性因素分析》,《北京体育大学学报》2019年第1期,第111~119页。

三　沉淀：佛系的身体——享乐主义思潮下的女性健身备
孕行为

一般认为，享乐主义指把愉悦和快乐视为最终目标的生活方
式①。我国享乐主义思潮的形成与发展是与生产力的发展，特别
是市场经济体制的确立同步进行的，大众对于享乐主义践行的程
度较难把握，程度过深容易造成很多负面影响，比如近期社会上
频繁出现的大学生校园贷、中青年人啃老等现象。然而，一定程
度上的享乐主义无可厚非，比如，娟姐的某些想法就映射出享乐
主义的影子，她指出："我的健身教练虽然给我制定了健身食谱，
但是执行了没两天我就有点儿熬不住了……健身那么疲劳，还吃
不上一口像样的饭菜，人生该是何等的悲凉啊。"正如德谟克利
特所说的，"避苦求乐是人生之目的，人应该去做对自己有利的、
快乐的事"②。

虽然娟姐之前一直坚持着去健身房健身的备孕状态，但对她
来说去健身房只是减重备孕的一种快捷方式，并不是她所期待
和向往的保持健康的手段，对此，她明确表示："我对于健身这
件事情本身并不感冒……现在不是很多人都在说'诗和远方'
嘛……可能'种豆南山下'才是我的佛系健身方式，而不是什么
健身房了。"可见，去健身房这样的场域锻炼对于部分备孕女性
来说，仅仅是一个由于被时间和空间所限制而不得不选的选项，

---

① 迈克尔·弗洛克：《享乐主义手册：掌握丢失的休闲和幸福艺术》，南京大学
出版社，2011，第10页。

② 张海仁：《西方伦理学家辞典》，中国广播电视出版社，1992，第20页。

而不是她们最理想的健身备孕方式。去健身房健身这种通过"自虐"来获得"快感"或"健康"的方式，很难迎合那些受到享乐主义思潮洗礼的人群，这些人更倾向于通过其他令其感到舒适、快乐的方式来达到目的，即使需要耗费更多的时间成本。

此外，根据维基百科对于"佛系"的定义，这个 2018 年开始被国人频繁使用的流行语主要是指"怎么都行、看淡一切、无欲无求的一种生活态度"。故而娟姐所提到的"佛系健身方式"，可以理解为是在对于结果的需求并不迫切的状态下，悠然自得且掺杂着些许"随意"的健身方式。

四　展望："能动"的身体——由生活形态建构的多元健身方式

生育完二孩后，娟姐更倾向于室内和室外相结合的健身方式，她认为可以选择的健身方式应该有很多才对，比如，登山、滑雪。她更希望通过享受生活的方式来保持健康。娟姐所提到的"登山""滑雪""徒步""羽毛球"等多元的健身方式，均是由人类的生活形态逐渐建构起来的。生活形态是指个人认知在一定的社会、文化空间下所显示出的外在形态。而健身的概念在现代人生活形态的建构下，已经出现了非常多元的表现形式。

一般来说，个人主观社会经济地位较高的女性认为自己获得了更多来自家庭的助力，可以更自由地参加体育活动，也可以选择更加多元的方式。很多女性曾明确表示，自己理想的体育锻炼状态是同时能满足自身需求又能兼顾母职的动态平衡状态。她们受到由社会建构的母职概念以及关怀伦理（ethic of care）的影响①，虽然希望能满足个人诉求，但同时又不愿在照料孩子等家庭琐事中缺位并且更多地考虑着他人的需求。在生活形态的不断建构下，更多元的健身方式将逐渐为母亲们找到兼顾个体与家庭的有效路径。

结　语

城市二孩备孕女性虽然往往面临着"高龄""肥胖""亚健康"等多重压力，面临着身体状态和各项身体机能的衰退，但在医学对女性身体的训诫下，她们为了实现"优生"的愿望，开始有意识地参与以健身为代表的积极的身体管理。同时，部分城市二孩备孕女性通过较为合理的消费观念降低健身风险并提升改善身体形态的效果，进而实现了个体备孕的阶段性目标。此外，我国当代城市女性一定程度上受到享乐主义思潮的影响，更加期待能通过悠然自得的"佛系"健身方式来保持身体健康。在未来生活形态的不断建构下，更多元的健身方式将逐渐为母职人群找到兼顾个体与家庭的有效路径。值得一提的是，"母职使命"从来都不像看起来那样轻松，仅仅在女性备孕期间，就能从其对于个体身心状态的调整中看到无尽的辛劳。

---

① 闫静、王焕、熊欢：《全面二孩背景下二孩母亲体育活动的动机和限制性因素分析》，《北京体育大学学报》2019 年第 1 期，第 111~119 页。

第十章　双重身体的"孕育"

——一位孕产期女性日常生活中的健身经验

化名：简

年龄：27 岁

学历：本科

职业：地产公司会计

婚育状况：已婚，育有一子

健身背景：简身高 164 厘米，体重 50 公斤，常年运动健身，几乎每年都会参加一两次全程马拉松。

有关女性整个孕产期的体育锻炼问题一直都被当成医学问题来研究。孕妇群体肩负孕育生命的特殊使命，因而她们特别关注自我的身体健康，并将合理的饮食营养、身体锻炼、卫生保健以及按时按需的医学检查纳入自己的日常生活规划中。然而，人们对女性在孕产期的日常健身活动有着不同的争论。本章以口述的方式对一位职业女性孕期健身经历进行了访问和记录，目的并不是论证孕期健身的优劣势，而是从个体经验层面来回应"孕期"对女性日常生活以及健身活动的"规训"这一假设。

第一部分　口述故事

初次见到简的时候，她是一位身材匀称，拥有小麦色肌肤的年轻女性，尤其是手臂上那漂亮的肌肉线条，让人一看就知道她常年爱好运动健身。她在怀孕前一直有运动健身的习惯。她每周都在固定的时间去健身房或户外跑步、练习瑜伽，夏天还经常游泳等。然而，在备孕以及怀孕的过程中，运动健身在她的日常生活中被赋予了新的意义。

"跑马"——我运动健身的起点

我的健身经历要从大一的时候讲起。在读高中的时候，体育老师也曾教过我们一些运动项目，不过那个时候课业繁多、学业任务很重，没有多少时间去认真学习体育运动，更没有精力在课余参加体育锻炼。体育锻炼也只是在上体育课的时候应付一下体育老师。我那时对体育运动没有太多的感觉，只是觉得体育运动就是男生喜欢打篮球、踢足球而已。如果没有发自心底的热爱，就根本就谈不上真正的兴趣爱好。我是在读大一的时候，一次偶然的机会认识了一个跑团的朋友。出于新鲜，我就加入了他推荐的跑团组织，并且每天早晨跟着跑团的成员练习跑步。没过多久，我就跟着跑团一起报名参加了一次半程马拉松比赛。我原本以为自己根本就不能完成21公里的"半马"（半程马拉松比赛的简称），只是打算跟着团队一起出去玩一玩，结果出乎意料的是我居然坚持冲过了终点。可想而知，当时这对我是多么大的一个激励。虽然后来浑身疼了很长时间，尤其是腿，我几乎无法上下楼梯，还是在同宿舍室友的搀扶下，我才能上下四层楼。尽管如此，我还是对跑步健身开始有了非常浓厚的兴趣。我这些年来一直坚持跑步锻炼。我最初跟随跑团练习跑步，主要是为了减肥，保持良好的身材。自从"跑马"（跑马拉松比赛）之后，我发觉跑步不仅让我保持了良好的身材体形和精神状态，而且有了规律的生活作息习惯。我以前经常熬夜上网，自从晨跑之后，晚上必须早点上床睡觉。有了坚持的信念，加上认识了一大帮朋友，从此我也就爱上了"跑马"。

我跑完了自己人生中第一个"半马"之后，在跑友的建议下，购买了一双专业的耐克跑步鞋。说起运动装备，相对来讲，跑步鞋比运动服更重要一点儿。科技含量高的跑步鞋可以最大限度地减少跑步震动对膝盖的磨损，从而保护好膝盖。鞋子质量不好，跑步会很伤膝盖。为了跑马拉松，尤其是在报名之后准备参赛训练的那几个月，我坚持每个星期跑步 5 次，每次都会去学校的田径场上戴着耳机听着音乐跑 15 ~ 20 圈，并且每周还要做各种力量训练，周末休息。我大学毕业工作之后，也经常跑步，但没有用这样的强度。人也会有偷懒的时候，我也仅仅是在每次报名马拉松之后的几个月里，才开始按照这样的方式进行跑马训练。

简特意展示了自己近几年参加马拉松的成绩。

2016 年 6 月 11 日，兰州马拉松，半马，21.09 公里，成绩 02：35：42。

2016 年 11 月 5 日，西昌马拉松，半马，21.09 公里，成绩是 02：51：32。

2017 年 3 月 19 日，重庆国际马拉松，全马，42.195 公里，枪声成绩：04：50：44，净成绩：04：50：03。

2019 年 3 月 17 日，成都双遗马拉松，全马，42.195 公里，枪声成绩：05：46：29，净成绩：05：43：22。

随后，她又翻出了在第一次完成重庆全马之后自己在网上分享的一些感悟："人生第一场全马顺利完赛，比自己预计的时间还要快十分钟。感谢亲朋好友的支持，也得感谢自己，在中途的时候，浑身已经僵硬酸痛的情况下仍然咬牙坚持完比赛，看似遥不可及的全马居然被自己成功征服了。"

自从爱上了"跑马"之后，我几乎每周一和周五都去健身房进行力量训练。我并非一次性的全身练习，而是每次只练习两个部位，臀腿、肩胸、腰腹轮流进行。进健身房之后，我先是热身，要么在椭圆仪上踩 5 分钟，要么就在跑步机上慢跑 5 分钟，热身结束之后才会练习主要项目。比如，星期一练习臀腿，选用 10 公斤的杠铃，深蹲和弓箭步蹲各自交替进行 2 次，总共 4 组练习，每组大概 10 ~ 12 次，组间间隔休息一小会儿。跑步尤其要提高腿部肌肉力量，腿部力量好，膝盖受伤的概率就会大大降低，这是跑团的一位资深跑友告诉我的健身科学知识。胸肩部肌肉的练习则是卧推和哑铃、飞鸟等练习，组数和次数跟臀腿的练习一致。

我在健身的时候还会带上各种必备的物品——水、香蕉、运动饮料等。进健身房我一般都会自带矿泉水和运动饮料，有时还会带两只香蕉。我大学体育学院的一位教练告诉我，香蕉有助于补充电解质和糖分，人体在大量流汗之后会电解质缺乏，香蕉低钠高钾，可以及时补充电解质防止肌肉痉挛，运动中吃香蕉不会造成饱腹感而影响运动能力，所以吃香蕉是运动中非常好的能量补充方式。网球运动员在赛间休息的时候吃香蕉就是这个道理。

我每次做完力量训练之后还会做各种拉伸。运动之后的拉伸其实是一项科学健身程序，不过许多人都忽视了这一环节，它不仅有助于肌肉的放松和恢复，能够增加肌肉与关节的柔韧性和协调性，还有助于肌肉线条呈现和外形美观。我每次做完力量练习和跑步训练之后都不会忽略拉伸。"Keep"（一个运动 APP 的名字，下同）上讲拉伸要注意顺序——头、颈、肩胸、上肢、躯干、下肢等，也就是要从头到脚，不能乱序。不过要把这一系列的拉伸练习全部做完至少也得 30 分钟。

许多人其实不懂如何运动健身。请教练要花钱，而且健身房的教练都爱特意地推销一些产品（健身课程、蛋白粉之类）给客户，不买又不好意思，买了又不知道到底适不适合自己，自己到底需不需要。"Keep"可以给人们专业的健身指导，在健身初始阶段对自己的身体状况进行测试，因人而异、循序渐进地指导人们从事运动健身。同时，"Keep"社区里有许多爱好健身的成员，他们可以分享各种供人们阅读的健身知识和经历。

"备孕"——接受多样化的体育健身

我觉得运动健身是人终身的习惯，并不是人生的某个时段需要了，才开始进行。我没有为了备孕而计划用一段时间专门从事体育运动来调理身体，不像有的人为了怀孕而专门计划好一段时间加强体能锻炼，调理身体，要么是为了受孕更容易，要么就是为了锻炼出良好的体能以便度过艰苦的怀孕过程。这些人的日常生活中是没有体育规划的，为了备孕才刻意加强体能锻炼给人一种临时抱佛脚的感觉。我前段时间还在网上看到了一则新闻，说的是一位中年男性为了"备战"二孩，急于加强自己身体素质的锻炼，尽管他平时很少参加体育运动，但是他突然来了兴致走进了健身房，猛地进行了一系列力量练习，做了很多蹲杠、深蹲之类的项目，还在朋友圈里晒出自己的健身照片。看似意志顽强，可是第二天尿液便呈现深颜色，像酱油一样，后来直接尿不出来了。经过检查，医生发现他体内的肌酸激酶是常人的 100 多倍，诊断其为横纹肌溶解，引发急性肾衰竭，还得做血液透析。这是很可怕的一件事。所以运动健身不仅应该循序渐进，还应该保持日常化、终身性。无论男女，备孕期间进行体育锻炼对身体的调理都会有很多益处。我因为经常进行体育运动，所以完全没有备孕期加强身体锻炼的必要。还记得我当初告诉老公，自己的身体机能随时都是以最好的状态准备怀孕，他听完哈哈大笑。

我比较喜欢那种运动时"暴汗"的感觉，尤其是在健身房进行力量训练时，浑身是汗，这样的感觉其实很舒服。可能很多女孩子都不太喜欢这样的感觉。我同样很喜欢户外慢跑，几乎每周都会跑 3～4 次，每次都是一个小时左右。至于选择什么运动主要是看季节和天气，春秋时节主要是户外慢跑，夏天太热了也就不户外跑步了，更多的是去游泳馆游泳和去瑜伽中心练习瑜伽。毕竟是女性嘛，还是不希望自己被晒得太黑。不过，我丈夫倒不介意我皮肤黑。我在瑜伽中心办有年卡，不过练习比较断断续续。我有时候也会打网球，由于打网球必须要找同伴，而且还有一定场地条件的要求，所以不能经常进行。

大概是 3 年前，那个时候我跟丈夫刚刚结婚，他建议我可以考虑练习瑜伽。有可能是他看到许多女孩子都去练习瑜伽，而我则喜欢进健身房"撸铁"和跑步，但是他从来没对我说过不让我进健身房。当然他也有可能是想让我用比较柔和的运动方式备孕，只是他不明说而已。其实我还是比较喜欢瑜伽的，毕竟它风靡全球，肯定有它的乐趣和存在的意义。我只是觉得自己一个人练习瑜伽的话就难以进入练习的状态，会感觉很没劲，枯燥乏味。有好几次我自己一人练着、练着就不想继续了。而在一个集体练习瑜伽的环境中则会很投入。

于是，我就报了一个瑜伽班，每天下了班之后就去参加固定的瑜伽课程。瑜伽中心是白天比较冷清（周末除外），晚上人气较火爆。刚开始，由于报瑜伽课程交了钱，瑜伽练着不累，人也精神，心情舒畅，我倒是天天按时到瑜伽中心练习。可是过了一段时间，我觉得只练习瑜伽还是有些单一化，将力量训练和跑步穿插在里面健身效果会更好。我一般都是周一和周五到健身房进行力量训练，周二、周三和周四去练习瑜伽，周末休息。瑜伽教练要求学员周末休息，说是健身后人的机体需要休息、恢复，这样才会有健身效果。不过我有时候周末也会去户外慢跑，尤其是工作压力大、心情烦闷的时候，不管是周几我都会外出跑步，不会练习瑜伽。

其实这样很浪费的。线上健身产品"每日瑜伽"和"Keep"里也有瑜伽指导，只是没有集体练习的氛围，自己一个人练习瑜伽会有枯燥乏味感。我报的是全年的瑜伽课程，费用是 1980 元，每周一至周五要上 5 次课，周末休息。每天时间都是固定的，晚上 7 点至 8 点半，练习瑜伽一个小时，中间休息差不多半个小时。而我基本上是一周才去上 3 次课，有时还只会去 2 次。尤其是报名参加马拉松之后训练跑步的几个月里更是很少去瑜伽中心。

但我每年仍然会报全年的瑜伽课程。一个原因是每次年卡快到期的时候，就在犹豫到底要不要续卡的日子里，瑜伽中心似乎也是抓住了顾客的心理，都会以各种优惠手段诱惑学员继续报名来年的瑜伽课程，我从"节省"的角度出发，以优惠的价格继续购买了来年的瑜伽课程。另一个原因是我每周要到健身房进行力量训练，结束之后需要进行一些拉伸练习，以起到按摩肌肉，促使肌肉恢复、生长，保持肌肉与关节的柔韧性和协调性的作用。如果每周能够练习几次瑜伽，则可以使身体肌肉放松、柔软。

我一般情况下是骑单车到瑜伽中心，有时候也步行，从家到瑜伽中心大概是1.5公里的距离，步行就当热身了。我选择静心瑜伽中心的原因之一是这里的学员比较多，人气比较旺；原因之二是我的瑜伽教练，人还不错。虽然我住的片区还有一个健身中心，也有瑜伽课程，距离可能还稍微近一点儿，但是我不太了解那个瑜伽中心，没有认识的人在那里，所以我就选择了静心瑜伽中心。

为了在工作、家庭生活以及运动健身这三者之间取得平衡，我一般都是尽可能地在白天把工作做完，提高效率，下班之后就会去健身，基本上不会将工作带回家。还有就是我不太喜欢应酬，非必要的应酬场合我一般不参与。呵呵，没有什么事业心。另外，我虽然每天下班之后就去运动了，可是家里该做的事情，我从不推脱。比如，我让家人晚饭之后丢下碗筷，待我每天运动完之后回家洗碗。周末我一般都在家收拾屋子、洗衣服、整理衣物等，把要做的事情提前做好。当然，我也会尽量让我老公去参与体育运动。他喜欢打篮球，我会尽力支持他打篮球的爱好。这样夫妻之间相互配合，只要他没意见，就不存在问题。一般来说，我会先随便吃一点儿东西，就去练习瑜伽，如果完全不吃东西，身体根本承受不住。瑜伽练习结束之后，我有时可能还会再吃一些东西。至于吃什么则是看情况，有时喝牛奶吃面包，有时可能回家吃点儿饭，有时还可能在路边买一个手抓饼之类的东西对付一下。

怀孕了，我的马拉松却泡汤了

我非常赞同女性在备孕期和孕期从事一些适宜的体育运动。记得我当时去孕检的时候听见医生让一位血糖偏高的孕妇每天做一些适宜的体育运动以便降低血糖，那位医生还说孕期运动有助于顺产。像轻微的慢跑、散步、简单的徒手体操、游泳（游泳当然要看水质）之类的体育运动，对孕妇的身心和胎儿的发育当然是有益处的。不过，我自己怀孕的时候并没有去游泳，一是担心水质的安全，如果水不干净，染上炎症或者传染上其他什么病症，非得用药就不好了；二是担心游泳的运动幅度太大会引起流产等意外的发生。很多女性一怀孕，就暂时停止了体育运动，当然主要是担心流产。其实如果女性身体素质好，加上在科学的指导下进行适宜的体育运动，基本上是不会发生意外的。

有意思的是，我和老公在最初尝试怀孕的时候，几乎都停止了健身运动。我当时以为只要是打算怀孕，应该立马就会成功。呵呵，我担心万一怀上了，过大的运动负荷会对身体不利。结果几个月过去了，我的肚子仍然风平浪静。最后我们着急了去问医生，医生则告诉我们要放松，越想要，越不容易怀上，要保持平常心。结果我也失去了耐心，干脆恢复了往常的健身规律，只是将运动量控制在比较小的范围内。不过，在这期间我们一直没有间断过体育锻炼，老公喜欢打篮球，我则仍然跑步、瑜伽，到健身房进行一些低强度的力量训练。因为我每年都会参加一两次马拉松，不进行力量练习，根本没有足够的体能参加"全马"。

直到我发现自己没有来月经，然后通过验孕棒证实了自己怀孕的事实，就决定在孕早期内不做任何体育运动。医生说前三个月胎盘还没完全稳固，要多休息，少走动。接下来，我掂量着自己之前报名参加的马拉松比赛是否会泡汤。那个时候我是7月怀孕的，而马拉松比赛是10月中旬开赛，参加马拉松一般都需要提前好几个月报名。当时刚刚过了孕前期，我就试着在滨江大道上跑步，想试一试自己能否参加马拉松。尽管我很谨慎，只跑了10公里，而且跑速很低，可是当晚还是肚子痛。家人立马把我送到医院去做检查，医生还安排了吸氧和胎心监测。医生检查了之后说没什么大碍，让我运动不要太过剧烈。我当时是尽力回避我婆婆那种想要发火又极力强忍住的表情，过后家人极力地反对我参加马拉松比赛，但不反对我进行一般性的身体锻炼，只是说不要太剧烈。他们认为体育比赛肯定会比较激烈，只要存在竞争，就需要投入很多体力和精力。如果稍有不慎，就会影响胎儿，还会伤及大人的身体。家人建议我多散步。其实，不光是他们，我自己也很害怕，尤其是当时肚子痛的时候，我好后悔去跑步，担心孩子会有问题。当然我也知道怀孕参加马拉松对我来说仅仅是一个比较疯狂的想法而已，应该是不会付诸行动的。不过那时真的很想尝试一下怀孕跑马拉松的经历，想体验一下带着一个小生命在万人中参加跑步比赛的感觉。

其实，国内外有很多关于孕妇参加马拉松的新闻报道。美国有一位孕妈在怀孕8个多月的时候跑马拉松，跑完之后就产下了一名健康的女婴。当时许多评论指责这是一种很不负责的行为，但我不这么认为。参加比赛的选手都是成年人，心智是成熟的，知道自己的身体状况。但凡自己决定能够参赛的孕妈，一般都咨询过医生，做足了这方面的准备，确定不会发生意外才会参加。我认为做母亲的不会因为要博眼球而牺牲母子的生命与健康。小威廉姆斯当时在澳网开赛前夕发现自己怀有2个月的身孕之后，也是咨询过医生，确定了身体情况之后才决定参加澳网的，并一举拿下了冠军。人家还是在孕前期呢，也没有发生流产，生下来的女儿也同样健康。况且澳网是顶级赛事，场场比赛都堪称世界顶尖对决，包含很多来回奔跑、跳跃以及大幅度的肢体动作，无论是体能还是心智方面的消耗都是巨大的。不过，这是一个极端的案例，普通人是不能模仿的。小威廉姆斯很强壮，身体素质很顶尖。

我老公也很喜欢体育运动，我也支持他运动健身，我们相互支持，这样他才会尊重我的决定，不会干涉我的健身自由。不过即使是这样，他也同样反对我在有身孕的情况下参加马拉松，并表示进行一般性的身体运动没问题，但是不能参加比赛，尤其是大负荷量超级消耗体能的马拉松比赛。我婆婆还常让他劝我，不要去跑步，说万一动了胎气怎么办。呵呵！

为了胎儿，小心翼翼地运动

我在怀孕前期并没有从事任何其他体育运动，医学上讲怀孕前期胎盘不稳固，过多的身体活动会造成流产，孕妇应该以休息为主。一定要尊重科学，即使再怎样不习惯，还是得坚持到孕中期。因为我常年都有体育运动的习惯，只要隔几天不动，身体就会很自然地出现一种不舒服的感觉，就是那种心情有些烦躁、人不够精神的感觉，这是身体在给自己发出需要运动的提醒，运动半个小时之后这种感觉就会消失。

医生说孕期运动可以让孕妈的血液循环更好，促进新陈代谢，保持健康的身体。孕妈还可以通过运动控制体重，降低血糖。运动可以帮助胎儿顺利入盆，有助于顺产。不过我真的没有考虑那么多，我只是常年有健身的习惯，健身是我日常生活中的一部分，不运动就不舒服。当然我在孕期运动还有一些其他目的，希望自己可以保持体形，因为运动可以让身体更加紧致，皮肤不会松弛，不会长妊娠纹。有时候我还希望，我坚持运动的话我的孩子也许可以遗传到一些运动天赋。

我当初很想去跑步，呼吸新鲜空气，可是还是克制着自己。我几乎每天都会去滨江大道散步，利用这种方式呼吸新鲜空气。但是散步呼吸新鲜空气和慢跑呼吸新鲜空气的感觉是完全不同的。慢跑可以畅快地出一身汗，身体可以吸进很多新鲜氧气，头脑会更加清醒，心情会更加舒畅，而散步则不会有这种感觉。

我怀孕之后也第一时间将自己上下班的时间和方式做了调整。我一直是没有停止工作的。怀孕之后我就不再开车了，基本上都是步行上下班，就当散步吧。从家到工作地点差不多2公里的路程，走路的速度也自然慢许多，所以我一般都是提前很长时间出门。

我还记得在孕4个月的时候，我穿好运动服，全副武装，打算出门跑步，自己还特意发了一张照片在朋友圈里晒上（说着就翻出了那张照片）。你看，上面用文字写道："清早喝了杯蜂蜜水就出门跑步、爬山，我看起来像四个多月的孕妈吗？"由于有上次跑完 10 公里肚子痛的教训，这次我是非常小心的，时刻注意，避免跑步过程中身体上有任何过大的起伏，跑速也放得很低，跑得很谨慎。出门之前，我还在犹豫到底能不能进行跑步，万一发生意外怎么办？家人会原谅我吗？总之，我当时很忐忑，有一种小孩子做错事担心受到惩罚的感觉。我只跑了 5 公里，就准备回家了。就在我慢跑回家的途中遇上了一位同事，同事见我怀孕还跑得满头大汗，她惊讶不已。她对我说她怀孕的时候，身体运动的最远距离就是从床到沙发的距离。她在怀孕期间为了保胎，很早就请了假在家休养，大多数时间都是在床上度过的。她很羡慕我的身体素质，但她不知道这就是平时辛苦锻炼身体的一种回报或者收获。如果我平时不运动，说不定也会像我同事那样只能卧床保胎。

我大学毕业工作之后也加入了当地的跑团组织。怀孕期间我仍然跟着跑团跑步，由于肚子里有一个小生命，我跑起来会很累，跑速低，1 公里 7~8 分钟的跑速，而且运动频率不高，偶尔才会跟着跑团跑步。有时我能感受到宝宝在肚子里踢、动，那一般都是他醒着的时候。和我同事一样，跑团的朋友也十分惊讶我孕期仍然坚持跑步。很多朋友都劝我最好不要跑步，以免发生意外。他们很照顾我，随时给我鼓励。丈夫倒是从来都不反对我跑步，只是会问我有没有感觉累，要是累就不要跑了。其实我也很担心，随时都在衡量。有一个生命在肚子里，我做任何事情之前都会考虑一下这件事情到底能不能做。

孕期运动身体的规划与调整

可能是体质或者常年健身的原因，我孕中期的体重增长不多，肚子也不明显，穿宽松的衣服几乎看不出我是孕妇，就连我自己有时也忘记自己是孕妇。虽然我在孕期身体和精神状况跟孕前相差不大，不过在一次爬山游玩的时候我还是感受到了身体状况与怀孕前的差别。我之前从未发生过高原反应，但是在一次全家去九寨沟黄龙爬山游玩的时候却出现了缺氧的症状。那一次，我们一家人去九寨沟黄龙爬山游玩。因为我之前也去过一些海拔高的地区，从未出现过高原反应，有可能是经常运动的原因吧。但那次游玩，我爬到了一定高度，就觉得胸闷、心慌，身体很难受，出现了缺氧症状。随后家人就陪我一起下山，还在景区服务亭吸氧，等我症状缓解了之后我们一家直接就下山了，没有继续在景区停留。

我意识到身体状态的不同，所以调整了运动方式，主要是采用低强度、低运动量、频率适中的健身方式。我主要是进行一些慢跑，而且很小心，速度很低，并且不会跑太长时间，感觉就跟热身运动差不多，微微出点儿汗，心情舒畅就可以了。不会像平时跑步训练那样跑上20圈，浑身大汗，跑完之后精疲力竭。我始终想着肚子里还有一个生命，需要随时掌握分寸。如果肚子里有动静，我就会立马停下来，判断宝宝是在干什么，会不会是运动影响到他/她了。我只会跑4～5圈的样子。我在家里也练习"Keep"，练习强度也只是维持在最基本的"Keep"1和"Keep"2的水平。我会保持身体平稳，不会去做弯腰、跳跃的动作。平时我很喜欢的腰腹和蜜桃臀的练习动作，怀孕时根本就没有做过。因为害怕伤害胎儿，我也停止了瑜伽练习。瑜伽中心教练打电话问我为什么不去练习瑜伽了？我直接告诉她实情，我已经怀孕了，稍有难度的动作就不能练了，所以干脆等生完孩子以后再去。可那个教练却说孕妇也是可以练习瑜伽的，只要不做那些有难度的动作就行。关键是我许多瑜伽动作都不能做，只能一个人看着周围其他人练习，还不如去跑步。

我整个孕期的感觉都很好，宝宝几乎不影响我的作息。我在孕后期逐渐减少了运动的次数，只是经常散步和跟着"Keep"做一些简单的徒手体操，也没有继续跑步了。孕后期我自己也觉得哪怕是运动稍微剧烈了一点儿就会很累。而且我手脚还浮肿，穿鞋子都穿不进去。随着月份的增加，肚子会大一些，身体负担越来越大，运动耗氧量也会增加，爬个楼梯也要比平时慢许多。总之，我越来越倾向于散步。

书上也说，散步是孕妇最好的身体活动。没有比散步更适合孕妈的身体锻炼方式了，节奏慢、悠闲、没有心理压力，不会对身体造成伤害。不过我认为不管什么事情都要因人、视情况而定，不能一概而论。我自己就是一个很好的例子，不仅散步，还从事了其他很多体育运动。

进入孕后期，我已经请好了产假。几乎每天傍晚都会去一所中学的操场散步，那所学校离我家差不多3公里。因为在学校操场散步很安全，没有车流，不嘈杂，也没有废气和灰尘，操场比较空旷，感觉很舒服。还有就是我舅舅在那里工作，我熟悉那里的环境。一般来说，我在操场上散步会走4～5圈的样子。丈夫会经常陪我一起散步。他下了班，吃过晚饭，就开车载着我一起去学校。因为我们小区内有个居民养了一条德国牧羊犬，有时还会牵着狗在小区内转悠，很吓人的。所以，我是不敢在小区内散步的，有时会在小区外的街道上走一走。不过，街道当然没有学校安全，车水马龙的，空气质量也不好。也有可能是对丈夫的依赖吧，如果遇上他有应酬，抽不出时间，我也就只能不外出散步了，一般都是待在家里。如果步行到学校去散步，按照我的速度估计差不多要一个小时，时间和体力都已经消耗了，再散步也没有意义了。和丈夫一起散步，我们会聊很多话题，比如单位发生的一些新闻、孩子以后的人生规划等。我一个人散步，就感觉缺了点儿什么，有种失落感，所以如果丈夫没空，我一般都不去学校操场散步。

至于饮食，我怀孕之后的饮食倒没什么特别，就跟平常一样。孕早期呕吐厉害，那段时间吃了跟没吃区别不大。孕中期就吃的比较多了。饮食内容没有太大的区别，家人会经常熬汤给我喝。一开始的时候我怕胖，不太愿意吃，不过老是饿，没办法，只能吃，只要不饿就行。

终于"卸货"——我要回到以前

对于我来说，长时间无法运动，简直就是一种煎熬。分娩之后，我经历了差不多 3 个月的煎熬之后才开始恢复运动健身。我妈让我坐月子一定要坐满 2 个月，她特别强调休息、营养、卫生，可以适当走动，但是不能多动。她说如果月子里没恢复好，就会落下月子病。我在那段时间可是胖了一大圈。在月子里，几乎每天要吃上 5 顿，每天都有猪蹄汤、鲫鱼汤等各种汤水，大家都说喝汤会让奶水充足。如果食量太少，奶水就会缺乏，吃太多，又不能保持身形，可我还是希望能够母乳喂养。我妈还找了中医大夫给我开了一些滋补身体的中药，我是足足增重了 20 斤。在这段日子里，我的体形发生了巨大变化，由以前的苗条紧致到现在的臃肿松弛。我迫不及待地要到健身房和户外跑步，急于减掉身上的赘肉。我同样也知道再急迫，也要等到 3 个月之后才能开始健身锻炼。但就在分娩完的 3 个月之后，我感觉身子还是有点儿虚弱，害怕适应不了跑步的节奏，就通过走步和瑜伽促进身体机能的恢复，再逐渐过渡到跑步和力量训练。

我真正开始恢复怀孕前那种每周都去健身房"撸铁"的规律生活距离分娩已经有差不多 4 个月的时间了。我希望恢复以前那种形象，虽不能说是光彩靓丽，但至少也可以给人一种时尚得体的感觉。我总是感觉月子里自己的形象有些邋遢，我不太愿意多见人，哈哈。还有就是生完宝宝之后，我总有一种好像自己一下子老了好几岁的感觉，所以我需要通过体育运动重回以前的形象，找回以前那种整个身体充满自信的感觉。

随着体重的大幅度增加，身体的负荷比怀孕前高出了许多，这让我跑起步来特别吃力。不过好在我的身体底子不错，懂得健身知识，知道循序渐进的道理。我先是走步——一种比健走慢、比散步稍快的没有任何心理压力的身体锻炼方式。我每天沿着田径场差不多走 6 圈。最开始走着走着就不想走了，有些累。慢慢地坚持了两三周，逐渐可以小跑，我就开始去健身房做一些较轻的力量训练。我以前蹲杠铃很轻松，生完孩子之后做杠铃深蹲就很吃力。怀孕前我一般都是蹲 10 公斤的杠铃，生完孩子之后我只能从最轻的 5 公斤开始。我以前健身主要是为了储备足够的体能参加马拉松，而坐完月子之后的拼命锻炼完全是为了减肥，先苗条回去了之后再说其他的。

　　我的观点是，运动和饮食结合才是科学的减肥方式。健康的饮食和适当的运动模式应该是七分靠吃、三分靠练。我平时很注重饮食的健康，基本上不乱吃东西。不过，我也不像其他健美爱好者那样，平时吃很多蛋白粉增肌，我的饮食就跟平常差不多，就只是多喝牛奶，经常吃一些牛肉，每天一个鸡蛋。

　　我以前认为减肥是一件很轻松的事情。不过坐完月子之后我觉得减肥并不容易。我身高164厘米，体重一直都保持在50公斤左右，然而，坐完月子之后我的体重已经差不多60公斤了。要减下这10公斤并不容易。我真正体会到只有自己经历了之后才能理解许多肥胖的人想要减肥的愿望是多么迫切。有些超级肥胖者甚至可以说是绝望的，他们想尽各种办法瘦身，包括不健康不科学的方式，例如，抽脂、打针、缩胃、吃减肥药、进行手术等。以前我是不能理解这种现象的，我始终认为减肥是一个缓慢的过程，通过积极的运动与健康合理的饮食，基本上就不会胖起来。可是在那段努力减肥的日子里，我真是恨不得自己也吃吃减肥药，也去抽脂，幻想着几天之内就能瘦下来。

　　很多爱好健身的女性在生完孩子之后都会面临一个最基本的问题，就是孩子出生之后很多的时间和精力都会花在孩子身上，健身运动的规律性就被照顾孩子的需求给打破了，呈断断续续的状态。我也是一样的，我会在孩子睡着了那一小会儿工夫，在家练习"Keep"。如果宝宝突然醒来，而自己又在健身锻炼，我则会带着他一起练习（说着简还比画着动作），比如躺着做一些腰腹练习的时候，我会将孩子放在腹部上，让他躺着，我的一只手托着他练习，他不哭不闹，好像还挺享受的。做一些不能带着他一起练的动作时，我则将他放在沙发上，我看着他，只要他不哭闹就行（简还翻出手机，找出了老公给她拍摄的她发在朋友圈里的那张带着儿子一起做腰腹运动的照片，配图文字写着"正所谓健身、带娃两不误"）。白天的工作时间，我会让父母照顾孩子，下班之后我自己带孩子，所以运动健身就没有规律性。自从有了孩子之后，半个小时的跑步时间都是奢侈的，最多的就是在家练习"Keep"，也没有太多的进行其他娱乐和健身运动的时间，就连拉伸也没有完整地做过。周末的下午丈夫休息，他可以在这段时间照看孩子。天气好的时候，他会开车送我去跑步，然后他抱着孩子在学校操场上玩耍，我就围着操场跑步。

我休完产假之后回去上班，发现我以前的工作岗位已经有人接替了。我不得不从新的岗位做起，随时感觉到竞争和压力。因此，工作方面的时间是不可以被挤占的。同样，要维持家庭生活正常运转所花费的时间和精力也不能被挤占。最终的结果是只能牺牲自己的日常健身时间。以前下班之后我一般都是在健身房或者瑜伽中心，现在下班之后我是立马回家带孩子，健身的时间很少。好在丈夫支持我，凡是报名参加了马拉松之后的几个月里，下班之后他都会主动带孩子，让我腾出时间练习跑步。这样我才可以在周一和周五下班之后到健身房进行力量训练，其他时间练习跑步，准备参加马拉松。有时丈夫会抱着孩子在街上散步，等我跑步结束再一起回家。有好几次我刚开车回来就看见他抱着孩子在小区附近的街区散步，我心里顿时就产生了那种暖暖的幸福感。

我参加马拉松完全是热爱，想体验那种坚持的信念，想体会那种冲过终点的成就感。尤其是在跑全马的途中，有无数次想要放弃，可是坚持冲过终点之后就会庆幸自己之前没有选择放弃，否则就不能体验到冲过终点那一刻的美妙感觉。我想这有可能就是现在马拉松赛事能够持续火爆的原因。

简现在已经恢复了以前那种令人羡慕的、漂亮分明的肌肉线条，完全看不到任何臃肿的样子。为了准备参加来年的马拉松，简每周末下午都会去学校操场进行跑步练习。

第二部分　分析与讨论

健身是一个涉及许多方面的复杂的系统工程。它是指以身体运动、自然力、饮食营养、卫生措施、生活制度、优生优育等作为手段，培育、锻炼、养护身体，以增强体质、增进健康的活动过程[①]。概括来讲，影响健身的主要因素有两方面：先天因素和后天因素。先天因素是指个体出生时受之父母的遗传素质，后天因素包括合理营养、规律的生活、适度的体育运动、优良的环境、和谐的家庭、不良嗜好的戒除、良好的医疗保障等。简对孕期健身经历的叙述，包括了后天因素中的所有成分。

一　日常健身的约束——时间地理学视角的启示

人类在从事社会活动时不可能随心所欲，人类的各种行为必定受到各种各样的限制或者约束。赫格斯特兰德认为，身体和物理环境是对人类活动产生约束的源泉[②]。人身体的生理能力与物

[①] 杨文轩、陈琦：《体育原理》，高等教育出版社，2004，第70页。
[②] 安东尼·吉登斯：《社会的构成：结构化理论纲要》，李康、李猛译，中国人民大学出版社，2016，第105页。

质环境共同作用，限制了行动者的可行选择①。各种约束提供了宏观的社会"边界"，限制着人类行为在时空维度上的伸展。在赫格斯特兰德看来，日常生活中的任何活动都是有目的、有意图的，要落实这些目的或者意图，人们就必须利用有限的时间和空间资源，克服他们所面临的各种约束。简的日常健身活动便体现了这种物质性约束和结构性约束。

（一）简日常健身规划的物质性约束

物质性约束体现在身体的生理能力、时间的有限性、时空"容纳"的困难，以及人的身体的感觉能力和沟通能力方面的限制上，其中最主要的是时间的有限约束。人类每日 24 小时是固定的、有限的。每个人每天固定的睡眠和进食会占据一定时间，如果运动健身再占据一定时间，那么从事其他活动的时间就会进一步减少，这就是日常生活结构所设置的时间约束。人从事一项活动会占据一定的时间，同时，人的身体也在一定的空间里运动。譬如，简这个时间段在静心瑜伽中心练习瑜伽，那么她一定不可能在同一时间出现在学校操场练习跑步，或者出现在健身房进行力量训练，更不可能在家做饭带孩子。所以她每周一和周五的下午进健身房练习力量，每周二、三、四的下午则会练习瑜伽，有时周末才能慢跑。她生完孩子之后下班一般都是回家带孩子，基本不能外出运动健身，只能在家练习"Keep"。凡事总得有所取舍，不可能什么都去做。因此，简要将运动健身纳入自己的日常生活，就必须详细规划有限的时间和空间资源。她到静心

---

① 安东尼·吉登斯：《社会的构成：结构化理论纲要》，李康、李猛译，中国人民大学出版社，2016，第 165 页。

瑜伽中心练习瑜伽是步行还是骑单车，在家练习"Keep"做到"健身带娃两不误"，以及在怀孕中后期去学校操场散步是步行还是选择丈夫开车载送，诸如此类的简单选择都取决于简的时空资源规划。

我们从简的叙述中可以看出，简从事运动健身最主要是受到时空资源、身体生理能力，以及身体感觉和沟通能力的约束。女性特别关注空间的安全感，因此她们在选择运动休闲活动时更倾向于选择那些能给她们带来安全感的场所，如小区空地①。为了身体的安全感，简总是选择能给她带来安全感的场所健身锻炼，如瑜伽中心、学校操场。简比较注意身体感觉和沟通能力，她在运动健身时都会寻求加入一定的组织团队，比如跑团组织和瑜伽中心，以及以一定的组织方式参加马拉松。各种约束的影响让简选择了以上的运动和运动方式，即使在怀孕后期，也是由于时空资源、安全感和舒适感的约束才让简选择丈夫开车载送的方式去散步。

（二）简日常健身规划的结构性约束

结构性约束可以理解为行动者所处的具体的、客观的社会情境"给定"的限制。个人的生存和生活环境受制于其家庭以及居住的社会文化环境，这也决定了个人的运动、生活方式。简生活在内陆的一个小城市，缺乏各类贵族式的体育和娱乐，没有烧钱的高尔夫，以及对场地设施要求很高的潜水、马球、城市滑翔等，况且简只是一位普通的工薪阶层上班族，她所能参与的仅仅

---

① 熊欢：《论休闲体育对城市女性社会空间的建构与影响因素》，《北京体育大学学报》2012年第8期，第16~21页。

是一些常见的"平民化"的体育运动而已。简的生存和生活环境使她日常的健身内容仅为瑜伽、网球、跑步等大众性健身运动，由于场地和同伴的限制，甚至连网球也不能经常打。这就是一种宏观的结构性约束。

简的日常健身活动还存在另一种微观的结构性约束。简加入了跑团组织，遵守组织的规则，每日早起晨跑，每晚早睡，穿跑团组织要求的服饰，参加组织举办的活动（主要是参加马拉松赛事），每天面对固定的人群以及固定程序和内容，甚至每年在固定的时间段参加固定的几个马拉松比赛。加入跑团组织之后，她的日常生活就陷入了这样一种固定的结构性约束中。简在瑜伽中心练习瑜伽时同样存在类似的结构性约束。她对静心瑜伽中心的人比较熟悉，这让她感到舒适自在。简一直都在每周固定的时间到这个瑜伽中心练习瑜伽，怀孕前的固定时段是晚7点至8点半，以及出了月子之后的周末上午。简在静心瑜伽中心交钱办卡，双方达成契约关系，瑜伽中心提供场地、器材，传授瑜伽知识和技能，学员交纳会费获得健身知识、技能和身心的发展，增加社交关系。在这样的契约性关系下，简所面对的是一系列约束其行动的选择。她将在这一年的时间里被约束在静心瑜伽中心的环境中，在固定时段和这间固定的瑜伽教室内，与固定的人群一起练习各种瑜伽体式。

（三）简日常体育健身的棱状区域分析

简在孕后期的散步活动具有规律性，她到达散步地点的选择方式具有序列性和轮次性。她去离家大概3公里路程的学校操场散步可以有如下选择：如果开车，这段路程大约花费10分钟；如果骑单车，差不多20分钟；如果步行，按照妊娠期女性的步行速度计算简可能会耗费一个小时。假设简没有怀孕，那么她首选开车去学校散步，其次是骑车，最后才是步行方式。

时间地理学理论认为，一个人一天之中所能支配的时空量是一个棱状区域，这个棱状区域限制了人们对于各种筹划的追求。所谓棱状区域就是我们每个人每天以家为基点外出到各种停留点进行各种筹划活动所呈现的一个大致时空范围。其中在家（停留点）活动所占据的时间最多，而到其他停留点进行筹划（如去工作地点，去学校上课，去超市购物或者去健身房运动）活动花费的时间会逐渐减少。由于每日外出进行筹划活动所选择的交通方式会有所变化（不可能每次出行均保持一种交通方式），因此每次外出在停留点所花费的时间是不一致的。简在孕后期每日从事散步活动所支配的时空量呈现棱状区域，如图 10 - 1。简喜欢在傍晚外出散步，可她所居住的小区内有居民养了德国牧羊犬，出于安全考虑，她不会在自己居住的小区（B_1）散步。简只能外出散步，可是附近街区（B_2）车水马龙，灰尘太多，太嘈杂，为了享受安静和呼吸新鲜空气，简决定去学校操场（A_2）散步。这样又出现了额外的约束，她怀有

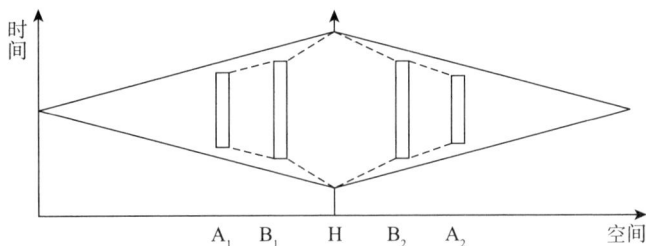

图 10 - 1　简妊娠后期散步活动的棱状区域分析

资料来源：安东尼·吉登斯：《社会的构成：结构化理论纲要》，李康、李猛译，中国人民大学出版社，2016，第 109 页。

身孕不能开车，不能骑车，如果要步行去学校（A_2），那么从家（H）到学校的路程来回可能需要两个小时，所以简只好每天等丈夫回家吃完晚饭后开车载送她去学校（A_1）散步。可是丈夫下班回家之后，吃过晚饭已经疲惫不堪，简又不忍心让丈夫陪她外出散步，不过好在丈夫也希望进行一些身体活动，最终还是开车陪她一起去学校（A_1）散步。

二 个人对孕妇规训的挑战——新建女性孕期的身体秩序

女性在孕期不仅可以从事体育运动，而且孕期适当的健身锻炼会给女性的身心带来诸多好处，不过由于个人体质和对孕期从事健身运动科学知识、技能的缺乏以及对双重生命安全的重视，许多女性在孕期对体育运动"望而却步"，由此形成了一种女性身体在孕期被束缚的整体秩序。既然女性孕期从事健身活动受到了诸多约束，那么要冲破约束孕期女性身体的秩序，让女性拥有发挥自身积极的主观能动性的机会，就需要掌握科学合理的孕期健身知识和技能，统筹安排时间规划，以及利用其他资源对自身身体受到的社会约束进行巧妙应对。简在整个孕期的各种健身行动为女性建构起了一种全新的示范性身体秩序。

结构论认为，行动者和结构并非彼此独立，而是体现着一种二重性，这种二重性在社会结构中不仅对人的行动具有制约作用，同时也是行动得以进行的前提和中介，它使行动成为可能。行动者的行动既维持着一种结构，同时又改变着这种结构，创造出一种全新的社会结构。在社会日常生活的具体情境中，行动在其产生的那一刻也同时被再生产出来。行动与结构之间相互依存、相互辩证的关系反映在社会实践的时空之中。当然，结构在某种意义上对行动者具有一定的约束，但是它不等同于约束。而且，结构总是同时具有约束性与使动性。我们可以从人力资本理论的"成本和收益"的视角分析行动者维持和改变自身结构的动机。行动者所获得的收益一定要大于自己的付出，行动者才会做出新的行动改变自己业已存在的日常生活结构。简为了获得身体运动的健康、快乐以及良好的身体状态和人际关系，放弃了自己日常生活中已经存在的熬夜上网、早上赖床的生活规律的结构，采用参加跑团的方式给自己的日常生活建构起了一种积极的健身运动的结构秩序。怀孕前的简在时空资源规划方面本身就处于一定约束的结构环境之中，由于孕期健身运动对简产生了足够的"吸引"力量（包括增获身心健康、身形保持、良好的自信等），即使限制孕期健身的约束十分严格（母子安全），简还是"推动"着自己去从事可以打破孕期健身约束的行动，重构另外一种女性孕期健身的结构秩序。为了获得双重身体的健康，体验带着另一个生命运动的感觉，简在孕中期选择了上下班步行、和丈夫一起开车外出散步、跟随"Keep"练习徒手体操，以及不定期地跟随跑团慢跑等方式参与孕期健身。

日常生活事件的时间绵延有着一种持续行动的序列性形式，维持和改变着人们的日常生活结构。如果简的日常生活之中没有健身运动的内容，那么简的生活结构序列应该是下班后直接回家做饭—和家人吃饭—洗碗—休息，或者也许会进行一些其他娱乐活动，如和朋友一起逛街玩乐、吃饭，然后回家休息。这是假设简不进行健身运动的日常生活所构成和维持的结构序列。然而结构论认为，行动者的行动维持着一种结构，它同样也可以改变这种结构。如果行动者期望打破已存在的结构就需要建立新的行动序列，形成新的结构秩序。酷爱健身运动的简的日常生活结构完全是另外一种序列：下班后直接到习惯的健身场所从事运动锻炼，然后回家，吃饭，洗碗，休息。同时，为了维持一种健身运动的生活结构，简主动减少了个人生活中重要性较低的事务，如减少不必要的应酬，专门腾出一定的健身时间，建构起时间约束方面的应对策略。例如，简白天尽量将工作完成，主动利用周末休息时间提前处理一些琐碎的家庭事务，以方便在接下来的时间段自由地前往健身场所；为了节省时间，简提前准备好各种健身必需品如衣物、水、运动饮料和食物以备随时之需；简在出了月子后恢复性健身运动期间，由于照顾宝宝分身乏术，酷爱户外运动的她选择了一种与大多数女性不同的积极主动的体育参与方式，在家中练习"Keep"健身并兼顾带娃。这些都为许多想要健身又被带娃事务缠身的年轻妈妈们提供了示范性的经验。

简在孕中期由于双重身体孕育的特殊性，受到了一种全新的物质性约束——身体的安全性。她不仅采用低负荷量的轻体育，还选择运动时有人陪伴，以便在发生意外时可以第一时间得到保护和帮助。简为了维持运动健身的习惯，体验身体在孕育生命的同时享受运动的愉悦感，坚持着自己日常生活的健身结构序列：简在孕中期用低跑速不定期跟随跑团组织跑步，在家中跟随线上健身软件做一些低强度的徒手体操练习，每日在丈夫的陪同下到学校操场散步。

在沟通能力约束方面，简因为每日要进行健身锻炼，减少了和家人相处的时间。简的行动策略是积极地与家人沟通，带动家人一起健身运动，营造家庭健身的氛围，争取家人的理解和支持。根据简的叙述，她每天下班之后第一时间去运动健身，并非回家做饭和陪家人用餐，她在运动健身与家庭生活之间之所以能够取得平衡，最主要是因为丈夫的支持。丈夫也热爱运动健身，简也支持他健身运动。她基本上在周末提前做好家庭的各种安排，如整理衣物、收拾屋子等，井井有条地做好家庭生活正常运转所需要的各种规划。简还将自己分内事务提前完成，每天运动完回家就帮家人洗碗，分担家务。简通过自我能动力（agency）调整了生活秩序以适应新的身体秩序的有序运行，而新身体秩序的建立消融了原有社会力量对"运动身体"的束缚，解决了"孕育的身体"与"运动的身体"的冲突。

结　语

妊娠是女性生命历程中最特殊的生命事件之一。妊娠有着双重孕育的意蕴，既是女性繁衍、孕育下一代的过程体验，也是重新认识、审视自身生命变化的独特历程。女性在妊娠期内需要接受宏观结构性力量的形塑，按照科学要求、社会期待去做一个"孕妇"，也要在微观视角下对家庭和自己负责，准备过渡到"母职"身份。她们必须改变以往的身体秩序，才能适应妊娠期所带来的各种身体变化，甚至是不适。像简一样，一些女性虽然内心热爱健身，但她们必须调整孕期健身的结构秩序，以适应被预设的身心状态和社会所营造的孕育环境。简采取拒绝放弃/中断（运动）的身体策略进行自我调整，这是她对社会传统孕产文化的抵制与无声的反抗。她不仅是在孕育新的生命，也是在孕育一种全新的妊娠身体秩序与文化。以往人们认为，女性的孕期身体是在消费社会、医疗机制、社会文化以及自我审视的四层裹挟之下，逐渐丧失了话语权和主体性的过程①。然而，本章的主人公则以自己的方式，通过健身运动重新建立起在孕期的主体性和主动性。

一句"得孕更知人间意，十月怀胎半世功"，谨此表达对怀胎十月的孕期女性的敬意。

---

① 曹慧中：《成为母亲：城市女性孕期身体解析》，《妇女研究论丛》2014 年第 1 期，第 88～95 页。

第十一章　身体的重塑与传递

——一位二孩母亲产后健身恢复的心路历程

化名：小萍

年龄：35 岁

学历：本科

职业：现经营一家女性用品实体店，也从事微商、兼职保险经纪

婚育状况：已婚，育有一儿一女

健身背景：2013 年小萍步入婚姻，很快在 2014 年产下女儿，2017 年末她再次产下了一名男孩儿。2019 年，随着二孩哺乳期的结束，她开始了"产后恢复"的健身历程。

一提到"产后妇女"，我们往往会联想到"虚弱""憔悴""痛苦""肥胖"的形象，在我们的脑海中，怀孕、产后阶段都仍然保持四肢纤细、容光焕发的状态只会出现在女明星的身上。当这种刻板印象被强调、被放大时，不少年轻女性都对生育产生了一种莫名的焦虑与担忧，"产后哺乳期"仿佛成为女性由年轻苗条向衰老臃肿转变的节点。产后恢复是女性生命历程中承上启下的关键性生命事件，其意义不仅在于为自己重塑身心健康，还承

担着"健康母职"的重任。因而近年来，各类医学美容、养生馆、国医馆和健身房的产后恢复宣传如雨后春笋般涌现，"产后恢复"成为符合社会文化期待的衍生品。体育运动作为女性主动践行的产后恢复手段，也日渐得到越来越多女性的青睐。通过小萍的案例，我们尝试走进她的生活，用她的语言回顾产后女性的运动经历，用她的眼睛关注产后女性的成长，并让这些经验沉淀下来，开启我们对女性健身及产后康复旅程的思考。

第一部分　口述故事

我和小萍是微信群友，后来在群里比较谈得来，我们就加了私信。这种相交的距离并不像闺蜜或者"塑料姐妹花"那样交织着各种恩怨情仇；也不像刚认识的朋友那样，还需要慢慢温热彼此；我们更像萍水相逢的朋友，彼此欣赏，彼此关怀，这种距离给人一种"刚刚好"的感觉。小萍是 1984 年出生的二孩母亲，尽管她只化着一点儿淡妆，但是她眼睛里闪烁着清澈坚定的目光，嘴角洋溢着阳光般的笑靥；皮肤光洁，脸上没有一点妊娠后的黄褐斑；身材匀称而苗条，裙摆下的小腿纤细却不失曲线，修长的手指拿起咖啡杯的一刻，在她身上丝毫没有二孩母亲的那种焦头烂额、生活无趣的感觉。她到底是如何做到的？借着她到广州出差，故友相聚的机会，我请她来揭开这个答案。

对美好身体的向往

我要保持一个好的外在形象，身材不能太胖，要控制在一个健康的范围之内。还有仪容仪表要保持好，我觉得不能因为自己生了孩子，就不管不顾了。但是，怀二孩、生产的这一年，我感觉自己没有买漂亮的衣服，因为当时买了也穿不上。穿上合适自己的衣服，也会让一个人看起来精神一点儿，但是生完（宝宝）后什么好看的衣服都穿不上，那就只能好好恢复（身体），总不能这样大腹便便、邋里邋遢地做个黄脸婆。我产后也有过对自己不够满意的时候，你应该想象不到我当时比产前重了28斤的样子吧？在生产之后，我就在想，我怎么才能够瘦回来。如果形象不好的话，人就没有这么自信。我知道自己胖是有原因的，而且我相信我有办法瘦下来。

说到产后康复用运动的方式，我其实也了解过很多其他方式，像有人说去美容院或者去其他机构就能瘦下来，还有去吃什么减肥药。但我一直都不接受那些方式，因为我相信减肥是能够靠运动达成的，所以我还是坚持选择了运动的方式。像很多（产后的）妈妈们，她们有说吃什么减肥药之类的，可能也受时间的限制吧，因为她们要么就是暂时没空出来（运动），要么就是要上班。但我现在能出来工作，又有时间（瘦身）。同时我比较外向好动，我觉得运动是最健康、对身体最好的一种产后恢复方式。所以，我要通过运动来恢复身体！我有时也在朋友圈发运动的照片，写点儿运动后的感受，有些是想跟大家分享的，也想鼓励自己，记下自己努力的点点滴滴。

产后抑郁的阴霾

生完大宝之后，我得了产后抑郁症。可能是因为当时是新手妈妈吧，很多事情都没有经历过，这也担心那也担心，不是担心自己就是担心孩子。当时觉得其他人都不懂照顾孩子，只有我是最懂照顾孩子的。如果大家都去照顾孩子了，我又会胡思乱想，觉得他们只要孩子不要我了，当我是个生育的机器，会觉得好难过。我大女儿当时黄疸（的指标）比较高，要留在医院照蓝光灯。我当时在病房躺着休息了，我说我要喝水，我老公就去帮我倒水，可是他倒水很久都没有进来，我等急了，然后我说："好啊，你们现在几个大人照顾小孩，就不照顾我了（因为当时我公公去负责煮吃的，我婆婆来带小孩，我老公就照顾我）。"我当时就哭了。后来我老公解释说，因为水刚烧开的，很烫，要等它凉一点儿再拿进来给我喝。他解释清楚了我才不生气，所以当时我已经有抑郁的倾向了。后来我老公和家人讨论，他说那以后要分工了，要照顾我这边的情绪。老公的关心和照顾帮我度过了那段抑郁期。

除了丈夫的细心照顾，运动也是我走出产后抑郁的良药。我一胎女儿大概半年就断奶了。断奶之后，我就开始有规律的运动，去跑一下步、散散步、快走等，也达到了一个比较好的效果。首先我说要运动的时候，我老公挺支持我的，我公公婆婆也挺好的，我去运动的时候他们就帮我带孩子。有时候运动也觉得挺累的。如果累，我就告诉自己，这只是个暂时的难关，我告诉自己能够瘦下来的。我老公也说，你这么努力，一定能够瘦下来的。我看到路上也有很多跑步的人，他们也是全身湿透，而且跑得很快，很有活力的感觉，我也跟着他们不自觉地加快了步伐。看到自己的衣服都湿透了，我就觉得很开心，感觉我的体重又轻了一点儿了。我知道每天坚持下去，我会越来越好的。我还配合着精油，促进新陈代谢，运动可以出汗，出汗回来之后再泡个澡，持续排汗，达到排毒的效果。那时候很快地，我就减下来十斤，而且整个人的气色、皮肤都比较好。我觉得我运动的那段时间，整个人都很积极，没有胡思乱想，对孩子也很耐心，彻底走出了（产后）抑郁。

寻求专业健身教练的指导

生了二宝的产后恢复，我为什么选择健身房呢？首先我想健身房更加专业，更加高效。因为我有两个孩子，我要在最短的时间里做最多的事情，所以要做事更有效率。一胎的时候，经验不足，什么都是自己摸索着。现在过了几年了，觉得年纪也比一胎的时候大了，经济也跟得上，要不就去专业点儿的地方，有人指导着，可能会更好。

健身房就在我专卖店的隔壁，他们那里有一个游泳池。因为他们（2018年）4月、5月的时候开业，就刚好到了游泳的季节，我对游泳是很心动的。以前在广州工作的时候，游泳使我很受益。就是在办公室坐久了，肩颈很累的时候去游泳，我那一整年颈椎都很舒服。当我见到健身房里面有游泳池，我就想我一定要来游泳。健身操其实也是我喜欢的，但是就因为时间安排上的冲突，我没有去跳过他们的健身操，我还会选择慢跑等。如果外面下雨的话，室内运动会更便利。还有就是这家健身房离我生活的地方近，保证我花在路上的时间少，也没有借口不去健身。

除了去健身房以外，针对产后康复，我还请了一个私教，他会针对我的情况来制订我的健身计划，我觉得这种一对一的服务比较适合我。有人指导我，锻炼会更有效，也更加安全，不容易受伤。私教安排我做有氧运动，增强心肺功能；还有针对腹部、腰部、手臂和腿部的力量和肌肉群的锻炼。这样一对一的指导，比较专业、到位，比起我自己跑步的效果好得多。

现在整个健身过程下来，我觉得比刚去的时候轻松多了。开始的时候，我痛了两三天都动不了，也不是动不了，就是痛，一动起来就很痛。后来慢慢地就不会这样了，而且会有种上瘾的感觉，我觉得如果隔天不去运动，总有点儿事情没完成，浑身不自在。这种健身的酸痛是可以承受的，有了这种"酸爽"，才表明运动到位了，那个部位得到锻炼了。身体锻炼除了排毒、出汗之外，也可以释放压力和苦闷。家里两个孩子总有不省心的时候，本来运动前我很烦躁的，但是在跑步机上跑了，下来的时候，还有腿在后退的感觉，其他烦心的事情都烟消云散了。之后再想想除了生死，其实也没什么大不了的事情。

经过近5个月的健身，我已经成功瘦身近28斤，大腹便便和臃肿肥胖的形象已经翻篇了。今天同事还在说我完全瘦下来了。现在感觉脸是小了，但是肉还是有的，没有完全减掉，因为我还是没有完全按照私教的要求，比如没有按他的要求吃东西。要一个吃货去控制饮食，真是太痛苦了。我知道自己要的是什么，我也不是要自己练成那种很健美的状态，不是一定要让自己身体的每一块肌肉都出来。所以我也无所谓，我觉得现在已经很好了，我能把握我需要的程度。

健身、看孩子和发展事业三不误

之前，我经常会陷入一个宝妈的思维，总觉得自己没能好好照顾宝宝，然后又想出去发展自己的事业！那时候就很矛盾，担心兼顾不过来，照顾了宝宝担心影响了事业的发展，发展事业又担心错过了宝宝的成长。后来，孩子长大一些了，女儿上幼儿园了，儿子也 1 岁多了，我开始做我的事业，比如说微商，还有保险，对我的帮助也是很大的。因为保险和微商本身是一种健康的职业发展模式，我觉得健康的东西、正能量的东西、有用的东西大家都愿意去接受。本来我的事业、我的工作也是需要跟人打交道的，这样的话我也有机会接触到很多运动爱好者，包括有着共同的运动爱好、寻找健康的群体。健身房里面的客户，或者锻炼时结识的朋友，都可能成为我的潜在客户。所以运动对工作、健身两方面都有好处。

现在女儿也要参加兴趣班了，我就在我健身房的旁边找了一个少儿舞蹈机构，她在学的时候我在这边健身，就可以两边都节约一点儿时间了。

运动初体验

我之所以舍弃到美容院按摩减肥而选择运动的方式来产后瘦身，是得益于我从小的运动经历。我出生在农村，但是相对其他家庭来说我家的条件好一点儿。除了能够满足生产生活的需求，我爸也有正式单位的，我们家还承包了村里面多余的土地来种荔枝，家里相对比较宽裕，所以我是从小吃荔枝长大的。

在农村，我当时这种家庭条件算是比较好的。别的孩子放学后一般要去干农活，而我有空就去参加学校的跳舞训练，还有体操比赛。那时我们学校体育老师要挑选一些身体条件比较好的同学来组建一个临时的校队，去参加那种校与校之间的比赛。家里人对我的要求很宽松自由，觉得我喜欢就行。我那时候个头也不算很高挑，但算是比较纤瘦的那种女孩。我从小学一直到初中，都代表班里或者学校参加跳舞比赛。到了高中，因为我哥爱打乒乒球，我就和他一起打乒乓球，这样一直延续到上大学。大学毕业工作后偶尔也会去打球。在大学，我也会去健身房，反正我很享受运动的乐趣。而且到后来工作，我又学会了游泳。我感觉运动的人跟不运动的人相比的话，那种气质还是不一样的。

我除了喜欢游泳、跳舞，还很喜欢旅游。现在回想起来，没结婚之前真的是很潇洒的。我曾孤身一人全国自助游了一次。2012 年，我都 28 岁了。那时候，我交了一个男朋友，他经常出差。说实话我很羡慕他有这样的机会，可以通过工作的机会去看看外面的世界是什么样子的。后来跟男朋友分手了，我心情非常低落，也想换一换工作，就辞职了。我准备了一个月，画路线，规划怎么走，到哪里有什么好玩的，在那个地方有没有好朋友？我从南宁出发，先到最近的云南边陲，感受古时大理的风光；再往西北走，到达大西北古代丝绸之路的重要城市——金城，即现在的甘肃兰州；随后进入大西北的另一重镇——青海西宁，然后到达广袤无垠的内蒙古大草原，参观首府呼和浩特；之后进入山西大同，再往南到祖国首都北京游玩，我在北京待了 15 天；然后来到美丽的海滨城市山东青岛；之后南下来到"上有天堂下有苏杭"之一的杭州，领略西湖美景；最后就回来，这样绕了一圈，没有走回头路。应该说走了 33 个城市，其中 24 个省会城市。人家长期出来旅游的都是背一个背包，就叫背包族。但我不是这样的，我是拖着一个皮箱的，因为我觉得背着包很累，所以我就拖着箱子。这就是我自己的方式，我会把旅程控制在自己能承受的范围内。

那次旅游，我遇到了很多人，比如那些专业搞户外运动的人。我在北京的时候，待了半个月，但我没有去故宫、八达岭长城这种要门票的景点。我在那里认识了一帮当地搞户外的人，我在那里跟了他们 15 天，天天去那些一般游客去不到的地方。他们叫作非周末户外游，就是一般周末的时候人很多，他们是工作时间比较自由的人，他们就选择非周末的时候出游，错开高峰期，非常舒服！他们结伴一般是采用 AA 制，其实费用一点儿也不高。他们的户外游就是去爬山、露营、远足，踏春、看雪、看花。他们会看哪个地方现在是最好看的，就去哪个地方。他们平时是有工作的，但是他们能够挤出时间和金钱去户外旅游。我觉得他们这样的人生太极致了，反正就是一个很理想的状态。

我也是比较开放式地去接受新事物，但是肯定要注意安全。外面肯定也是有诱惑的。而且北京是一个很看似很繁华的地方，但是那些流浪、北漂的人，内心也是很空虚的，只要我愿意，那里艳遇的机会多得是。但是，我知道自己真正喜欢的、自己能够把握的快乐是什么，我真的就是单纯地喜欢户外旅行，寻求自由的感觉。

我以前一个人自由自在，现在走入婚姻家庭，但我从来没有那种被家庭牵绊或困住的感觉。可能是我在婚前阶段，完成了自己的一个梦想和目标，现在我的心就不会很疯狂地想走出去了。每个阶段我都会享受这个阶段的乐趣。我以前单身的时候，一个人享受了单身的乐趣，我现在有家庭，我也享受一家人出游的乐趣。我认为每个阶段要先计划好做什么事情，然后我会比较享受这种有规划的感觉。

家庭体育氛围的营造

我从小就能够从事我喜欢的活动，或者学我喜欢的东西。现在回想一下，我能一个人完成全国自由行，很大程度上得益于我的家庭。第一，按照当时的条件，我家的经济条件是比较好的，我爸以前也经常去外地考察出差，他也会带上我们。平时，他还会带我们去公园踩单车、溜旱冰。第二，我爸爸一直鼓励我们有机会要去勇敢尝试，他支持我们多学习本领、增长见识，注意培养我们的开拓探索精神。我的身体条件还可以，我爸爸也支持我去学不同的运动项目。所以我很喜欢学习不同的东西，接触新的事物。第三，我想做的事情他们一般不会反对，不会说"你不要去做"，阻止我，而是会问为什么会做这个事情。只要是我喜欢且安全的就可以去做。所以家庭观念或者说家庭条件是一个决定性因素，我的家庭让我们享受探索的乐趣。

成为母亲之后，我也会这样对待自己的子女，这是一种延续。我也喜欢让孩子们到外面去多运动。我的女儿从小最爱游泳。小的时候我们就在家附近游泳，现在我会带她去海边或者泡温泉。之前因为她年纪太小，教练还不（接）收她，要到5岁的时候教练才肯收她。今年她快到5岁了，我就要她去学游泳。我已经让教练帮我买了一张小孩子的游泳卡，到时候我也会去和她一起游泳。我觉得她去游泳是很受益的，而且游泳是一种生存的技能，要让她尽量学会。去年，我们一家四口去了珠海长隆。我们总以为这次去长隆是满足姐姐的需要，没想到去到那儿，儿子才1岁多，走路还走不稳，见到水也很兴奋，就想下去玩水，我想我儿子以后也会很喜欢游泳的。我在两个孩子的培养上，主要还是根据他们的兴趣，并没有刻意为之。

我的体育运动态度也带动了丈夫一起参与到体育锻炼中来。我先生最擅长的运动是篮球。但是他的时间跟我们不是很一致，所以我们一起去运动的机会比较少。我最近还去打乒乓球，他会开车送我们去，我在那儿跟朋友打球，他会在那里跑步或者玩球。他也是一个运动爱好者，喜欢散步或者户外运动。原来他是一个很宅的人，但是因为我经常要出去锻炼，他也会跟我一起去。我觉得他现在比我刚认识他的时候好多了，起码会跟我一起动一动，他运动之后的确人比较精神，比较有活力。

第二部分　分析与讨论

在女性的生命历程中，生育及产后恢复带来的不仅是其生命质量的变化，还会促发其生活方式、生活轨迹的改变，从侧面折射出其社会角色的变迁。产后恢复阶段是女性生命历程中特殊的阶段。在此阶段中，她们不仅仅是自己，更是"母亲"。作为"现代女性"，她们需要在生理上尽快恢复身体，重塑自身，期盼着自己的身体仍像产前那样苗条、灵活和具有魅力；在心理上，她们期望自己仍有一颗"少女心"，对生活、工作仍充满着期待和梦想。作为"母亲"，她们在产后首先要做好哺乳、照看孩子的"工作"，她们在丈夫、父母和公婆面前不再是以往的"小女生"。这种角色的转换使她们面对自己身材走样、面容憔悴、抑郁失望等各种产后变化时，承受着难以排解的煎熬和痛苦。在"重塑自己"的希望和"健康母亲"的责任之下，产后恢复的女性在体育运动中书写着自己的感受和体验，也展现出她们想突破自我、改变现状和重归社会的努力。在产后恢复的道路上，这些女性通过体育运动重构、改造并掌控着自己的身体，也在潜移默化地影响着子女和家庭的运动行为和生活习惯。我们可以从贯穿于小萍生命历程的运动经验透视出现代女性在角色转变过程中身体所承担的任务以及被自我和社会赋予的意义。

一 运动身体的培养、塑形与自我掌控

任何运动行为习惯的产生和坚持都不是一蹴而就的，利用体育运动进行产后恢复的女性行为也是如此。毕竟产后恢复的方式和方法多种多样，但是能够选择运动来进行产后恢复的女性必定有其一定的成长环境和社会背景。其中，家庭是人生起航的港湾，是培养人格发展的重要场域。家庭成员对青少年体育运动的态度，对孩子们早年的运动经历有着至关重要的影响。以往的研究发现，个体的运动锻炼行为一般在 16 岁以前形成，主要归因于个体早年的生活境遇和人生经历，尤其是家庭环境对锻炼行为倾向的影响，且这种影响具有较长的持续作用[①]。体育活动需要参与者经常与他人产生互动，互动中所产生的体验会不同程度地影响个体对运动的态度和价值观。在儿童、青少年的体育运动中，父母、同伴、老师等身边人的态度潜移默化地培养着他们运动身体的物质基础和精神表达。

在个体的身体活动中，体育运动是最激烈的身体表达形式之一。在体育运动中，运动的身体与周围的环境交互作用，运动中的身体对环境的变化感受有别于平日，如风速、温度、湿度及空气的含氧量都对体育运动的表现和成绩产生影响，而这些感受是

---

① Diane Birchwood, Ken Roberts, and Gary Pollock, "Explaining Differences in Sport Participation Rates Among Young Adults: Evidence from the South Caucasus", *European Physical Education Review* 3 (2008): 283 – 298.

在日常生活中为我们所忽略的。这种具身体验是身体感知世界、掌握技能的必要条件，也是女性早期形成运动感知和身体认知的重要途径。小萍之所以能够坚持运动锻炼，与其小时候以及青年时期的运动经验是密不可分的，不管是学习游泳的经历还是徒步户外旅行的经验都是对小萍身体的一种社会塑形，也为其坚定以体育锻炼的方式进行产后恢复奠定了基础。

女性在运动过程中，通过对身体的磨砺和规训，逐渐习得自我控制力，在自律和自控中成就自由的身体。这种自由也将影响到她们一生对自我身体的控制和释放。第一，体育运动能挣脱女性传统观念中的循规蹈矩，摆脱日复一日的单调重复生活，小萍独自游历全国的决定就是为了摆脱重复而单调的生活。第二，自由在这里还包含了张扬个性的可能，表达了自己"不走寻常路"的鲜明个性。小萍认为与其他按摩、美体等被动接受改造的活动不同，体育运动需要主动付诸实践，用汗水浇注身体，以个人身体活动去改造自我，最终其成功的喜悦感也会增强，个性和自由能使她在精神上得到更大的满足。第三，自由更涵括了高层次对自我的掌控，这种掌握不仅是对外在的金钱、时间、空间的掌控，而且是对自我追求的把握，如对身体情况的把控，到一定程度我可以选择放缓脚步（暂时放下工作），让身体得到放松和自在，这种在身体上有着自我把控力的自由，是一种更为高级的自由，是女性自我意识觉醒的真正体现。从小萍的经验来看，她对自我的把控体现在两个方面：一方面是对当下阶段的自我身体的把控，"我"何时、何地、从事何事，均由"我"来做主；另一方面，则是从生命历程而言的对各个人生阶段侧重点的把控，如婚前自由探索的运动体验，以及婚后产后恢复身体、调整心态的自我形塑，这些都是根据人生不同阶段而对身体进行的掌控和规训，成就了自由的身体和灵魂。

二 产后身体的重塑、回归与挑战

女性在产后恢复阶段通过体育运动对自己的身体进行形塑，是她们重拾"原来的自己"的身份认同的途径。对于大多数女性来说，产后恢复就是恢复到产前的身材，"不愿意让别人看出来自己生过小孩"。身体是身份认同的载体，只有回到孕前苗条、青春的身体形态，才能获得社会认同，即优秀的女性既能生育，也有着美好的身段、姣好的容颜，并能在职场上拼杀。这种社会文化也会影响女性的自我认同。大多数女性不能接受自己产后臃肿、大腹便便的状态，因为这种状态象征着一种衰老凋零、邋里邋遢的"大妈"形象，是一种耻辱性的标记，说明她们已经不再青春、不再具有女性的吸引力，会被贴上备受鄙视的"黄脸婆""大妈"的标签。要想摘掉这个标签，就必须改变产后形象，以重获女性身体资本，重建自我认同。运动就是产后恢复的良药，通过体育锻炼对自己的身体进行形塑，无论是小萍一胎产后自己运动，还是二胎后的私教训练，都体现了女性通过多元化的健身形式满足自我需求，努力向着"苗条""少女"的年轻身体靠近。这不仅是产后恢复的女性在生理层面的重要内容，更是她们重归"正轨"生活的途径。

产后女性参加体育锻炼的过程也是她们主动建构自我认同、主动发展自我的过程，这个过程体现了她们的主观能动性和积极向上的生活态度。随着生活条件越来越宽裕，现代女性对健康有了更深入的认识，她们不仅摒弃了以往老旧的、很多"非科学"

的坐月子传统，而且还主动寻求新时代的产后恢复方式。像小萍，两次产后恢复都选择了运动的方式去恢复身体，不仅针对身材，更多的是针对健康——运动所带来的排汗、排毒的身体感受。而且，小萍在生育二孩之后选择了健身房的私教课程，从某种程度上体现了她对自己和生活更多的关注和投入。寻求专业健身指导，也是一种社会资本和文化资本的再生产过程，使她们在重新建构自我时得到了有效而有力的社会支持。主动寻求专业指导体现了她们积极建构自我身体的主体意识，也是她们积极建构身体资本的有效途径。

母职身份的降临导致的身心变化是女性产后恢复最大的挑战。在产后，女性面临着更复杂的关系和冲突，她们不仅需要对自己的身体进行调养，而且还要时刻提醒自己作为母亲的责任。产后抑郁是很多女性在生育后经历的一道难关，它不仅是生理上对分娩过程的应激性反应，而且也和社会心理因素有关，如产后难以适应新角色、睡眠不足、照顾婴儿过于疲劳、夫妻关系不和、缺乏社会支持、家庭经济状况不佳及婴儿性别和健康状况的影响等。生育带来的不仅是女性身体机能的变化（如恶露、哺乳），同样也会促发其生活方式、生活轨迹的改变，这也是众多女性出现产后抑郁的原因。产后要尽快恢复身体是挑战之一。在生理层面，由于产后哺乳期内乳房胀痛、睡眠不足、产后脱发等生理反应，产后的女性在身体上承受了很多痛苦。在心理层面，由于角色的转变和责任的增加，她们或多或少处于抑郁、苦闷的状态。不少女性在抑郁之下，会误解自己与他人的关系，容易走极端。小萍产后就出现了"被忽略"的感觉，若得不到丈夫和家人的及时关爱，产后抑郁的情况会愈加严重。小萍迎接挑战的方式就是主动参加体育健身。健身所带来的释放感、畅快感、疼痛感转移了日常生活中的压力，调节和排遣了负面情绪，构建了积极的生活态度。

产后要尽快进入"母职"角色是挑战之二。女性的产后恢复还肩负着建构"健康母亲"的任务。传统父权制文化一直倡导女性以家庭为重，女性的天职就是生儿育女，因而直至现在，许多女性在结婚生子以后也会做出各种让步和牺牲。众多女性忍着疼痛，通过各种催乳的方法疏通乳腺，尽量用母乳哺育婴儿，而不是选择牛乳喂养；她们通过增加用餐的数量和热量，哪怕可能导致身材臃肿发胖，也要极力保证母乳的质量。当有些女性因母乳不足无法满足婴儿的食量时，甚至会出现难过、愧疚等心理，认为自己在母职方面有所失职，造成了一定的心理障碍和抑郁情绪。产后恢复阶段的女性，可以通过各种运动来增强自身的身体素质和调整心态。通过体育运动带来的特有的释放感、满足感和畅快感能够疏解她们在家庭事务中尤其是在哺育期中的压力，调节情绪，增进自我效能感和生活满意度，同时还能降低其对社会的疏离感等。尽管在根深蒂固的父权制下，产后女性的"健康母职"角色仍不能被彻底改写，但体育运动能够帮助产后妇女调节身心状态，使她们乐观地面对崭新的"母亲"角色及其责任。

三　产后重新融入社会的身体策略

随着社会经济的发展，女性也在职场得到了更多的认可，这有利于女性实现自身价值。但是当女性的家庭角色与工作角色发生冲突时，其工作角色通常会退后。新中国成立以来，我国女性在劳动领域已经占据了十分重要的位置，国家的鼓励和社会文化的迭代，使女性逐渐开始了对传统父权制的抗争，尽力在家庭与工作之间获得平衡。近年来，微商、保险、代购等自由职业受到不少已婚女性的青睐，像小萍这样的不少已婚女性正如火如荼地兼职或全职从事上述职业。因为这类工作时间弹性大、收益也颇为丰厚，能够在时间和经济上同时满足女性的需要，而且也可以扩大女性的社会交往圈子，使女性找到了一种自我发展的感觉。

现在已经有部分女性成为探路先锋，找到了家庭、工作和运动健身三者兼顾的方式。例如，像小萍这样的女性，不仅找到了健身与照顾子女的平衡点，而且也找到了工作与健身的平衡点。她们善于时间管理，利用女儿上兴趣班的时间来健身房运动，带孩子和健身两不误。同时，她们的产后恢复选择在健身房进行也是有策略的。健身房在我国的健身活动中属于中高端消费场所，从社会支持网络的视角来看，女性进入中高端消费的健身房，能够增加她们的社会交往、扩大女性社会网络，通过参与健身活动认识一些志趣相投的朋友，进而加深彼此的认识，并将其变为潜在的客户群体，以此增加她们的社会资源和社会资本。这种积极主动的自我调整策略体现了当今女性社会适应力和竞争力的提升。

除此之外，女性作为家庭中联系上下两至三代人的重要中介，也会对家庭体育的氛围产生影响。女性在家庭中生儿育女，照看家庭，是家庭中的关键人物，她们对运动的态度和行为都会潜移默化地影响其他家庭成员。她们在照顾子女的过程中，会带着子女去运动、去旅游，甚至潜移默化地影响着她们的丈夫。例如，小萍说道："我最近还去打乒乓球，他会开车送我们去，我在那儿跟朋友打球，他会在那里跑步或者玩球。"由此可见，在小萍参与体育活动的同时，也带动了丈夫积极参与其喜欢的体育活动。这反映了新时期，有主见、独立自强的女性能够改变自己在家庭中的不利地位，把自己的休闲生活按照自己的意愿去安排，甚至也能在家庭中起到引领作用。

结 语

在女性的一生中，需要经历与男性截然不同的生命事件，比如初潮、生育、哺乳等，每一次重大的生命事件都可能是她们生命的转折点。女性在产后面临着新身份——母亲身份的来临，她们必须适应从回忆中的产前状态到产后恢复的现实状态的改变，这需要太多的勇气和信心。产后女性身体的社会性反映了其所处的家庭背景、经济阶层及社会文化，她们的身体承载了各种自我表达的任务、抚育子女的重担并反映了社会的话语权力，她们的身体被赋予了更多的社会和文化的内涵。女性的身体不断地、系统地被制造，维持和表达着其经济实力和社会文化，采用何种方式、何种消费层次的健身手段来塑造产后身体，也体现了其社会阶层的差异。

产后女性通过体育运动来重塑自己的身体，强健自己的身心，承担着哺育下一代的重任。她们用汗水浇注自己的生命，用自己的行动带领着家人参与到运动中来，体验运动带来的各种乐趣。她们每一次的抉择都成为她们生命中重要的一步。希望她们活出自己，活出希望。

最后，以小萍很欣赏的一段杨澜的话来共勉：

　　有人会问，女孩子上那么久的学、读那么多的书，最终不还是要回一座平凡的城，打一份平凡的工，嫁作人妇，洗衣煮饭，相夫教子，何苦折腾？我想，我们的坚持是为了，就算最终跌入繁琐，洗尽铅华，同样的工作，却有不一样的心境；同样的家庭，却有不一样的情调；同样的后代，却有不一样的素养。

余论 凡身之造

——女性运动健身的社会学启示

身体与性别是女性研究的一个长盛不衰的话题。女性主义者一直在思考女性身体为何被社会文化建构，以何种方式建构，如何才能重构。当然，这里的身体并不是单纯的物质身体，而是物质、社会和精神混合的统一体（entity）。从社会学上讲，把人的"身体"（people's bodies）和"人的身体"（bodies of people）视为在文化／结构语境中表现生活着的人的生活形态，则更为正确①。体育和身体的社会学集中关注三个关键领域的探讨：第一，人们的生物、心理和社会文化层面如何相互交织，在社会（体育）行为中得以表达；第二，（体育）具身行动如何反映或加强了社会（如阶层、性别等）不平等和歧视；第三，以人的身体为中心的（体育）霸权如何维持"既定"群体的地位，同时加强"局外"群体的边际地位。

从传统社会学对体育与身体的观察维度，我们可以理解为什

---

① Joseph Maguire, *Reflections on Process Sociology and Sport*：*Walking the Lines* (London：Routledge，2013），p. 177.

么女性群体在体育行为中的表达是被压抑的、消极的、被凝视的和被异化的；我们也可以解释男、女不同的运动实践是如何扩大并强化了性别差异和性别的不平等；我们还可以揭示出男性是如何建立起以身体为中心的霸权来维持既定的秩序和特权，加强了运动（社会）世界中女性的边际地位①。虽然在传统社会学和文化批判主义的视角下，我们在体育事件中看到的更多是社会权力对（女性）身体的建构与压迫，然而，当我们将身体与运动置于不同的群体和社会处境中，置于不同的时空线索和社会事件的脉络中，置于情感、情绪与身体感知的交互影响下，当我们从主体理解与日常实践两个角度探讨运动中的身体时，我们对女性运动身体的理解与诠释就不再是简单的"好与坏""天生与养成（建构）""压迫与解放""规训与挑战""成功与失败"的二元划分。我们可以看到在健身运动中，痛与乐的伴随、天赋与后天努力的交织、成功与失败的反复、妥协与抵抗的调整、束缚与自由的切换、秩序与无序的包容、吃苦与享乐的并存，她们可能是乐观地接受着"规训"，也可能是在挫折（压迫）中获得了自我解放和救赎。因此，我们可以得出结论：女性在运动过程中的身体经验不是单一的、固定的、二元对立的、被抽象的、被想象的，甚至是被操控的，而是多样态的、流动的、具身的、情感的、自主的。即便是在生活"暴政"下的身体失调、全球审美文化"陷阱"中的自我迷失、社会期待中的自我牺牲、文化规训下的让步和妥协，她们的身体经验也不能被定格为一个片段或一个结果，而是一个过程。在这个过程中，我们

---

① 熊欢：《性别、身体、社会：女性体育研究的理论、方法与实践》，中国社会科学出版社，2016。

看到的是口述者如何用自己的身体"努力"（体现了能动性和主体性）地去规划自己的生活，而生活本身无法用二元思维去进行定义，也不能"泛泛"而谈。从女性身体的主体性（口述）叙事中，我们（研究者）才能发现那些被"综合分析"所掩盖的身体经验的多样性、鲜活性、差异性、情景性与肉身性，也才能摆脱传统身体社会学研究偏向社会关系与结构性因素，或泛泛地谈论身体话语、身体消费、身体资本、身体规训等那种不接地气的漂浮感①。这是本书在方法论上的一种尝试与贡献，强调了多重身体与具身体验（embodiment）在社会科学中的在场，也是运动身体研究可为主流身体社会学研究带来的重要启示。

　　除此之外，在每个健身故事中，主人公对运动身体的自我叙事都是嵌入特定的社会生活、社会结构以及个人经历（社会处境，包括阶层、年龄、民族、婚姻状态、育儿状态、职业状态、性取向等）中的。例如，在孕育生命的过程中（备孕、孕中、孕后），健身被女性作为一种手段去塑造/重塑自己的身体以符合自然（生理）规律和社会要求；在肥胖者的世界里，健身运动是对"失范"身体的系统校正机制；在职业女性的眼里，健身运动是社会资本积累的途径；在城市生活的环境下，"专业性"是健身者的基本要求，而在农村的生活中，能够自娱自乐就是健身带来的最大满足；对于舞蹈的追求（本书中有几个案例都是在谈健身舞蹈），在老年女性的叙事中是浓浓的"怀旧"，在农村女性的叙事中是一个"梦想"，在性少数者的话语中是实现性/别身体流动

---

① 克里斯·希林：《文化、技术与社会中的身体》，李康译，北京大学出版社，2011。

的时空；在跨国、跨区域、跨性别的健身实践中，身体成为健身者"自我"与周围世界维持连续性的载体，而这种具身、具地的体验也使她们对自己的（文化、民族、性别的）身体（的能力、表现、意义）具有更加准确的判断能力。因此，在不同背景下，运动身体所生成的意义是不同的。这回应了 Maguire 所提到的观点，我们在认识运动身体时，一定不能陷入孤立的、决定论的思维中（而这恰恰是目前主流的科学包括社会科学研究都无法摆脱的惯性思维），而是需要将运动身体和与之相关的自然、文化、社会、精神、信仰等联系起来探究其形成的过程，这样才能更加真实地了解运动情景下的身体及其意义①。

健身运动对于女性个体来说，就是一个持续再造的生活情境（situations），不管它是福柯主义者眼中性别权力规训女性身体的结果②，还是现象学者眼中女性生命态和主体性的表现③，又或是结构主义者解释中的个人思想、经验和行为与她们所处的社会规范的相互交织④，在口述者的经历中，健身既是生活本身又是创造生活的过程。在健身实践中，不管她们追求的是呈现式身体（身材），还是感受式身体（健康），或是精神体现式身体

---

① Joseph Maguire, *Reflections on Process Sociology and Sport：Walking the Lines.* (London：Routledge，2013)，p. 179.

② Pirkko Markula, "Postmodern Aerobics：Contradiction and Resistance", in A. Bolin, J. Granskog (eds.), *Athletic intruders：Ethnographic research on women, culture, and exercise* (New York：State University of New York Press, 2003), p. 71.

③ Maurice Merleau-Ponty, *Phénoménologie De la perception* (Paris：Gallimard, 1945), p. 27.

④ Chris Shilling and Tanya Bunsell, "From iron maiden to superwoman：The stochastic art of self-transformation and the deviant female sporting body", *Qualitative Research in Sport, Exercise and Health* 4 (2014)：478 - 498

（气质）①，也不管她们是否达到了自己想要的结果，她们都经历了一种身体的体验（包括身心、独立性、身份认同、人际等方面的具身体验），这种体验使物质性、肉身性、具体的身体有了生存及生产的空间，而这种活着的身体（lived body）不是被动地受规训、被消费的，而是积极的、情感的、能使的（enabling）。这种身体给她们创造了一种新的生活情境——用布迪厄的理论来看就是"生活机会"（个体所处社会结构的位置所决定的）的改变和"生活选择"（个体能动性所决定的）能力的增强。例如，在阿玲的故事里，健身让她走出离婚的抑郁，走进新生活（状态的变化）。或许会有人说是健身运动的结果（如考上了大学、塑身效果突出、变得更美）改变了她们的生活机会，这是不可否认的，但个体的具身体验也会影响社会结构（如文化、教育、家庭、性制度）对女性个体社会化"轨迹"的先验性设计（如处处以家庭为先、保持淑女和安静、以瘦为美等），从而拓展了女性自身的知识和生活经验，影响固有的观念，形成惯习（habitus），继而影响其对生活的选择。健身也是一种自我赋能的过程（如肌肉更有力、更了解自己、更懂得放下、更懂得平衡、更懂享受、更懂健康），可以赋予女性更多的选择能力，从而创造出新的生活机会。比如，清风认为自己就是生活中的"大力士"，不用依靠男人，这让她能自由地享受单身生活，至少在家庭生活中不再受男权的支配；S通过具身体验，增强了对自我身体的认识，从而不必一味跟风，能做出自己理性的选择；娟姐在无法改变客观环境的状态

---

① 黄盈盈：《身体、性、性感：对中国城市年轻女性的日常生活研究》，社会科学文献出版社，2008。

下，通过运动改善了身体机能，解除了"肥胖""高龄"对女性身体（孕育）能力的定义，实现了自己想要二孩的计划。因此，健身作为社会行动，从内部提升了女性身体的积极体验和能动性。

社会学与人类学领域较为具体的身体研究大多数指向患病的身体、失调的身体、消极的身体或者欲望的身体，更多涉及的是医学与社会、文化之关系，也有个别的研究从性叙事的视角来反映更为复杂的日常生活与身体体验。本书将体育事件/经验置于日常生活中，呈现的更多的是"能动"的身体、"受控制"的身体、"情境下"的身体和"积极再造"的身体。在运动健身中身体不仅是多重（生理、心理、社会）的身体[①]，也是过程（移动、流动、能动、发展）的身体。在经历和体验"痛"与"乐"的过程中，身体有了感知，也有了意识、有了情绪，更有了目标，它与文化/结构语境相关联，展现出人类世界的不同生活样态。运动态下的身体体验也是女性"主体意识"实现的有效途径。女性无论参与何种运动，运动带来的疼痛、酸胀、疲累等感官体验将个体意识集中于自己的身体，迫使"身体出场"。只有这样，女性才能感受到身体运动对自我存在的意义，才能通过健身运动获得的积极体验促进自我的成长与进步。无论我们给身体赋予多少美学、符号、资本的价值与意义，它最终不过是一副属于我们的血肉之躯。正是这些日复一日地对自我身体的规训、养护、整饰以及与自我身体对话的鲜活经验，造就了也诉说着一个个平凡生命的故事，我们将会把她们的故事继续讲述下去。

[①] Joseph Maguire, *Reflections on Process Sociology and Sport：Walking the Lines* (London：Routledge, 2013) p. 177.

参考文献

阿伦·古特曼：《从仪式到记录：现代体育的本质》，花勇民、钟
　　小鑫、蔡芳乐译，北京体育大学出版社，2012。

艾莉斯·马利雍·杨：《像女孩那样丢球——论女性身体经验》，
　　何定照译，商周出版公司，2007。

艾米娅·利布里奇、里弗卡·图沃－玛沙奇、塔玛·奇尔波：
　　《叙事研究：阅读、分析和诠释》，王红艳主译，重庆大学出
　　版社，2008。

安东尼·吉登斯：《社会的构成：结构化理论纲要》，李康、李猛
　　译，中国人民大学出版社，2016。

安东尼·吉登斯：《现代性与自我认同》，赵旭东、方文译，生活·
　　读书·新知三联书店，1998。

白一岑：《城市职业女性健身消费结构及其影响因素研究》，《中
　　国市场》2018 年第 32 期，第 127~128 页。

卜卫：《媒介与性别》，江苏人民出版社，2001。

曹慧中：《成为母亲：城市女性孕期身体解析》，《妇女研究论丛》
　　2014 年 1 期，第 88~95 页。

查尔斯·霍顿·库利：《人类本性与社会秩序》，包凡、王湲译，
　　华夏出版社，2020。

程继宏：《成都市商业健身俱乐部女性消费群体消费现状与对策研究》，硕士学位论文，成都体育学院，2017。

戴建辉：《从误识到职业：女性参与拳击项目的身体博弈》，《体育与科学》2014 年第 1 期，第 121～124 页。

丹尼尔·哈列维：《尼采传》，叶德新译，新世界出版社，2012。

党俊武：《中国城乡老年人生活状况调查报告（2018）》，社会科学文献出版社，2018。

方刚：《性别心理学》，安徽教育出版社，2010。

高培霞：《自我关注与情绪》，《首都师范大学学报》（社会科学版）2006 年第 2 期，第 120～124 页。

高强：《场域论与体育社会学研究》，《体育学刊》2010 年第 1 期，第 28～32 页。

葛尔·罗宾等：《酷儿理论》，李银河译，文化艺术出版社，2003。

郭庆光：《传播学教程》，人民大学出版社，1999。

何洁云、阮曾媛琪：《迈向新世纪——社会工作理论与实践新趋势》，八方文化企业公司，1999。

黄富顺：《高龄学习》，五南图书出版股份有限公司，2008。

黄盈盈：《身体、性、性感：对中国城市年轻女性的日常生活研究》，社会科学文献出版社，2008。

黄盈盈：《性/别、身体与故事社会学》，社会科学文献出版社，2018。

霍曼、基亚克：《社会老年学——多学科展望》，冯韵文、屠敏珠译，社会科学文献出版社，1992。

凯·安德森、莫娜·多莫什、史蒂夫·派尔、奈杰尔·思里夫特主编《文化地理学手册》，李蕾蕾、张景秋译，商务印书馆，2009。

克里斯·希林：《身体与社会理论（第二版）》，李康译，北京大学出版社，2010。

克里斯·希林：《文化、技术与社会中的身体》，李康译，北京大学出版社，2011。

Linda McDowell：《性别、认同与地方》，徐苔玲、王志弘译，群学出版有限公司，2006。

李鑫生、蒋宝德编《人类学辞典》，华艺出版社，1990。

林晓文、吴向宁：《当代中国城市社区体育草根组织的社会学意义》，《体育成人教育学刊》2010年第1期，第10~11页。

蔺俊萍：《社会资本的政治稳定功能分析》，《商业时代》2011年第8期，第11页。

刘永海：《当代中国享乐主义思潮研究》，博士学位论文，清华大学，2005。

陆文聪、李元龙：《农民工健康权益问题的理论分析：基于环境公平的视角》，《中国人口科学》2009年第3期，第13~20页。

马冬玲：《流动女性的身份认同研究综述》，《浙江学刊》2009年第5期，第220~224页。

马克·克雷默、温迪·考尔编《哈佛非虚构写作课——怎样讲好一个故事》，王宇光等译，中国文史出版社，2015。

马晟：《身体技术论视角下太极拳身体技术的习得——以日本千叶县太极拳教室的质性研究为例》，《体育学刊》2014年第5期，第58~62页。

梅陈玉婵、齐铱、徐玲：《老人学》，五南图书出版股份有限公司，2008。

米莉：《认同、归属与愉悦：代群视野下广场舞女性的自我调适与主体建构》，《妇女研究论丛》2016 年第 2 期，第 62 ~ 70 页。

米歇尔·福柯：《规训与惩罚》，刘北成、杨远婴译，生活·读书·新知三联书店，2003。

米歇尔·福柯：《临床医学的诞生》，刘北城译，译林出版社，2001。

潘毅：《中国女工——新兴打工者主体的形成》，任焰译，九州出版社，2011。

乔纳森·H. 特纳：《社会学理论的结构》，邱泽奇、张茂元译，华夏出版社，2006。

乔治·瑞泽尔：《古典社会学理论》，王建民译，世界图书出版公司，2014。

唐胜英：《以体育活动促进新生代"乡—城移民"的社会融入：挑战与变革》，博士学位论文，北京体育大学，2015。

王爱民：《消费文化语境下的女性身体形体塑造审美化规训》，《体育与科学》2013 年第 2 期，第 79 ~ 82 页。

温融：《自媒体视角下女性参与健身健美活动时自我审美形象的嬗变》，《2015 第十届全国体育科学大会论文摘要汇编（三）》，2015。

沃尔特·李普曼：《舆论学》，林珊译，华夏出版社，1989。

吴帆：《代际冲突与融合：老年歧视群体差异性分析与政策思考》，《广东社会科学》2013 年第 5 期，第 218 ~ 226 页。

吴忠观:《人口科学辞典》,西南财经大学出版社,1997。

西蒙娜·德·波伏娃:《第二性》(全译本),陶铁柱译,中国书籍出版社,2004。

熊欢、王阿影:《性别身体的挑战与重塑——健身场域中女性身体实践与反思》,《上海体育学院学报》2020年第1期,第49~58页。

熊欢:《"自由"的选择与身体的"赋权"——论体育对女性休闲困境的消解》,《体育科学》2014年第4期,第11~17页。

熊欢:《论休闲体育对城市女性社会空间的建构与影响因素》,《北京体育大学学报》2012年第8期,第16~21页。

熊欢:《女性主义视角下的运动身体理论》,《北京体育大学学报》2013年第7期,第30~35页。

熊欢:《身体、社会与体育——西方社会学理论视角下的体育》,当代中国出版社,2011。

熊欢:《性别、身体、社会:女性体育研究的理论、方法与实践》,中国社会科学出版社,2016。

熊欢:《中国城市女性体育参与分层现象的质性研究》,《体育科学》2012年第2期,第28~38页。

熊欢、张爱红:《身体、社会与体育——西方学者视野下的体育》,《体育科学》2011年第6期,第81~86页。

徐长红、任海、吕赟:《女性身体观与女性体育互动关系的历史演变》,《体育学刊》2009年11期,第23~27页。

闫凤武:《齐齐哈尔市新生代农民工心理健康状况调查》,《中国健康心理学杂志》2011年第8期,第937~939页。

杨治良:《简明心理学辞典》,上海辞书出版社,2007。

易勇、风少杭：《老年歧视与老年社会工作》，《中国老年学杂志》2005年第4期，第471~473页。

余晓敏、潘毅：《消费社会与"新生代打工妹"主体性再造》，《社会学研究》2008年第3期，第143~171页。

张宪丽：《生态女性主义视域下的西方女性主义体育理论》，《上海体育学院学报》2011年第5期，第32~36页。

郑健、刘力：《大学生对农民工的刻板印象内容与结构》，《青年研究》2012年第4期，第35~44页。

郑新蓉、杜芳琴：《社会性别与妇女发展》，陕西人民教育出版社，2000。

周湘斌、常英：《社会支持网络理论在社会工作实践中的应用性探讨》，《中国农业大学学报》（社会科学版）2005年第2期，第80~85页。

朱虹：《身体资本与打工妹的城市适应》，《社会》2008年第6期，第153~175页。

Brissette Scheier, "The Role of Wives in Social Development", *Cambridge University Journal of Sociology* 1 (2006): 166.

Carrie Paechter, "Reconceptualizing the Gendered Body: Learning and Constructing Masculinities and Femininities in School", *Gender and education* 2 (2006): 121–135.

Dharma SinghKhalsa, *Longevidade do Cérebro* (RiodeJaneiro: Objetiva, 1997).

Diane Birchwood, Ken Roberts, and Gary Pollock, "Explaining Differences in Sport Participation Rates Among Young Adults: Evidence from the South Caucasus", *European Physical Educa-*

tion Review 3（2008）：283 – 298.

D. Haraway，"A manifesto for Cyborgs：Science，Technology and Socialist Feminism in the 1980s"，in S. Seidman（ed.），*The Postmodern Turn*（Cambridge：Cambridge University Press，1994）.

D. V. Harris，*Involvement in Sport：A Somatopsychic Rationale for Physical Activity*（Philadelphia：Lea and Febiger，1973）.

Elizabeth Grosz，*Volatile Bodies*（London：Routledge，1994）.

Gaye Tuchman，Arlene Kaplan Daniels，and James Benet，*Hearth and Home：Images of Women in the Mass Media*（Oxford：Oxford University Press，1987）.

Heidi Eng，"Doing Sexuality in Sport"，*Journal of Homosexuality* 1 – 2（2008）：103 – 123.

Jayne Caudwell，*Sport，Sexualities and Queer/Theory*（London：Routledge，2006）.

Jean-Paul Sartre，*Being and Nothingness*（Washington Square Press，2020）.

Joseph Maguire，*Reflections on Process Sociology and Sport：Walking the Lines*（London：Routledge，2013）.

Judith Butler，*Gender Trouble：Feminism and the Subversion of Identity*（London：Routledge，2006）.

J. A. Hargreaves，"Victorian Familism and the Formative Years of Female Sport"，in J. A. Mangan and R. J. Park eds.，*From "Fair Sex" to Feminism：Sport and Socialization of Women in the Industrial and Post-Industrial Eras*（London：Frank Cass and Company Limited, 1987).

J. S. Maguire, *Fit for Consumption: Sociology and the Business of Fitness* (London and New York: Routledge, 2007).

J. Weeks, *Against Nature: Essays on History, Sexuality and Identity* (London: Rivers Oram Press, 1991).

Lois Bryson, "Challenges to the Male Hegemony in Sport", in M. Messner, and D. Sabo eds. , *Sport, Men and the Gender Order: Critical Feminist Perspectives* (Illinois: Human Kinetics, 1990), pp. 173 – 184.

L. J. D. Wacquant, "Pugs at Work: Bodily Capital and Bodily Labour among Professional Boxers", *Body and Society* 1 (1995): 65 – 93.

Maurice Merleau-Ponty, *The Phenomenology of Perception* (London: Routledge, 1962).

Michel Foucault, "Of Other Spaces, Heterotopias", Translated by Jay Miskowiec, *Architecture, Mouvement, Continuité*, 5 (1984): 46 – 49.

Michel Foucault, *Discipline and Punish: The Birth of the Prison* (New York: Vintage, 2012).

M. A. Hall, *Feminism and Sporting Bodies: Essays on Theory and Practice* (Illinois: Human Kinetics, 1996).

Nancy Theberge, "Reflections on the Body in the Sociology of Sport", *Quest* 2 (1991): 123 – 134.

Pat Griffin, *Strong Women, Deep Closets: Lesbians and Homophobia in Sport* (Illinois: Human Kinetics Publishers, 1998).

Pierre Bourdieu, "Sport and Social Class", *Social Science Information* 6 (1978): 819 – 840.

Pirkko Markula, "Looking Good, Feeling Good: Strengthening Mind and Body in Aerobics", in L. Laine ed. , *On the Fringe of Sport* (St Augustin, Germany: Academia, 1993), pp. 93 – 99.

Ransom, J. , "Difference and Discourse: the Limits of Discursive A-nalysis of Feminism", in C. Ramazanoglu ed. , *Up Against Fou-cault* (London: Routledge, 1993).

Steven Vertovec, *Transnationalism* (New York: Routledge, 2009).

Takemi Sugiyama and Catharine Ward Thompson, "Environmental Support for Outdoor Activities and Older People's Quality of Life", *Journal of Housing for the Elderly* 3 – 4 (2005): 167 – 185.

Thorpe, H. , *Transnational Mobilities in Action Sport Cultures* (Lon-don: Palgrave Macmillan, 2014).

图书在版编目（CIP）数据

凡身之造：中国女性健身叙事 / 熊欢等著. -- 北
京：社会科学文献出版社，2021.5（2022.1 重印）
（田野中国）
ISBN 978 - 7 - 5201 - 8369 - 7

Ⅰ.①凡… Ⅱ.①熊… Ⅲ.①女性 - 健身运动 - 体育
运动社会学 - 研究 - 中国 Ⅳ.①G883②G80 - 051

中国版本图书馆 CIP 数据核字（2021）第 086597 号

田野中国
凡身之造：中国女性健身叙事

著　者／熊　欢　等

出 版 人／王利民
组稿编辑／谢蕊芬
责任编辑／赵　娜
责任印制／王京美

出　　　版／社会科学文献出版社·群学出版分社 （010）59366453
　　　　　　地址：北京市北三环中路甲 29 号院华龙大厦　邮编：100029
　　　　　　网址：www. ssap. com. cn
发　　　行／市场营销中心（010）59367081　59367083
印　　　装／北京盛通印刷股份有限公司

规　　　格／开　本：880mm × 1230mm　1/32
　　　　　　印　张：10.5　字　数：242 千字
版　　　次／2021 年 5 月第 1 版　2022 年 1 月第 2 次印刷
书　　　号／ISBN 978 - 7 - 5201 - 8369 - 7
定　　　价／79.00 元

本书如有印装质量问题，请与读者服务中心（010 - 59367028）联系